코딩없이 클릭만으로 머신러닝 AI 모델 개발하기

머신러닝 자동화도구(WiseProphet)를 이용한 데이터 분석

김광용 | 임은택 | 김종현 | 박필원

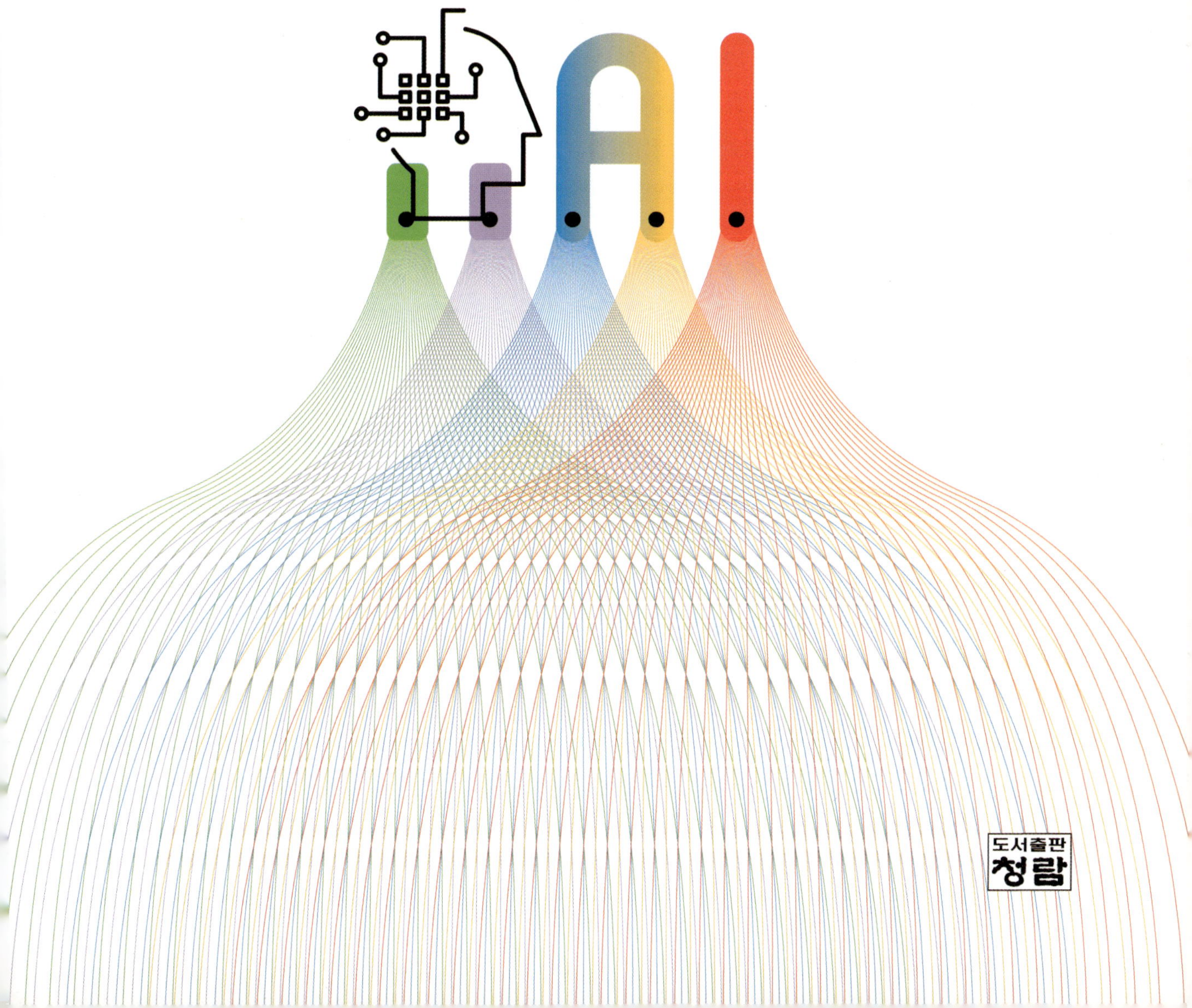

도서출판 청람

| 머리말 |

이 책은 코딩을 할줄은 모르지만 머신러닝과 데이터 분석에 대한 기초개념은 알고 있는 비전문가이더라도 데이터 분석을 스스로 할 수 있는 방법을 제시하고자 집필되었다. 다시 말해 머신러닝 또는 딥러닝의 일부 개념은 알고 있지만 실제로 머신러닝 학습 모델을 개발하는 것은 어렵게 생각하는 사람들을 위하여 ㈜위세아이텍에서 개발한 머신러닝 자동화플랫폼(Auto ML) WiseProphet과 실제 데이터를 사용하여 직접 AI 학습 모델을 개발하는 과정을 상세하게 체험하는 것을 목표로 작성되었다.

Auto ML은 AI를 실생활과 다양한 실무업무에 쉽게 활용할 수 있도록 머신러닝 프로젝트에서 코드를 작성하지 않고 마우스 클릭만으로 분석과 데이터 시각화 등이 가능하도록 자동화한 것이다. 그러므로 파이썬 등 코딩을 잘하지 못하고 Radom Forest나 CNN과 같은 알고리즘 원리를 완벽하게 이해하지는 못하더라도 머신러닝 기반 데이터 분석을 할 수 있도록 지원해주는 솔루션이다.

이러한 데이터 분석의 자동화는 데이터 수집 및 처리, 머신러닝 모델 개발, 운영의 3단계에서 번거로운 코딩 작업을 제거할 뿐만 아니라 개발된 모델의 빠른 배포와 공유를 통해 운영의 효율성을 고도화시킬 수가 있다. 또한 머신러닝 기술을 기반으로 모델에서 중요한 특징을 자동적으로 추출하고 모델에서 하이퍼파라미터 최적화 등에 대해 서비스를 지원함으로써 비즈니스 도메인에 대한 전문지식이 있음에도 불구하고 데이터, 머신러닝과 딥러닝에 대한 지식이 부족하여 진입장벽을 느끼던 사용자들이 쉽게 AI를 활용할 수 있게 고안된 방법이라 하겠다.

WiseProphet은 Auto ML 플랫폼으로 클라우드 환경에서 별도의 설치없이 사용이 가능하며 코딩없이 마우스 사용만으로도 데이터 저장, 데이터 전처리 및 탐색, 자동화 중요 변수 추출, 머신러닝 및 딥러닝 알고리즘(분류, 회귀, 클러스터링)을 사용하여 분석된 결과를 확인하고, 구축된 모델을 저장하여, 배포 및 재사용을 쉽게 할 수 있다.

그러므로 이 책은 Auto ML에 대한 간략한 소개, 이용된 머신러닝 및 딥러닝의 각 알고리즘 특징에 대하여 이론적 설명을 한 후, Kaggle의 실전 데이터를 이용한 데이터 분석 실습을 진행한다. 실습은 WiseProphet에 대하여 전체적인 프로세스인 데이터 탐색 및 전처리, 중요 변수 선택, 알고리즘 선택, 모델 학습, 학습 모델 확인 및 저장의 프로세스를 살펴본 뒤, WiseProphet이 제공하고 있는 알고리즘 유형인 분류, 회귀, 클러스터링 알고리즘에 대하여 살펴본다. 그 후에는 알고리즘 유형별로 10개의 Kaggle 데이터의 분석 목적에 맞추어 WiseProphet를 활용하여 코딩 없이 손쉽게 머신러닝 모델을 도출한다.

이 책은 실제 데이터를 분석한 머신러닝 모델과 모델의 성능을 평가하고 모델의 성능을 개선하는 다양한 시도까지 실습하는 과정을 자세하게 제시하였고, 데이터 분석을 원하는 분들이 데이터 분석에 필요한 CSV 데이터 형식의 파일을 생성하거나 변환시키는 다양한 방법을 제시함으로서 AI 기술활용에 대한 두려움을 이겨내는 것은 물론 현업 데이터를 가지고 스스로 데이터 분석을 할 수 있는 기회를 제공할 것으로 기대된다.

또한 빅데이터를 활용하기를 원하지만 내부적인 기술 부족으로 망설였던 많은 기업도 이번 실습교재를 통해 AI 기반의 머신러닝 분석 모델 코딩도 중요하지만 데이터 기반의 비즈니스 문제해결 능력 배양도 중요하다는 것을 학습하는 좋은 계기가 되기를 희망한다.

끝으로 이 책을 통하여 독자들, 특히 정부 공공관계자분들이 관심을 가지고 있는 현 정부의 디지털 플랫폼 정부, 데이터 기반 행정, 데이터 공유와 데이터를 활용한 정책기획 및 과학적인 의사결정을 위한 데이터 분석 역량 강화에 기여할 수 있기를 소망해본다.

2022년 11월

저자일동

| 이 책의 사용설명서 |

1. 누구를 위한 책인가?

- 정부 공공기관의 데이터 분석가 및 데이터 기반 행정 전담팀
- 데이터 분석 비전공분야 대학원생
- 머신러닝 기반 캡스톤 프로젝트를 진행하는 고등학생 및 대학생
- 머신러닝을 이용한 데이터 분석을 직접 시도하고자 하는 일반인

2. 실습 및 향후 유용하게 사용할 수 있는 사이트

- http://prophet.wise.co.kr/#/intro

  본 책에서 주로 다루는 WiseProphet를 활용하기 위한 페이지이다. 회원가입하고 로그인하면 10메가 데이터 범위 이내의 데이터 분석을 지원하는 WiseProphet 실습용 버전을 무료로 사용할 수 있다.

- https://www.kaggle.com

  캐글(Kaggle)은 2010년 설립된 예측 모델 및 분석 대회 플랫폼으로 기업 및 단체에서 데이터와 해결과제를 제공하고 있다.

- https://www.data.go.kr

  공공 데이터 포털은 공공기관이 생성 또는 취득하여 관리하고 있는 공공 데이터를 한 곳에서 제공하는 통합 창구로서 다양한 공공 데이터를 파일 및 API, 시각화 자료 등 다양한 방식으로 제공하고 있다.

- https://data.kma.go.kr/cmmn/main.do

  기상 자료 개방포털로서 대한민국의 기상 자료들이 제공되는 페이지이다. 기상 관련 빅데이터 분석에 필요한 데이터들을 제공하고 있다.

- https://www.nier.go.kr/NIER/kor/openapi/getApiMain.do?menuNo=12006

  국립환경과학원이 제공하는 기후대기 환경 데이터들이 제공되는 페이지이다.

- https://kosis.kr/index/index.do

  국가통계포털로서 국내 · 국제 · 북한의 주요 통계를 한 곳에 모아 이용자가 원하는 통계를 한 번에 찾을 수 있도록 통계청이 제공하는 One-Stop 통계 서비스이다. 300여 개 기관이 작성하는 경제 · 사회 · 환경에 관한 1,000여 종의 국가승인통계를 수록하고 있으며, 국제금융 · 경제에 관한 IMF, Worldbank, OECD 등의 최신 통계도 제공하고 있다.

- https://dsz.kdata.or.kr/svc/main/main.do

  데이터 안심구역은 일반적으로 공개되지 않는 다양한 분야의 미개방 데이터를 활용할 수 있다. 다만 사전 신청 후 오프라인 방문을 통한 이용이 필수적이며, 데이터 반출에는 별도의 절차를 거쳐야 한다. 하지만 민감정보가 포함된 정보와 같이(의료, 보건 등) 일반적으로 얻을 수 없는 정보들을 찾아볼 수 있다.

- https://data.seoul.go.kr

  서울 열린데이터광장은 서울시의 공공 데이터를 민간에 개방하는 사이트이다. 서울시 한정 데이터만 제공하지만 코로나19, 건설공사정보, 골목상권분석정보, 공공서비스예약정보, 공영주차장정보 등 자세하고 다양한 분야의 데이터를 제공하고 있다.

- https://bigdata.seoul.go.kr/cnts.do?r_id=P130#

  서울특별시 빅데이터 캠퍼스는 민 · 관 · 산 · 학에서 수집된 원천 데이터를 활용할 수 있는 오프라인 전용 서비스이다. 이용 신청 후 직접 방문을 통해 활용할 수 있다.

3. 효과적인 사용방법

① 머신러닝 알고리즘에 대한 기초지식이 부족한 분들은 2장과 3장의 알고리즘 설명부분을 먼저 정독한 이후에 원하는 예제를 선택하고 WiseProphet를 이용하여 실습을 통해 직접 모델개발을 진행하면서 모델개발 방법을 체험한다.

② 이미 머신러닝에 대한 기초지식이 있는 분은 바로 WiseProphet를 이용하여 원하는 분류기법의 첫 번째 예제(3.1.2)를 진행하면서 실습한다. 분류기법의 첫 번째 예제에는 분석모델의 성능을 개선시키는 다양한 방법들을 예시로 제시하였기 때문에 모든 독자들이 반드시 정독하면서 실습을 해야 되는 부분이다.

마찬가지로 3.2.1과 3.2.6에서는 회귀모델에 대한 성능개선 방법을 제시하였기 때문에 이 부분을 필수로 진행하는 것이 효과적이다.

③ 캐글 데이터가 아닌 실무 데이터를 이용하는 것에 관심이 있는 분들과 시계열 데이터 분석에 관심이 있는 분은 data.go.kr에 미세먼지 관련 공공 데이터를 이용하는 실습(3.2.6)

을 진행해보는 것을 권한다.

④ 다양한 데이터 확보와 분석 가능한 데이터 변환 작업을 원하는 경우에는 부록을 참고하여 데이터 변환 방법을 체험을 통하여 습득한다.

| 이 책의 구성내용 |

Kaggle 데이터 및 실무 데이터를 통한 머신러닝 전체 과정 실습
AI 분석 모델개발 및 성능분석 실습
데이터 기반 행정 추진 가이드라인
Kaggle 데이터 활용법
부록 실무 데이터 변환법
데이터 선택
데이터 탐색
특징 선택
알고리즘 선택
검증데이터 비율 설정
모델 실행
모델 확정
CSV
DB
스케일링
결측치 처리
목표변수 설정
변수 추가
상관관계 분석
특징 선정/제거
분류
회귀
군집
분할 비율
교차 검증
WiseProphet
인공지능 알고리즘 개념 소개 및 실습
알고리즘 성능 개선 방안 실습
분류
Decision Tree
Random Forest
Gradient Boosting
XGBoost
Logistic Regression
CNN
회귀
Decision Tree
Random Forest
Gradient Boosting
XGBoost
Elastic Net
RNN
CNN
LSTM
군집
K-means
DBSCAN
Gaussian Mixture
K-Medoids
데이터 전처리 추가 적용
파라미터 최적화 적용
앙상블 기법 적용

| 차례 |

01 Chapter

머신러닝 자동화와 WiseProphet

02 Chapter

WiseProphet 처리 단계와 주요 기능

03
Chapter
머신러닝의 이해와 WiseProphet를 이용한 데이터 분석

부록

Chapter 01

머신러닝 자동화와 WiseProphet

WiseProphet

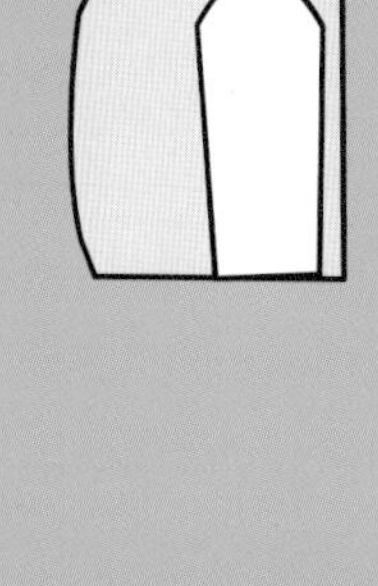

1.1 디지털 시대

"머신러닝 자동화(Auto ML)가 현시점에서 왜 중요한가?"라는 질문을 해볼 필요가 있다. 머신러닝 자동화가 필요한 이유는 4차 산업혁명 시대, 디지털 전환 시대, 그리고 대한민국의 현 정부가 추진하고 있는 디지털 플랫폼 정부에서 가장 중요한 데이터 분석을 지원하는 솔루션이기 때문이다. 특히 대한민국 정부공공에서는 데이터 기반 행정활성화 기본계획과 데이터 3법 등 데이터 기반의 정책기획과 의사결정을 적극 추진하고 있는데, 빅데이터 분석과 머신러닝 알고리즘을 이용한 예측 분석에 필요한 모든 처리 단계를 스스로 처리하는 역량을 확보하려면 커다란 어려움이 있다. 머신러닝 자동화는 데이터 분석 전문가가 아니더라도 코딩없이 데이터를 분석하는 것을 지원해주는 솔루션이기 때문에 이 시점에 매우 유용하고 중요한 것이다.

디지털 전환을 의미하는 4차 산업혁명으로 디지털 기술, 인프라, 데이터 등 디지털 투입을 주요한 요소로 경제활동이 이루어지는 디지털 경제 체계가 만들어져가고 있었다. 코로나19로 인해 디지털 기술 중심의 비대면 사회를 촉진하면서 디지털 기술이 효율성을 위한 도구적 차원이 아닌 삶의 주류적 방식으로 전환되면서 디지털 시대가 도래하였다. 지금의 경제 환경의 변화는 기업의 전략적 디지털 기술 활용(디지털 트랜스포메이션)을 필요로 하고 있다.[1)]

이를 통해 기업의 사고방식은 제품 중심적 사고에서 고객이 겪고 있는 문제와 불편함을 해결하는 것으로 사고가 변화하고 있으며, 가속화되는 주요 요인으로는 연결성(Connectivity)과 데이터 수집이 있다.[2)] 또한 D.N.A(Data, Network, AI)는 디지털 시대의 핵심[3)] 기술로써 D.N.A를 활용한 기업들의 새로운 비즈니스를 중심으로 빠르게 성장하며 기존의 자원, 자본 중심의 비즈니스 모델은 데이터와 인공지능 기반 중심의 비즈니스 모델로 변하고 있을 뿐만 아니라 기존 금융, 에너지 등 산업에서는 머신러닝 등을 활용하여 차별화된 서비스를 개발하거나 반복적 업무를 줄이거나 중요 의사결정의 참고자료로 활용하여 기존에 발생하던 비용을 줄이는 등 다방면으로 기업활동에서 사용되고 있다.

머신러닝 등을 활용한 빅데이터 분석으로부터 비즈니스가 이루어지고 있는 기업들을 살펴보면 먼저 머신러닝 기술 기반의 개인 맞춤형 콘텐츠 서비스를 제공하는 플랫폼인 중국의 바이트댄스(ByteDance)[4)]는 개인의 뉴스 구독 패턴, SNS 정보 등을 머신러닝 등을 활용하여 분석하고 콘

1) 정대형(2019). 디지털 전환을 위한 암묵적 지식의 전략적 가치. KDB산업은행 미래전략 연구소 이슈 분석, 제766호
2) 이웅배 외(2021). 디지털 트랜스포메이션에 따른 비즈니스 모델 혁신 메커니즘. 메커니즘 저널, 1(1), 1-22
3) 김만흠(2021). 디지털 시대를 위한 D.N.A.(Data, Network, AI) 정책의 현황과 과제. 국회입법조사처, 2021년 5월 6일
4) 한국지능정보사회진흥원(2020). 세계가 주목하는 인공지능 스타트업. IT&Future Strategy, 제10호(2020.12.31)

텐츠를 제공하며 기업가치 750억 달러(약 83조 7,300억원)를 달성한 유니콘 기업이다.

두 번째 유니콘 기업인 인디고 애그리컬처(Indigo Agriculture)4)는 농업 분야에서 극한의 환경에서도 생존력이 뛰어난 작물의 재배와 성장을 위해 AI 기반의 미생물 배양 연구를 중점으로 하는 농업테크 기업이다. 사업의 다각화를 위해 환경, 곡물 상태를 머신러닝 기반으로 전 세계 작물의 생산량을 실시간으로 예측하는 인디고 아틀라스(Indigo Atlas) 플랫폼 구축 등 적극적으로 머신러닝을 활용한 비즈니스 모델을 만들고 있는 기업이다.

미국 핀테크 기업인 제스트파이낸스(ZestFinance)5)는 기존의 소득, 직업과 같은 단순 정보를 바탕으로 신용 분석을 하는 것이 아닌 SNS 친구 수, SNS 포스팅 주제, 대출신청서 작성 소요 시간, 동호회 가능 정보 등의 기존에는 신용 분석에서 사용되지 못했던 데이터를 활용하여 신용평가하여 정밀한 신용평가를 통해 평균보다 낮은 신용도의 고객에게도 신용 대출 서비스를 시행하고 있다.

[그림 1-1]은 디지털 시대의 D.N.A와 선도하는 기업을 보여주고 있다.

그림 1-1 ❚ 디지털 시대의 D.N.A.3)와 기업들

하지만 기업의 머신러닝 활용이 꼭 성공을 가져오는 것은 아니다. IDC의 2019년 조사에 따르면 AI 도입 기업 중 92%가 실패를 경험했다고 응답6)하였다. 1.2절에서는 현재 급격하게 변화하고 있는 비즈니스 상황에서 기업의 AI 및 머신러닝 도입에 어떤 어려움이 있는지 살펴본다.

5) 이효정 외(2018). 비즈니스 기회 창출을 위한 AI 알고리즘의 활용. 삼정경제연구원, 제84호(2018.6)

6) IDC(2019). AI Global Survey 2019.

1.2 디지털 플랫폼 정부

1.2.1 디지털 플랫폼 정부 개념

현 정부에서 추진하고 있는 디지털 플랫폼 정부는 "모든 데이터를 연결하는 디지털 플랫폼 위에서 국민·기업·정부가 함께 사회문제를 해결하고 새로운 가치를 창출하는 정부"를 의미한다.

현재는 정부부처별로 별도로 데이터를 관리하고 서비스하고 있기 때문에 융합 데이터를 활용하기에 어려운 점이 있기 때문에 클라우드 기반의 데이터 레이크로 모두 모으고 인공지능, 빅데이터 분석을 지원하는 디지털 플랫폼을 구축하여 정부공공은 물론 국민과 민간이 함께 데이터를 활용하는 서비스를 창출해내겠다는 것이다.

[그림 1-2]는 디지털 플랫폼 정부의 개념을 도식화한 개념도와 디지털 플랫폼 정부 추진으로 인하여 달라지는 대한민국의 모습을 도식화한 것이다.

디지털 플랫폼 정부는 정부부처 데이터를 분석하여 국민들에게 맞춤형 서비스와 알아서 챙겨주는 똑똑한 비서형 서비스를 추진하게 될 것이고 기업은 정부공공의 데이터를 활용하여 시장을 분석하거나 새로운 비즈니스 모델을 창출하고 공공시장을 시작으로 세계시장 진출을 지원하겠다는 것으로 보인다.

끝으로 정부는 데이터 분석을 이용하여 데이터 기반의 정책을 기획하고 데이터 기반으로 의사결정을 지원하여 과학적인 정부가 되겠다는 것이다.

그림 1-2 ▌디지털 플랫폼 정부 개념

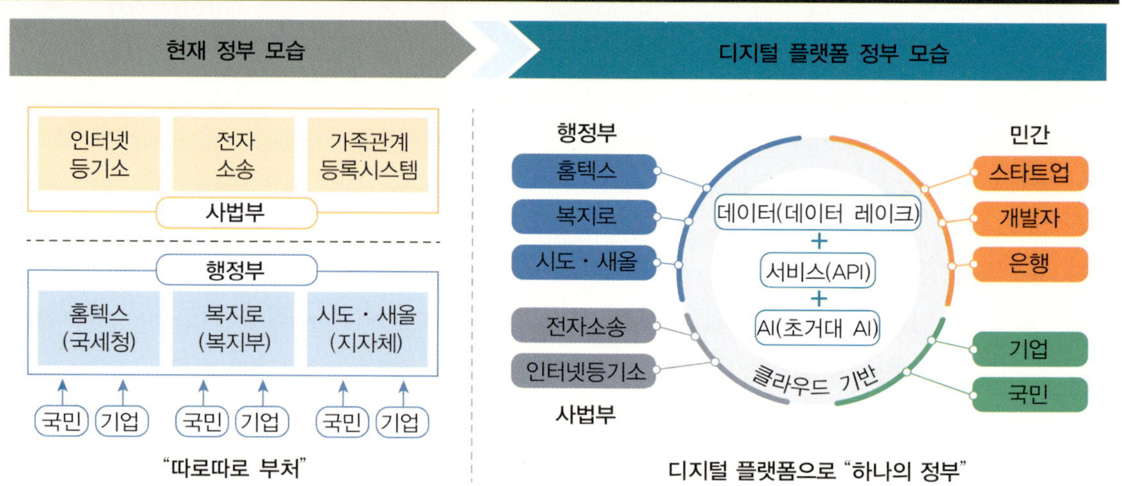

출처: 인수위 자료 인용

그림 1-3 ▌디지털 플랫폼 정부 추진으로 새로운 대한민국

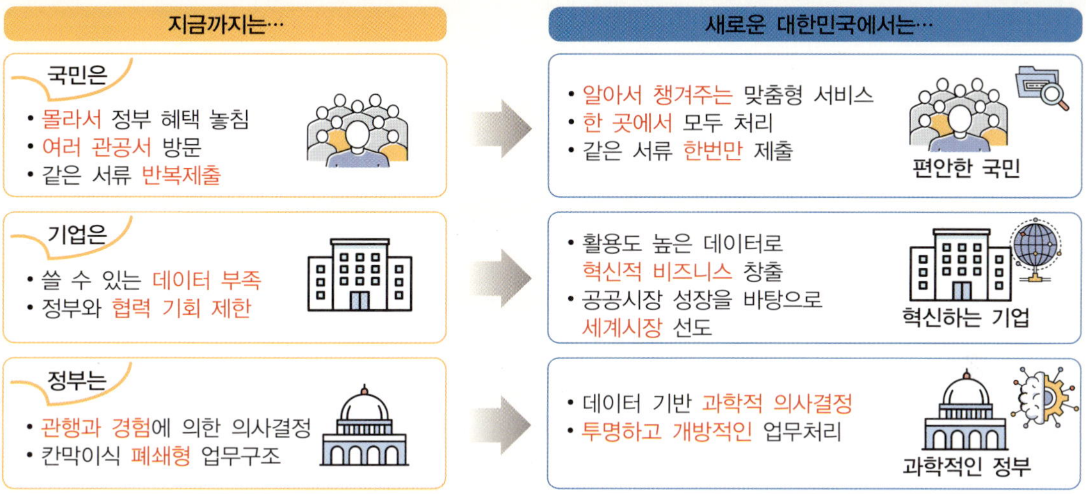

출처: 행정안전부 자료 인용

1.2.2 데이터 기반 행정(공공기관 데이터 역량 강화 가이드라인 인용)

공공기관 데이터 역량 강화 가이드라인은 2020년 10월에 정부에서 발표한 '데이터 기반 행정법'의 시행에 따라 공공기관이 자체적으로 필요한 데이터 역량을 측정하여 강화할 수 있는 절차·방법 등을 안내하는 자료이다.

데이터 역량은 데이터 라이프사이클에 따른 단계별 데이터 역량 지표를 사전에 정의한 후 데이터 역량을 측정하고 보완을 추진하는 것이며 동 가이드라인에서는 [표 1-1]과 같이 미국 FDS의 데이터 라이프사이클 및 국내 관련 연구 결과 등을 바탕으로 "데이터 역량 지표 체계"를 정립하였다[Improving Agency Data Skills Playbook(2020, 미국 Federal Data Strategy, 빅데이터 분석기사 국가기술자격 종목 개발 연구(2018, 한국직업능력개발원))].

데이터 역량 지표 중 대분류의 데이터 분석과 시각화는 전문가 영역으로 분류되기 때문에 정부공공기관에서 자체로 수행하기에는 어려움이 있을 것으로 예상되지만 본 교재에서 소개하고 있는 WiseProphet는 데이터 분석에 기본역량이 있는 실무자의 경우는 두세 시간만 투자하면 스스로 데이터 분석하는 것을 지원해줄 수 있는 것이다.

표 1-1 데이터 역량 지표 체계(대·중·소분류)

대분류(6)	중분류(15)	소분류(43)
1. 기획	1 데이터 전략 수립(필수)	① 데이터 전략 이해 ② 기관의 데이터 전략 수립 ③ 국내·외 데이터 관련 정책·기술동향 파악
	2 데이터 중심 조직관리	④ 데이터 조직 구성·운영 ⑤ 팀워크, 의사소통
	3 데이터 성과관리	⑥ 데이터 성과 지표 마련 ⑦ 데이터 성과검증 등 관리방안 수립
	4 분석과제 기획(필수)	⑧ 데이터 분석과제 발굴·기획 ⑨ 분석수행 방안·기법·인력·절차 수립 ⑩ 데이터 활용 기획
2. 수집	5 데이터 이해	⑪ 데이터 특성·구조, 메타 데이터 이해 ⑫ 정형·비정형 데이터 저장방식 이해 ⑬ 분석을 위해 필요한 데이터 정의
	6 데이터 수집	⑭ 데이터 추출·변환·적재(ETL) 기술 ⑮ 주기적(실시간) 데이터 수집 방법 ⑯ 데이터 연계·제공 방법 ⑰ 수집 데이터 저장구조 설계
3. 정제	7 데이터 품질 관리	⑱ 데이터 표준화 등 품질 관련 기술 이해 ⑲ 데이터 정제에 필요한 품질 관리 방안 수립 ⑳ 데이터 오류(이상치·결측치) 탐색·수정 ㉑ 데이터 정합성·편향성 검증
	8 개인정보 처리	㉒ 개인정보보호법 이해 ㉓ 개인정보 익명화·가명화 처리 기술 ㉔ 가명정보 결합 기술 ㉕ 가명정보·익명정보 활용 기술
4. 분석	9 데이터 탐색	㉖ 데이터 탐색(상관 분석, 기초통계량, 시공간) ㉗ 기술 및 추론통계
	10 분석모형 설계	㉘ 분석모형 선정, 정의 및 구축 절차 ㉙ 분석도구 선정 등 환경 구축
	11 분석 수행	㉚ 분석목적에 부합하는 분석도구 활용 ㉛ 분석기법(회귀, 군집, 연관 알고리즘) ㉜ 고급분석기법(시계열, 딥러닝, 앙상블, 비정형 분석) ㉝ 분석수행 및 분석모형 평가
5. 시각화	12 시각화 기획	㉞ 시각화 기획 및 구축 방법 수립 ㉟ 데이터 스토리텔링 ㊱ 시각화 도구 이해
	13 데이터 시각화	㊲ 시각화 요소 식별 및 요건 정의 ㊳ 사용자경험(UX) 디자인 ㊴ 차트, 도식화, 대시보드 등 시각화 구현
6. 정책 활용	14 분석 결과 해석(필수)	㊵ 분석·시각화 결과 해석 ㊶ 정책활용 방안 마련·검토
	15 데이터 기반 의사결정(필수)	㊷ 기관 의사결정에 분석 결과 활용 ㊸ 분석 결과의 정책 반영 및 영향 파악

그림 1-4 ▌ 미국 FDS의 데이터 라이프사이클(lifecycle)

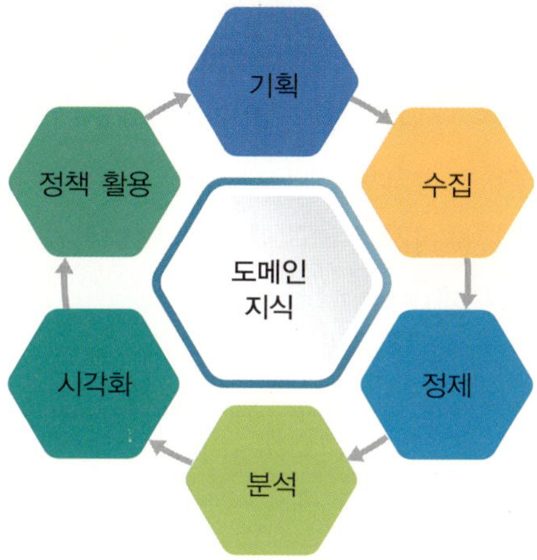

한편, 정부에서는 효율적인 정부 공공기관의 데이터 역량 강화를 위하여 아래 그림과 같이 기관의 데이터 역량 향상을 위한 4단계 절차를 제시하였다.

그림 1-5 ▌ 기관의 데이터 역량 향상을 위한 4단계 절차

〈1단계〉 기관에 필요한 데이터 역량 식별	〈2단계〉 기관 내 구성원의 데이터 역량 진단	〈3단계〉 기관의 데이터 역량 격차 분석	〈4단계〉 데이터 역량 강화 방안 마련 · 실행
기관 미션수행 및 목표달성에 필요한 데이터 역량 및 역량별 요구수준을 정의	기관 내 구성원들이 현재 갖추고 있는 데이터 역량 진단	기관에 필요한 데이터 역량과 현재 보유한 역량 격차 분석	기관의 데이터 역량 격차를 해소하기 위한 방안 수립 및 실행
① 기관의 비전, 목표, 정책 우선순위를 고려한 데이터 역량 선별 ② 데이터 역량 지표별 요구수준을 정의 ③ 기관의 필요 데이터 역량 정의서 작성	① 기관의 전 구성원을 대상으로 설문조사 실시 ② 현행 데이터 역량 진단서 작성	① 필요 역량 진단서와 현행 역량 진단서를 비교 분석하여 기관이 확보해야 할 역량 도출 ② 기관 목표, 실행 가능성 등을 고려하여 역량 지표별 우선순위 선정	① 기관의 데이터 역량 격차를 해소하기 위한 방안 강구 ② 기관의 데이터 역량 강화 추진
산출물: 필요 데이터 역량 진단서	산출물: 현행 데이터 역량 진단서	산출물: 데이터 역량 강화 우선순위	산출물: 데이터 역량 지표별 역량 강화 추진방안

정부공공은 이미 본 시행령에 의하여 기관마다 필요한 데이터 역량을 식별하여 우선순위를 정하고 각 기관의 구성원의 데이터 역량 수준을 측정하여 이를 해결하기 위한 역량 지표별 역량 강화 추진방안을 마련하고 있다. [표 1-2]는 역량 강화 추진방안 예시이다.

본 예시에서 데이터 분석지표에 대한 역량 강화 방안으로는 데이터 분석 사업을 발주하는 것과 데이터 분석 전문가를 채용하는 것으로 제시하였으나 WiseProphet를 도입하고 이를 활용하는 교육을 통하여 스스로 데이터 분석하는 인력을 증가시키는 추진방안을 세우고 성과를 낸다면 매우 우수한 기관으로 평가될 것이다.

표 1-2 데이터 역량 지표별 역량 강화 추진방안

번호	데이터 역량 지표	채용	교육	사업 발주	은퇴자 활용
1	⑮ 데이터 기반 의사결정		데이터 기반 행정 정책 활용·사례 교육 실시		
2	① 데이터 전략 수립		데이터 전략 수립 관련 교육 실시		
3	④ 분석과제 기획		빅데이터 기획 역량 강화 교육 실시		
4	⑪ 분석 수행	연말까지 데이터 분석 인력 1명 채용		데이터 분석 사업 발주	
5	⑤ 데이터 이해		데이터 특성, 저장구조 등 교육 실시		은퇴한 전산직 공무원 자문
6	⑭ 분석 결과 해석		분석 결과 해석 관련 교육 실시		
7	⑩ 분석모형 설계	연말까지 분석 모형 설계 인력 1명 채용			
8	⑥ 데이터 수집			데이터 수집 자동화 시스템 구축사업 발주	
9	⑫ 시각화 기획		데이터 시각화 관련 전문가 초청 강연 실시		민간 퇴직한 시각화 전문가 자문
10	⑬ 데이터 시각화		시각화 실습 전문교육 실시		

1.3 데이터 분석 진입장벽

디지털 시대에 따른 디지털 전환으로의 시대적 흐름뿐만 아니라 데이터량의 증가뿐만 아니라 사진, 동영상, 텍스트 등의 비정형 데이터 분석 방법론들의 등장으로 기업들은 최근 비즈니스 문제를 해결하기 위해 머신러닝(ML: Machine Learning)들을 도입하고 있다. 정형・비정형의 빅데이터에서 반복적 패턴을 파악하여 의사결정하기 위한 필요성이 증가하며 AI 시장은 2025년까지 연평균 38.4% 성장하며 약 203조원 규모의 시장을 형성할 것이라고 예상하고 있지만 국내 기업 13,000개 사 중 AI 도입 기업은 409개 사만이 도입한 것으로 2019년 기업활동 조사에서 확인하였다.[7)]

정보통신정책연구원은 2021년이 국내 152개를 대상으로 AI 수요・공급기업 설문조사 결과, 디지털 전환을 위한 AI 기술 도입에 장애물이 존재하고 있다.[8)] 이는 AI・머신러닝의 데이터 의존성과 불확실성에서 비롯되는 것으로 데이터 의존성은 AI・머신러닝이 학습하는 과정에서 많은 양의 데이터가 필요하기 때문에 비즈니스 변동성에 대해 지속적으로 새로운 데이터를 유입시키며 학습 모델의 고도화가 필요하지만 이것이 학습 환경과는 또 다른 실제 환경에서의 데이터가 유입되었을 때 훈련 만큼의 성능을 보장할 수 없다는 것이다. 불확실성은 모델 개발과 운영에 있어 블랙박스 구조의 학습 과정에서 불확실성이 내포되어 있어 문제 발생 시의 원인 파악 및 검증이 어려워 근본적인 해결 방안을 도출하는 데에 어려움이 존재한다. 이러한 특징으로 인한 세부적인 장애물에는 아래와 같이 크게 내부 역량, AI 기술의 미성숙, 데이터 의존성, 불확실성으로 나눌 수 있다.

- **내부 역량:** 도메인, AI 기술자, 모델 운영 및 개선 내부 인력의 부족
- **AI 기술의 미성숙:** 데이터 전처리, 모델 선택, 모델 개발의 어려움
- **데이터 의존성:** 양질의 데이터 부족, 데이터 관리의 어려움
- **불확실성:** 결과물 검증의 어려움, 모델 검증의 어려움

7) KIAT 산업기술정책센터 정책기획실. AI 개발의 혁신견인차, 'MLOps'란? KIAT 애자일, 2021년 제7호
8) 이경선, 김성옥(2021). AI 도입・확산의 저해 요인 분석 및 정책적 시사점. KSDI Premium Report, 21(3).

표 1-3 AI 머신러닝 모델 도입 어려움 요인(재인용)

	도입 전	도입 후		
		사전 준비	모델 개발	서비스 운영
1	내부 인재 부족	양질의 데이터 부족		내부 운영 인력 부족
2	초기 투자 비용	과업 구체화의 어려움	모델 개발의 어려움	결과물 검증의 어려움
3	AI 기술 미성숙	모델 선택의 어려움	도메인+AI 인재 부족	모델 고도화의 어려움
4	데이터 부족	문제 정의의 어려움	데이터 전처리 어려움	높은 공급기업 의존성
5	AI 인프라 비용 부족	AI에 대한 이해 부족	모델 검증의 어려움	데이터 관리의 어려움

머신러닝 분석은 데이터 의존성, 불확실성으로 인하여 도메인 지식뿐만 아니라 데이터의 수집, 저장, 전처리, 모델링, 모델 검증 등 전 단계에 걸쳐 어려움이 있기 때문에 데이터 분석 전문가들의 전유물로 여겨져 왔다. 다행스럽게 최근 머신러닝은 누구나 사용할 수 있는 범용화를 위하여 DataOps, MLOps와 관련된 플랫폼들의 등장으로 점차 진입장벽은 낮아질 것으로 보인다.[9)]

이러한 플랫폼들은 클라우드 기반으로 작동하면서 AI 및 머신러닝에 있어 손쉬운 접근이 가능하여 전문가의 전유물이 아닌 다양한 수준의 플랫폼을 사용(Auto ML, No-code ML)할 수 있을 것으로 예상된다. 뿐만 아니라 [표 1-4]와 같이 AI와 인공지능의 성능을 좌우할 수 있는 데이터와 관련하여 데이터 품질 관리 등의 기능을 제공하면서 기업이 직접 AI·머신러닝을 개발하고 도입하는 것보다 비용부담을 완화하면서 접근성을 늘려 진입장벽을 낮추고 머신러닝 모델 자체에 대한 집중보다 기업은 양질의 데이터를 기반으로 데이터와 도메인에 대한 지식과 이해력을 갖춘 인재 확보를 통한 경쟁력을 갖추는 것이 중요해질 것으로 예상된다.

표 1-4 AI 도입·운영의 저해요인 중요도 변화 전망(재인용)

저해요인	향후 중요도 변화 전망 및 이유	
데이터 의존성	⬆	AI 모델의 차별화 요인으로써 데이터의 가치 증가
내부 역량 부족	⬆	도메인 지식+데이터 리터러시를 갖춘 내부 인재 확보가 AI 도입의 성패를 좌우
불확실성	⬆	기술 이해도가 낮은 다양한 기업의 AI 도입으로 편향, 품질관련 책임분쟁 확산 가능
공급기업 의존성	⬆	AI 플랫폼을 통해 AI 기술을 도입하게 됨으로써 플랫폼에 낙인될 가능성 증가
AI 기술의 복잡성/미성숙	⬇	쉬운 AI 개발툴의 확산으로 중요도 감소 예상
비용 부담	⬇	다양한 AI 서비스의 등장으로 비용 부담 완화 예상

9) DataOps는 데브옵스(DevOps)의 확장적 개념으로 전략적 데이터 관리(수집~관리) 실행 방안을 의미하며, MLOps는 ML 프로젝트에서의 디자인-모델 개발-운영 단계 관리 실행 방안을 의미한다.

1.4 머신러닝 자동화

1.4.1 머신러닝 자동화 개요와 기술 동향

머신러닝 프로젝트는 [그림 1-6]과 같이 디자인, 모델 개발, 운영의 3단계로 구성되는데, 디자인은 머신러닝 프로젝트 문제를 정의하는 단계이며, 모델 개발은 정의된 문제로부터 구상된 해결 방법을 실현 및 실험을 실시하기 위한 모델을 개발하고 해당 모델의 배포 및 활용하고 운영하는 단계이다.[10)]MLOps의 목표는 가장 빠른 시간 내에 효율적으로 아이디어 단계에서 머신러닝 프로젝트의 결과물의 상용화 단계까지 기술적으로 조직체의 마찰을 줄여 효율성을 확보하는 것이다.

하지만 모델 개발 단계에서 여러 요소들을 이어 붙이는 코딩 작업(Glue Coding)이 업무의 90%를 차지하고 있으며 머신러닝의 버전 관리, 개발 환경과 실제 환경의 이질성은 비효율을 야기할 뿐만 아니라 머신러닝 프로젝트 실패를 유발한다.

[그림 1-6]은 일반적인 머신러닝과 머신러닝 자동화의 Work Flow를 비교하여 보여주고 있다.

그림 1-6 ▌ 머신러닝 프로젝트 프로세스와 Auto ML

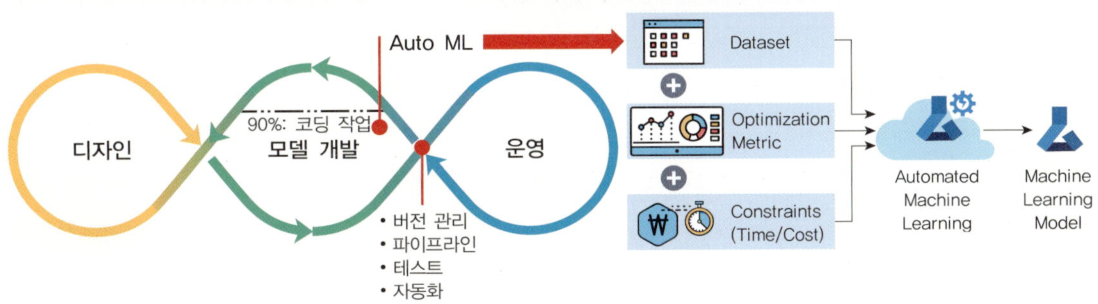

출처: 왼편 그림 각주[10)] / 오른편 그림 각주[11)]

머신러닝 자동화는 머신러닝을 이용하여 모델을 구축하기 위해 데이터 전처리에서 모델 학습까지의 단계를 자동화하는 것을 의미하는 것으로 자동 데이터 처리, 특징 선택, 머신러닝 알고리즘 선택, 파라미터 최적화에서 인간의 설정과 코딩을 대신하여 불필요한 반복작업은 감소시킴으로써 효율적인 머신러닝 활용 프로젝트를 가능하게 할 수 있다.[11)12)]

10) Superb AI.(2021). 실리콘밸리의 ML옵스: 머신러닝 서비스 구축을 위한 실전 ML옵스 가이드

최근의 머신러닝 자동화(Auto ML)의 기술 동향의 핵심은 특징 엔지니어링, 하이퍼파라미터 최적화, 신경망 아키텍처 탐색이 핵심[13]적으로 연구되고 있다. 하이퍼파라미터는 인간이 설정할 수 있는 머신러닝 학습에 대한 파라미터값으로 학습률, 배치 크기 등 학습에 영향을 주는 하이퍼파라미터를 인공지능 기반으로 자동적으로 최적화할 수 있게 학습 가능한 기술 분야이다. 특징이란 머신러닝 모델 학습에 이용되는 변수를 의미하는 것으로 어떠한 특징 변수를 사용하냐에 따라서 머신러닝의 성능이 좌우될 수 있는데 최신 머신러닝 기술 동향은 최적화된 특징(Feature)을 자동 추출하는 방향으로 진행되고 있다. 아키텍처 검색은 모델링 프로세스에서 사람이 직접 다 설계하는 대신에 학습을 통해 최적의 아키텍처를 설계함으로써 효율성을 제고하는 방향으로 기술이 발전되고 있다.

그림 1-7 ▌ 일반적인 머신러닝과 Auto ML의 Work Flow[11]

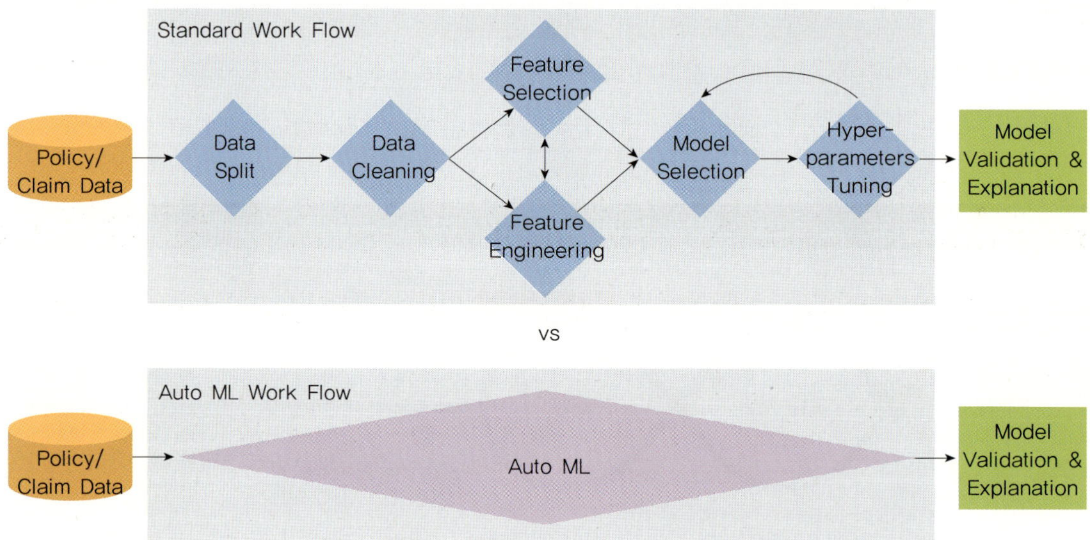

11) Gokhan Simsek(2019). Introduction to Automated Machine Learning(Auto ML). SOFTWARE ENGINEEING DAILY (online web-page).

12) Dawid Kopczyk(2021). Automated Machine Learning. Quantee(online).

13) 문용혁 외(2021). 자동 기계학습(Auto ML) 기술 동향

1.4.2 머신러닝 자동화의 효과와 도입 접근 방법

현재 기업이 데이터를 활용해 인사이트를 발견하기 위해서는 대다수의 데이터 과학자가 비즈니스 이해를 기반으로 데이터 준비에서 초기 모델링까지 단계에서의 작업이 요구되며 머신러닝 프로젝트에 있어 이 단계는 비즈니스 성과에 큰 영향을 미치기 때문에 중요하지만 데이터 과학자는 도메인과 데이터에 대한 높은 수준의 지식과 이해를 필요로 하기 때문에 기업의 데이터 활용에 대한 수요에 비해 인력이 부족한 상황이다.[14)]

[그림 1-8]과 [그림 1-9]는 AI 인력의 수요와 공급 차이에 대한 수급 전망과 Auto ML로 인하여 영향을 받을 것으로 예상되는 데이터 과학자 수요 감소 분야를 보여주고 있다.

하지만 Auto ML의 기술 발전과 보급을 통해 데이터 과학자가 해야 했던 데이터 이해에서 모델 평가까지의 역할을 시스템이 대신함으로써 데이터 과학자에 대한 수요를 감소시킬 수 있을 것으로 맥킨지 보고서는 예측하였으며 데이터 과학자는 데이터의 이해에서 모델을 설계와 검증, 모든 작업 전반에 관여하는 것이 아니라 모델의 신뢰성 검증 작업에 업무가 집중될 것으로 예상하고 있다.[15)]

Auto ML에 대한 접근 방법[16)]에는 오픈소스를 활용하여 직접 개발하거나 특정 목적에 맞추어 플랫폼을 도입하는 방법, 범용적 상용 플랫폼을 이용한 접근 방법이 존재하며 각 접근 방법

그림 1-8 ▌AI 인력 수급 전망

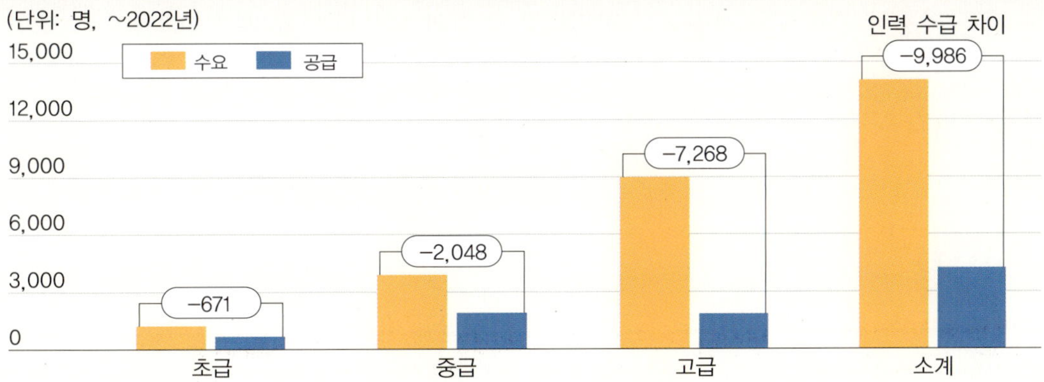

출처: 소프트웨어정책연구소

14) 이민우(2019). 돌려막기 · 스카웃에도… "AI 인재 1만명 부족". 아시아경제(2019.10.7)

15) Holgeer Hurgen(2020). Rethinking AI talent strategy as automated machine learning comes of age. Mckinsey& Company(online).

16) SAS. SAS AI-Enhanced Analytics: AI 기반의 의사결정 지원을 위한 SAS의 전략

그림 1-9 | Auto ML로 데이터 과학자 수요 감소

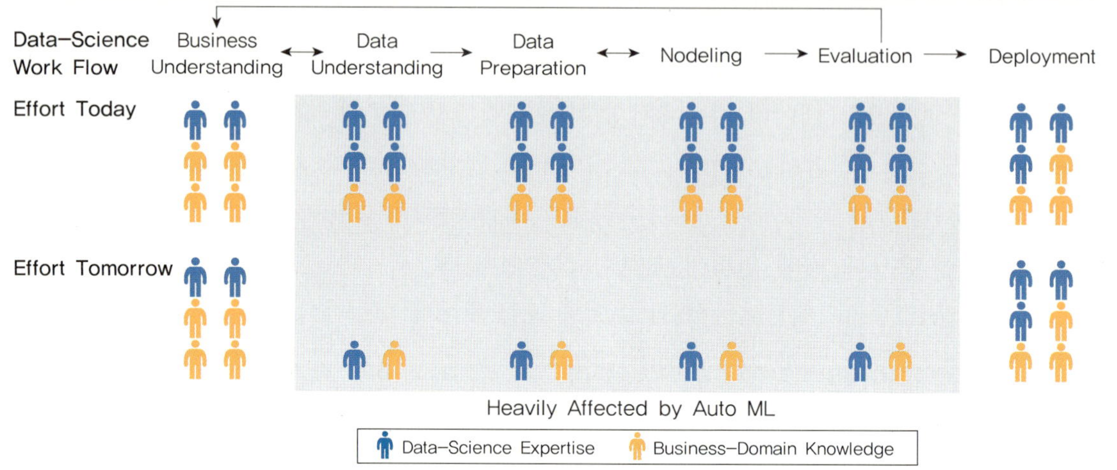

의 장·단점[17]은 다음과 같다.

오픈소스를 활용하여 직접 개발하는 접근 방법은 여러 원천 기술들을 직접 연계·통합하여 개발 및 운영하는 것으로 당면한 비즈니스 문제에 대하여 깊은 이해를 바탕으로 하기 때문에 출력 결과가 더 정확할 수 있다는 장점이 존재하지만 데이터 과학자 인력 공수, 개발 등에 많은 시간과 비용을 투자해야 한다는 단점이 존재한다.

특정 목적 맞춤형 플랫폼에 접근하는 방법은 특정 비즈니스 문제 해결에 있어 전문 지식 없이도 사용 가능한 플랫폼을 사용하는 방법으로 기업의 비즈니스 문제에 맞춤형으로 도입되기 때문에 접근성이 좋으며 개발자도 프로젝트 참여에 용이하다는 장점을 가지고 있지만 기업이 직접 비즈니스 문제에 대한 깊은 이해를 통해 개발한 플랫폼이 아니므로 분석 결과에 대한 신뢰가 불가능하다는 단점을 가지고 있다.

자동화를 포함한 범용적 상용 플랫폼 접근 방법은 일반 사용자에서 전문 분석가까지 넓은 범위에서의 비즈니스 문제 해결에 대응하는 방법이다. 모델 구축 및 배포도 간편하며 상대적으로 저렴하여 소규모 기업에서도 바로 적용할 수 있을 확률이 높다는 장점을 가지고 있지만 기업 환경에 맞는 커스터마이징이 거의 불가능하고 사전 학습된 모델과 데이터를 기반으로 하기에는 제한이 많다는 단점을 가지고 있다.

17) Eric Miller(2020). 10년후, 데이터 과학자 사라진다?… "오토 ML"로 싹 달라진다! CIO Korea(2020.11.20).

1.5 WiseProphet

1.5.1 ㈜위세아이텍의 머신러닝 프로젝트 솔루션

앞서 빅데이터 활용, 머신러닝과 인공지능을 기업이 도입하는 과정에서 빅데이터 인력뿐만 아니라 양질의 데이터를 위한 품질 관리 또한 도입에 어려움을 주는 요인 중 하나였다. 이는 빅데이터가 디지털 시대에서 비즈니스뿐만 아니라 일상적 의사결정을 지원하기 위한 머신러닝 및 인공지능 알고리즘의 원료이기 때문이다. 전략적인 중요 자원으로써 데이터의 중요성이 커지면서 기업들은 내·외부적으로 적극적인 데이터 축적을 하면서 데이터의 양은 점점 빠른 속도로 증가하고 데이터의 형태 또한 다양해지고 있다. 이에 중요 자원인 데이터의 품질을 유지하고 효율적인 활용을 위해 관리하는 것은 데이터 활용을 위해 중요한 분야로 자리잡게 되었다. 따라서 빅데이터 활용 분야는 빅데이터의 품질 관리와 빅데이터 분석으로 분류할 수 있으며 빅데이터를 통해 인사이트를 도출하고 비즈니스를 활용하는 데 있어서 양질의 데이터와 도메인에 맞는 알고리즘을 통해 가능한 것이다.

㈜위세아이텍은 기업의 빅데이터 활용 극대화를 목표로 하는 빅데이터 전문 기업으로, [그림 1-10]과 같이 빅데이터의 수집부터 활용까지의 프로세스에서 데이터 표준 관리(WiseMeta), 데이터 품질 관리(WiseDQ), 머신러닝 활용 프로세스 자동화(WiseProphet), 비정형 데이터 분석 및 시각화(WiseIntelligence) 등을 개발하여 양질의 빅데이터를 다양한 관점으로 분석하고 시각화하여 데이터 기반의 객관적이고 효율적인 의사결정을 지원할 수 있는 솔루션을 개발하여 판매하고 있다.

머신러닝 활용 프로세스 자동화 도구인 WiseProphet은 간편하게 데이터의 탐색, 전처리부터 머신러닝 모델 구축까지 가능한 Auto ML 솔루션으로 본 교재에서는 WiseProphet 데모 버전을 활

그림 1-10 ▌㈜위세아이텍 머신러닝 프로젝트 솔루션

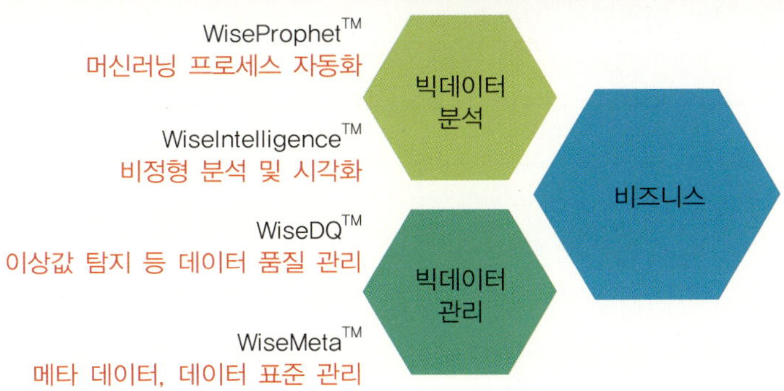

용하여 Kaggle 데이터를 이용하여 머신러닝 분석을 실습으로 제시할 것이다. 따라서 WiseProphet에 대한 자세한 설명은 뒤에서 하기로 하고 먼저 WiseIntelligence를 소개하고자 한다.

WiseIntelligence는 빅데이터 분석 시각화 도구로 정형·비정형 데이터를 다양한 관점으로 분석하고, 대시보드를 활용한 시각화 분석으로 숨어 있던 비즈니스 인사이트를 찾을 수 있도록 지원하는 솔루션이다. 그리드, 피봇그리드, 트리맵, 파이차트, 막대차트, 점차트, 누적막대차트 및 버블차트 등 60여 가지의 차트로 데이터를 다양하게 표현 가능하며, Drag&Drop 방식의 사용자 인터페이스로 IT 부서나 특정 부서의 도움 없이 데이터에 접근하여 원하는 항목을 쉽게 분석 가능하다. 또한 회귀 분석, 상관 분석과 같은 고급 통계기법 10개 이상을 제공하여 다양한 통계 분석이 가능하며, 특히 WiseProphet과의 결합을 통해 고급 통계기법 외에도 머신러닝 알고리즘을 활용하여 군집, 분류 및 회귀 모델에 접근할 수 있다.

표 1-5 WiseIntelligence 주요 기능

주요 기능	상세 기능
다차원 비정형 분석	• Drag&Drop 방식으로 편리하게 분석 관점과 분석 항목을 자유롭게 선택하여 조회할 수 있는 비정형 분석 • Drill Up/Down, Drill Through, Pivoting, Filtering, Sorting, Null Eliminating, Highlight 등 다양한 분석 • 다중합계 분석, 사용자정의 분석, 델타값 분석, 상하위 분석 • Multi-Tap 방식의 다양한 비교교차 분석 • 다양한 포맷(엑셀, CSV, PDF, XML, RTF, HTML) 다운로드 가능
정형 리포팅	• 사용자들에게 익숙한 오피스 프로그램 형태의 보고서 • Excel 및 Spread sheet, Word 호환 보고서 작성 • 사용자가 기존 활용하던 양식을 그대로 활용한 보고서 구축
대시보드	• 다차원 분석과 동일 구조로 대시보드 생성 • 다양한 대시보드 레이아웃 • 게이지, Map, Pie 등 다양한 차트 유형
모니터링 분석	• 카드, 지도 형태의 보고서로 효과적인 시각화 • 특정 지표별 Alert • 목표 대비 실적(달성률) 관리
관리자 모듈	• 다양한 관점의 분석보고서 분류 • 보고서뿐만 아니라, 디멘전, 메저, 특정 속성(멤버)까지 권한 설정을 통한 보안성 극대화 • 다양한 사용 로그 현황

WiseDQ는 AI 알고리즘 기반으로 데이터 품질 지표와 규칙 기반으로 데이터 품질을 측정과 측정한 규칙이 주어지지 않더라도 데이터 분포와 상관관계를 분석하여 이상값을 탐지함으로써 데이터를 통합하여 표준을 정립하고 중복 제거, 오류 개선을 통해 데이터 신뢰성을 확보할 수

있는 솔루션이다. 기업이 데이터를 축적하고 활용하기 위한 초기 단계에서 데이터 품질 관리 체계를 정착하기 위해 기준과 규칙을 정의하고 상시적인 데이터 품질 모니터링과 개선작업을 해야 하기 때문에 인공지능 기반으로 효율적인 데이터 품질 시스템을 통해 빅데이터 활용 경쟁력을 확보할 수 있다.

WiseMeta는 AI 기술 기반의 데이터 표준, 데이터 모델, 데이터베이스, 데이터 흐름 정보를 일관성있게 관리할 수 있는 솔루션이다. 데이터 표준화를 통해 기업 정보 시스템에서 데이터에

표 1-6 WiseDQ 주요 기능

주요 기능	상세 기능
빅데이터 탐색	• 데이터 항목의 의미, 형식, 패턴을 분석하여 도메인 자동 판별 • 데이터 매칭 알고리즘을 통해 다르게 명명된 데이터를 판별
이상값 탐지	• 데이터 분포를 기준으로 이상값(Outlier)을 탐지 • 텍스트 클러스터링(Text Clustering) 기법을 통해 텍스트 데이터의 오류를 탐지
규칙 기반 빅데이터 품질 측정	• 도메인 규칙과 업무 규칙을 통한 데이터 품질 진단 • 이기종 DB 간 데이터 건수, 합계 대사 기능을 제공
측정 결과 분석	• 다양한 관점에서 진단 결과 정보를 제공 • 스케줄링을 통해 데이터 품질 측정 부하를 분산하고 주기적으로 모니터링
빅데이터 품질 개선	• 데이터 오류, 개선 계획과 개선 결과를 관리 • 데이터 품질 관리 절차와 역할에 따라 승인 프로세스를 제공

표 1-7 WiseMeta 주요 기능

주요 기능	상세 기능
데이터 표준 관리	• 표준 단어, 도메인, 유효값, 표준 항목, 유사어 금칙어 관리 등 • 시스템별 표준 사전 관리
머신러닝 기반 표준화	• 도메인 자동 판별 • 유사도 분석을 통한 용어 추천 • 표준 항목 자동 분할 및 추천
데이터 모델 관리	• 주제 영역 및 데이터 모델 관리 • 인덱스, 파티션 정보 관리 • 모델링 도구 연계
데이터베이스 관리	• 데이터 모델의 DB 반영 지원 • DB 반영 스크립트(DDL) 생성 및 스키마 정보 수집 • 개발, 테스트, 검증, 운영 DB 관리
영향도 분석	• 매핑 정의서, 데이터 흐름 관리 • 메타 데이터 간 활용도 분석 • 표준 준수율, 표준/모델/DB 간 갭 분석
범정부 데이터 플랫폼 연계	• 기관 메타 데이터를 자동으로 수집 • 중앙 메타와 메타 데이터 연계

대한 의미와 형식, 표기 방식을 표준화함으로써 시스템의 확장과 통합뿐만 아니라 기업, 부서, 개인 수준에 이르기까지 정보 공유 효과를 극대화함으로써 정보 근간의 의사결정 비즈니스를 위한 출발점이라고 할 수 있다. 주요 기능으로는 표준 단어, 도메인, 유효값, 유사어와 금칙어 관리와 시스템별 표준 사전 관리 등의 데이터 표준 관리, 머신러닝 기반의 도메인 자동 판별 및 유사도 분석을 통한 용어 추천이 가능하다.

1.5.2 머신러닝 자동화(Auto ML) 솔루션 WiseProphet

WiseProphet은 머신러닝 비전문가들도 데이터 입력과 코딩없이 클릭만으로 머신러닝 기반의 예측 모델을 개발하고 현업 비즈니스 도메인에 적용할 수 있는 머신러닝 자동화 플랫폼으로 개발된 모델을 기반으로 새로운 데이터에 적용하여 쉽고 빠르게 활용할 수 있다. 또한 머신러닝 활용에 있어 클라우드를 통해 웹 기반으로 실행되어 효율적일 뿐만 아니라 데이터 저장에서부터 모델 저장까지의 프로세스를 노코딩, 간편한 조작을 통해 다양한 머신러닝 알고리즘으로부터 데이터에 최적화된 알고리즘을 찾아 예측 결과를 보여주는 머신러닝 자동화(Auto ML: Automated Machine Learning)이다.

[그림 1-11]은 WiseProphe의 주요 특징을 정리한 것이며 정부공공 등에 고객사를 보유하고

그림 1-11 | WiseProphet 주요 특징

그림 1-12 | WiseProphet 활용 머신러닝 모델 개발 프로세스

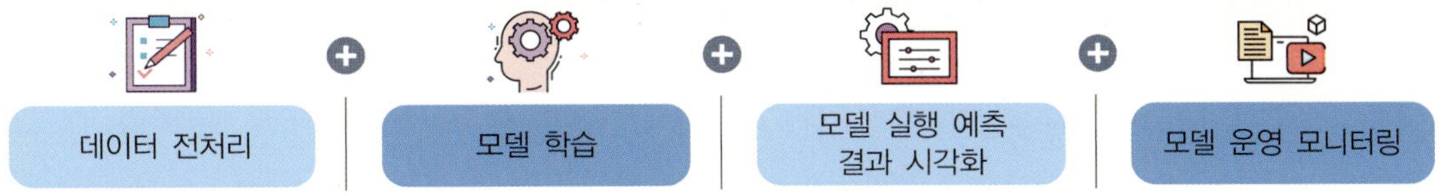

있음을 보여주고 있다.

WiseProphet은 [그림 1-12]와 같이 클라우드 기반의 웹을 통해서 사용이 가능하다. 웹상에서 드래그 또는 클릭만으로 클라우드에 데이터 저장이 가능하다. WiseProphet에 저장된 데이터를 선택하여 데이터의 기초통계 정보와 데이터 분포, 결측치 및 이상치 관리 등의 데이터 전처리를 할 수 있는 데이터 탐색, 범주형 또는 연속형 변수를 선택할 경우 목표변수를 예측하는데 영향을 미치는 정도를 Extra Tree를 기반으로 분석하여 알고리즘 모델 학습 전에 선택할 수 있으며 목표변수의 선택 유무와 형태에 따라 자동적으로 알고리즘을 선택이 가능한 단계를 거쳐 훈련과 검증 데이터 비율 설정과 교차 검증 등의 훈련이 설정가능하다.

| 표 1-8 | WiseProphet의 주요 기능

주요 기능	상세 기능
클라우드 기반 Auto ML	• 웹 기반으로 실행되어 간편한 머신러닝 모델 개발 가능 • 클라우드 기반의 데이터 저장 가능 • 드래그, 클릭을 통한 간편한 데이터 관리 가능
AI 기반 알고리즘 최적화	• 앙상블(Ensemble) 기법을 통한 머신러닝 모델 성능 향상 • 간편한 하이퍼파라미터 튜닝을 통해 사용자 목적에 맞는 머신러닝 모델 개발 가능 • 머신러닝 모델 목표변수에 따른 자동적인 알고리즘 추천(군집, 분류, 회귀 알고리즘 카테고리 추천) • 시각적·수치적 정보 기반의 개발된 모델의 성능평가 가능
범용적인 모델 개발	• No coding 인터페이스를 통해 클릭만으로 데이터 전처리에서부터 모델 학습 및 관리 가능 • No coding은 비전문가도 도메인 지식에 집중하여 머신러닝 적용 가능 • 머신러닝 프로세스 단계에서 시각적인 정보를 활용하여 직관적인 정보를 전달
Feature Engineering	• 변수 간 상관관계 분석 • Extra Tree[18] 알고리즘 활용한 변수 중요도 분석
효율적 머신러닝 모델 관리	• 학습된 머신러닝 모델 저장 및 배포 가능 • 정해진 스케줄을 기준으로 배포된 모델 관리 가능

18) Extra Tree 기법은 무작위로 Feature를 선정하여 선정된 Feature의 최적을 찾기 때문에 각 Feature의 최적을 모았을 때 꽤나 좋은 성능을 보이며 모든 변수의 최적을 비교하는 Random Forest보다 연산 속도가 빠르다.

훈련이 진행된 이후에는 Confusion Matrix, error, 군집 결과에 대한 결과를 시각적으로 확인할 수 있으며 학습된 모델을 WiseProphet 서버에 저장함으로써 학습된 머신러닝 모델에 새로운 데이터를 입력하여 반복적으로 활용 가능하며 머신러닝 모델 개발 로그 데이터를 통해 모델 운영에 대한 모니터링이 가능하다.

[표 1-8]은 WiseProphet의 주요 기능들이며 머신러닝 자동화에 필요한 많은 장점을 가지고 있다.

[그림 1-13]은 WiseProphet를 활용하는 장점을 정리한 것으로 머신러닝에 익숙하지 못한 비전문가도 도메인 지식과 데이터에 대한 이해를 바탕으로 코딩 없이 클릭만으로 머신러닝 모델이 가능하여 머신러닝 모델 개발 시간을 단축할 수 있으며 별도의 프로그램의 설치 등의 작업 대신 클라우드 환경 기반으로 머신러닝 모델 개발이 가능하기 때문에 도입 비용을 최소화할 수 있다.

그림 1-13 ▌ WiseProphet 활용의 장점

1.6 실습 방법 구성

본 교재는 머신러닝 이론보다는 비전문가가 스스로 직접 머신러닝을 실행해볼 수 있도록 하는 것을 목표로 하기 때문에 머신러닝 자동화 도구인 WiseProphet 데모 버전을 활용하여 클라우드 기반의 웹에서 간편하게 머신러닝을 활용하여 모델을 개발해보는 것을 목적으로 한다. 데이터 수집 단계는 머신러닝과 또다른 영역이기 때문에 이번 실습 교재에서는 데이터 수집 단계를 Kaggle이라는 빅데이터 공유 및 경연, 학습할 수 있는 대표적인 플랫폼을 활용하여 데이터를 다운로드받고 데이터 상황에 맞는 목적을 설정하여 머신러닝 모델을 개발할 것이다.

이를 위해서 2장에서는 WiseProphet의 프로세스인 데이터 탐색, 특징 선택, 알고리즘 선택, 모델 학습, 모델 활용의 단계를 Kaggle의 데이터를 활용하여 따라가며 WiseProphet를 활용하는 데 있어 중요 기능에 대해서 살펴본다.

3장에서는 빅데이터 분석 플랫폼인 'Kaggle'에서 데이터셋을 다운로드하여 WiseProphet를 사용한 머신러닝 실습을 실시한다. WiseProphet에서는 은행 개인 신용 상태(good, bad)와 같이 범주형 목표변수에 대한 문제를 해결하는 분류의 문제, 자동차 보험 고객의 생애가치를 추정하는 연속형 목표변수에 대한 문제를 해결하는 회귀의 문제와 온라인 커머스 고객 행동 데이터를 기반으로 고객 집단을 분류하는 목표변수가 존재하지 않는 비지도 학습의 문제인 군집 분석을 실습한다. 따라서 3장은 분류, 회귀, 군집으로 3.1절, 3.2절, 3.3절으로 이루어져 있으며 각 장을 시작하면서 WiseProphet에서 제공되고 있는 알고리즘에 대한 간략한 설명과 머신러닝을 실습하면서 설정 가능한 파라미터값에 대하여 알아본다.

본 교재는 비전문가가 코딩없이 머신러닝 모델을 개발하고 원하는 데이터를 분석할 수 있도록 지원하는 것에 초점을 맞추고 있기 때문에 데이터 분석을 원하는 현업실무자가 가장 어려워하는 측면, 즉 학습 데이터를 가공하는 방법, 머신러닝 학습 모델의 성능을 개선하기 위한 다양한 방법 그리고 머신러닝 실행 결과에 대한 해석 방법 등을 초점으로 다루고자 노력하였다.

이를 위하여 데이터 분석에 주로 활용되는 CSV 형식으로 다양한 데이터 형식을 변환하는 방법과 여러 데이터 파일을 하나의 데이터 파일로 병합하는 방법 등을 부록에 자세한 예시와 함께 실었다. 특히, 정부에서 제공하고 있는 공공 데이터(data.go.kr)를 이용하는 예시를 제시하여 보다 실질적인 실습이 되도록 하였다.

또한 모델의 성능이 우수하지 않을 경우에 모델의 성능을 개선하기 위하여 시도해볼 수 있는 다양한 기법들을 예시를 통하여 다양한 방법들을 제시하였다.

[그림 1-14]는 WiseProphe를 이용한 실습 프로세스를 정리한 것이다.

그림 1-14 교재의 실습 프로세스 요약

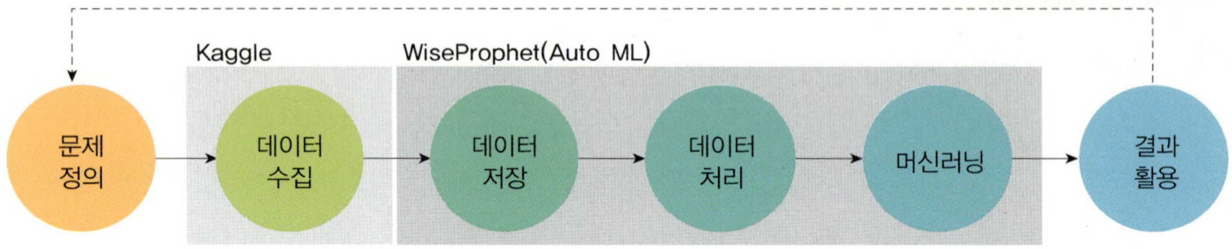

Chapter 02

WiseProphet 처리 단계와 주요 기능

WiseProphet

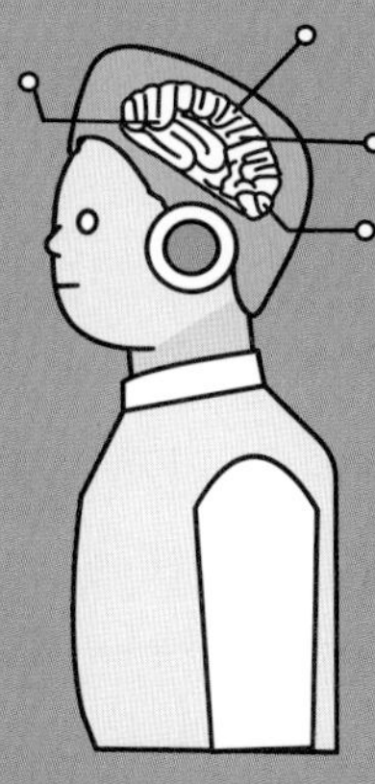

2.1 WiseProphet 데이터 분석 처리 단계

2장에서는 WiseProphet 프로세스를 따라가며 주요 기능에 대해 살펴봄으로써 기본적인 사용 방법에 대해 알아보고자 한다. 이를 통해 다양한 분석 목적에 따라 데이터와 분석 방법이 달라지더라도 WiseProphet를 활용할 수 있는 기초가 될 것이다. [그림 2-1]은 WiseProphet를 이용한 전체 프로세스를 보여주고 있다.

그림 2-1 ▮ WiseProphet 데이터 분석 처리 단계

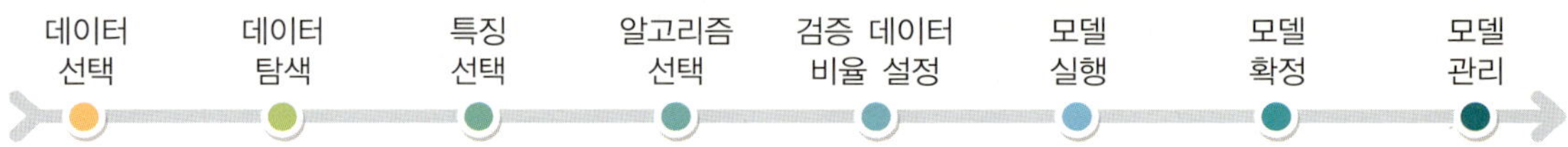

[그림 2-1]에서 데이터 선택 단계에서는 WiseProphet 클라우드에 데이터를 클릭과 드래그 방식으로 손쉽게 업로드하여 관리할 수 있다.

데이터 탐색 단계에서는 데이터의 행과 열, 결측치뿐만 아니라 평균과 최소, 최댓값 등의 기초 통계적 정보를 확인할 수 있다. 또한 변수별로 변수 형태에 맞춰 데이터 분포를 확인할 수 있고 교차 분석, 상관 분석 등과 같은 통계적 방법을 통해 변수 사이의 연관성을 파악할 수 있다. 데이터 탐색 단계에서는 데이터의 전체적인 탐색도 가능하지만 이상치, 결측치에 대한 삭제 및 대체도 가능하다. 또한 클릭만으로 사용할 변수를 설정할 수 있을 뿐만 아니라 예측 모델의 타깃이 되는 목표변수를 설정할 수 있다.

모델 학습을 위해 데이터 탐색 단계 중 특징 선택에서는 데이터 탐색 단계에서 범주형 또는 연속형 변수를 목표변수를 선택했을 경우 Extra Tree 기법을 활용하여 목표변수 예측에 있어 독립변수의 중요도를 수치와 시각적인 방법으로 확인할 수 있으며 파악된 중요도를 기반으로 예측 모델 개발에 사용할 특징들을 선택할 수 있다.

엑스트라 트리(Extra Trees)는 랜덤 포레스트와 매우 비슷하게 동작하는데, 기본적으로 100개의 결정 트리를 훈련시키며, 전체 특성 중에 일부 특성을 랜덤하게 선택하여 노드를 분할하기 위해 사용한다. 랜덤 포레스트와 엑스트라 트리의 차이점은 부트스트랩 샘플(중복된 훈련 샘플)을 사용하지 않는다는 점이다. 즉, 각 결정 트리를 만들어낼 때 전체 훈련 세트를 사용한다는 것인데, 이는 분할할 때 가장 좋은 분할을 찾는 것이 아닌 무작위(Random)로 분할한다는 뜻이다. 그러므로 Extra Tree의 커다란 장점인 처리속도를 1/3 단축한다는 것이다.

그 후 목표변수의 여부, 목표변수의 형태에 따라 알고리즘 선택에서는 군집과 회귀, 분류 모델을 자동적으로 활성화해주고 각 카테고리에서는 세부 알고리즘의 시각적 정보를 통해 머신러닝에 익숙하지 않은 사용자도 직관적으로 알고리즘을 선택할 수 있다.

알고리즘 선택 후에는 훈련과 검증 데이터 비율을 선택할 수 있고 K-fold 교차 검증 등에 대한 설정을 드래그 기반으로 간편하게 설정하여 머신러닝 모델을 훈련시킬 수 있다.

모델 학습이 완료되면 모델 실행 단계에서는 시각적·수치적으로 결과를 확인할 수 있을 뿐만 아니라 알고리즘별로 도출된 결과는 CSV 형식으로 다운로드받아 확인할 수 있다.

실행된 모델은 WiseProphet에 저장하여 추후에 새로운 데이터를 학습된 머신러닝 모델에 대입하여 효율적으로 활용이 가능하다. 또한 모델 개발 및 학습된 모델에 대해 데이터가 저장되어 있기 때문에 효율적인 모델 관리가 가능하다.

2.2 Kaggle에서 데이터 준비

Kaggle은 오픈 데이터 사이언스 플랫폼으로써 머신러닝과 딥러닝 분석을 위한 데이터셋이 공개되어 있어 학습을 위한 데이터 탐색에 유용할 뿐만 아니라 데이터에 대해 다른 데이터 분석가들의 코드를 확인하고 데이터와 분석에 대해 자유로운 의논이 가능한 플랫폼이다.

데이터 분석을 연습하는 단계에서 실무 데이터를 통해 분석을 연습한다는 것은 생각보다 더 어려운 일이다. 왜냐하면 공개된 실무데이터들은 많이 존재하지만 학습자가 원하는 주제의 실무 데이터를 탐색하여 활용하는 것에는 한계가 있을 뿐만 아니라 데이터를 다운로드받더라도 데이터 활용을 위해 데이터를 이해하고 정리하는 과정에서 진입장벽이 생길 수 있다. 하지만 Kaggle에서는 데이터 분석의 초보자에서 고급 분석가 모두를 위한 데이터 분석 플랫폼으로 다양한 분야의 데이터에 대해서 학습을 위해 어느 정도 정리되어 있을 뿐만 아니라 데이터에 대한 설명을 통해 데이터에 대한 이해를 용이하게 할 수 있다.

이에 실습 교재에서는 WiseProphet를 활용해 Auto ML의 이해와 사용을 목적으로 하기 때문에 데이터 수집에서의 수고를 Kaggle이라는 플랫폼을 통해 절감하고자 하였다. 2장 WiseProphet 프로세스 흐름에 따라 주요 기능을 살펴보기 위해 실습에 사용될 독일 개인 신용 데이터 'German Credit Risk-With Target' 데이터를 다운로드받기 위해 다음과 같은 절차를 진행할 것이다.

Kaggle 홈페이지 접속 → 로그인 → 데이터셋 검색 → 데이터 파악 → 다운로드

01 Kaggle(www.kaggle.com) 메인 페이지 데이터 다운로드를 위해서는 오른쪽 상단의 가입과 로그인을 한 후 가능하다.

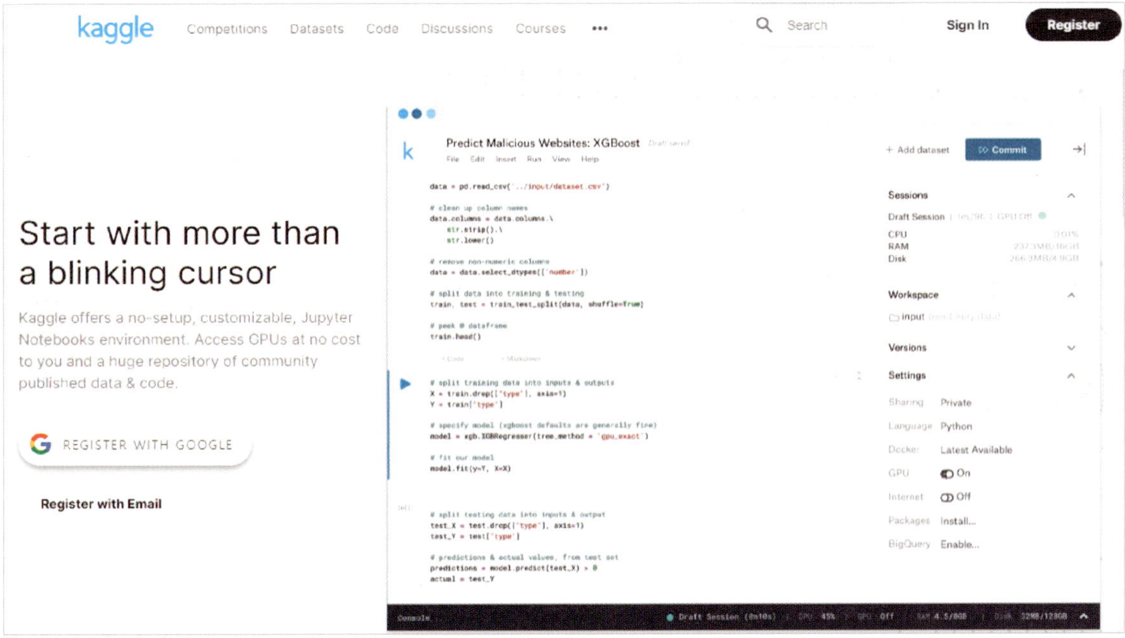

02 로그인 이후 왼편에는 Kaggle 메뉴 확인이 가능하다.

❶ Competitions: Kaggle 데이터 분석 경진 대회로 Kaggle의 대표적인 메뉴이다.
❷ Datasets: 개인 또는 기관 등에서 공개한 데이터 다운로드 및 개인의 분석 코드를 확인할 수 있다.
❸ Code: 개인이 분석한 데이터 분석 코딩을 확인 및 검색할 수 있다.
❹ Discussions: 데이터, 코드와 관련하여 다른 사람들과 논의하고 토론할 수 있는 공간이다.
❺ Courses: Python, 딥러닝, 머신러닝 등 다양한 데이터 분석과 관련된 교육 콘텐츠를 제공하고 있다.

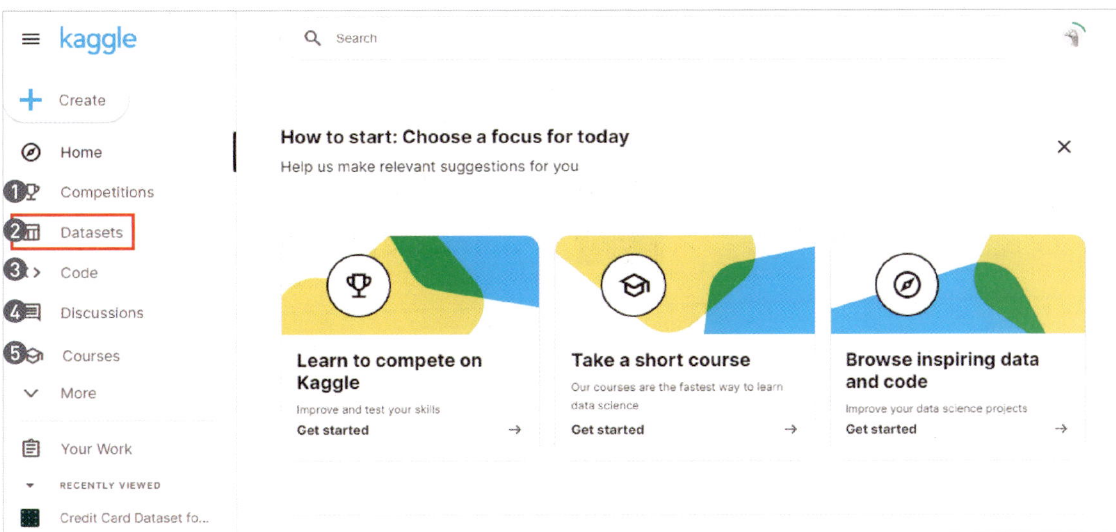

03 왼편의 'Datasets' 메뉴를 선택한 후 상단의 Search에서 키워드를 통해 자신이 원하는 데이터셋을 검색할 수 있다.
우리는 2장에서 WiseProphet의 기능을 살펴보기 위한 데이터로 'German Credit Risk–With Target' 데이터를 사용하기 때문에 이를 검색한다.

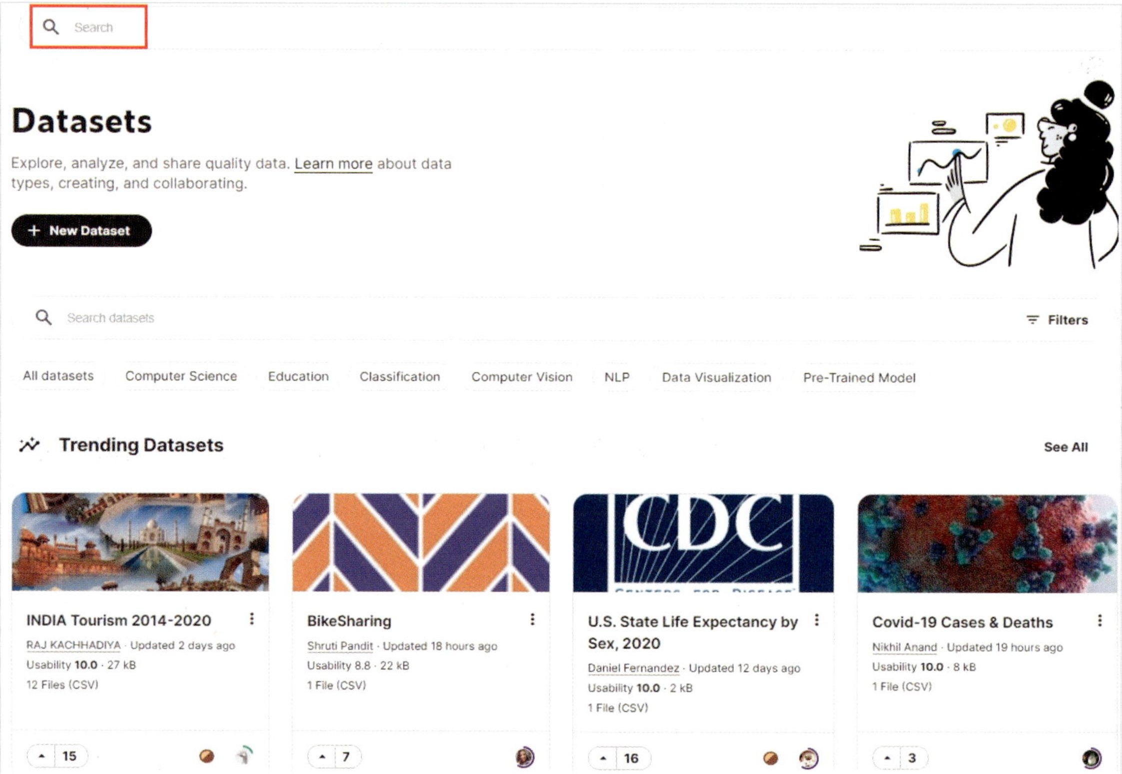

04 검색 결과로 'German Credit Risk–With Target'이 검색되었으며 빨간 상자와 같이 게시물의 유형이 'Dataset'임을 확인 가능하다.
클릭하여 Dataset 페이지로 접속한다.

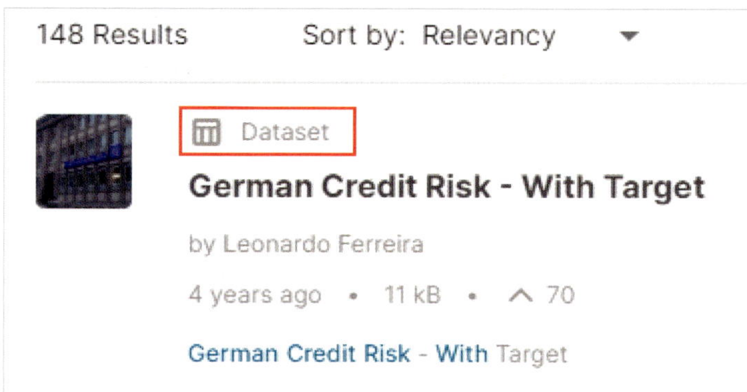

05 접속한 후 'German Credit Risk'에 대한 데이터 분포뿐만 아니라 왼편 상단의 'Code' 메뉴를 통해 다른 이들이 분석한 과정을 확인할 수 있다.

- 데이터셋 다운로드를 위해 빨간 상자 'Download'를 클릭한다.
- 데이터셋 설명 및 라이센스 정보 https://www.kaggle.com/uciml/german-credit

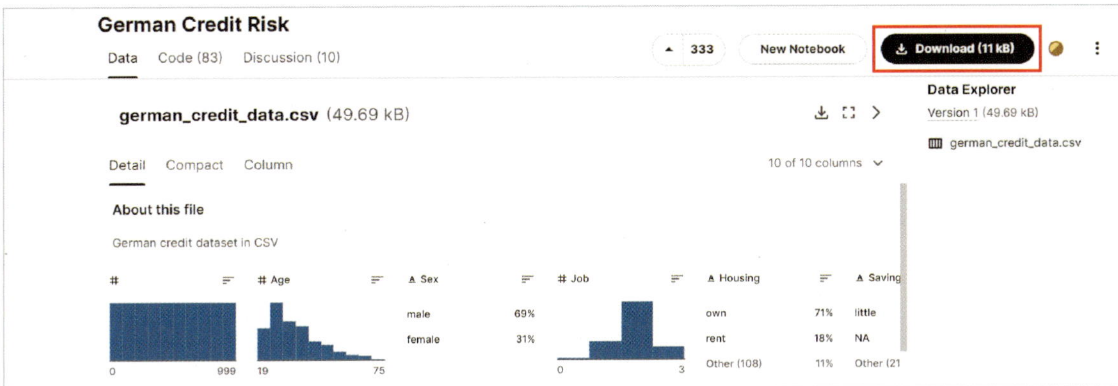

2.3 WiseProphet 주요 기능

이번 절에서는 WiseProphet의 프로세스를 따라가면서 주요 기능을 살펴본다. 사용할 데이터는 방금 전 Kaggle에서 다운로드받은 'German Credit Risk' 데이터를 사용할 것이며 WiseProphet를 실제 실행하면서 자세하게 설명하였다.

이번 절에서는 WiseProphet의 프로세스를 따라가며 주요 기능을 탐색하기 위한 목적으로 실습을 진행하기 때문에 실습에서 설명하는 것 외에도 실습자가 자유롭게 기능과 메뉴를 클릭해보고 살펴보면서 WiseProphet이 어떠한 기능이 있고 기능을 선택했을 때 데이터와 알고리즘에 어떤 영향을 주는지 여러 시도를 해보는 것을 추천한다.

2.3.1 WiseProphet 데이터 로딩

01 구글 'WiseProphet' 검색 후 접속 또는 주소창(prophet.wise.co.kr/#/intro)에 입력한다.
오른편 상단 '로그인'을 클릭하여 로그인 또는 회원가입 가능

02 로그인 후 데이터 로딩과 내비게이션 등 WiseProphet를 활용하기 위한 초기 페이지를 확인할 수 있다.
❶ 메뉴 화면: 모델 학습, 모델 관리, 모니터링 메뉴 중 원하는 작업 선택
❷ 내비게이션: 머신러닝 처리 단계를 보여주며 데이터 선택에서 모델 확정까지 7가지 프로세스를 시각화
❸ 사용 데이터 관리: 클라우드 기반으로 사용자의 데이터를 관리할 수 있는 페이지

03 클라우드 기반인 WiseProphet에서 데이터 활용을 위해 데이터 업로드가 필요하다.
❶ 사용 데이터 관리 화면에서 왼편 상단의 '파일업로드'를 클릭
❷ 업로드 방법으로 '로컬 파일'과 '예제 데이터베이스'를 통해 데이터 업로드가 가능하다.

- 실습 교재에서는 다운로드받았던 Kaggle 데이터셋을 업로드할 것이기에 '로컬 파일' 클릭
- 로컬 파일은 Kaggle에서 다운로드받았던 데이터셋뿐만 아니라 사용자가 가지고 있는 데이터 파일 등의 데이터셋 파일을 WiseProphet에 업로드하는 것으로 'CSV', 'XLSX', 'TXT' 파일 업로드를 지원하고 있다.
- 한편, WiseProphet에서는 데이터베이스 MS-SQL, MS-SQL, MariaDB를 지원한다.

화면 구성	설명
❶ 데이터베이스명	연결된 데이터베이스명을 선택한다.
❷ 테이블명	사용할 데이터베이스 테이블명을 선택한다.
❸ 확인	확인을 클릭한다.

- 이에 대한 자세한 방법을 부록 1에 제시하였으니 필요한 사용자는 참고하길 바란다.
- 한편, 실제 사용자들은 여러 개의 데이터 파일을 가지고 분석하고자 하는 하나의 데이터 파일을 만들 필요가 있거나 혹은 JPG와 같은 데이터 파일을 CSV로 변환할 필요가 있기 때문에 부록에 JPG 데이터를 CSV로 변환하는 방법 등 다양한 데이터 변환 방법을 제시하였으니 참고하면 될 것이다.

04 WiseProphet 데모버전의 경우 사용 데이터 용량이 10MB로 제한되어 있어 사용 데이터의 용량에 대해 유의가 필요하다.

❶ 'Drop files here to upload'를 클릭 또는 데이터셋을 드래그

❷ 로딩하고자 하는 데이터셋을 선택 후 '열기' 클릭(실습에서는 Kaggle에서 다운로드받은 'German Credit Risk' 데이터셋 선택)

❸ 데이터셋 로딩 상황을 확인할 수 있음

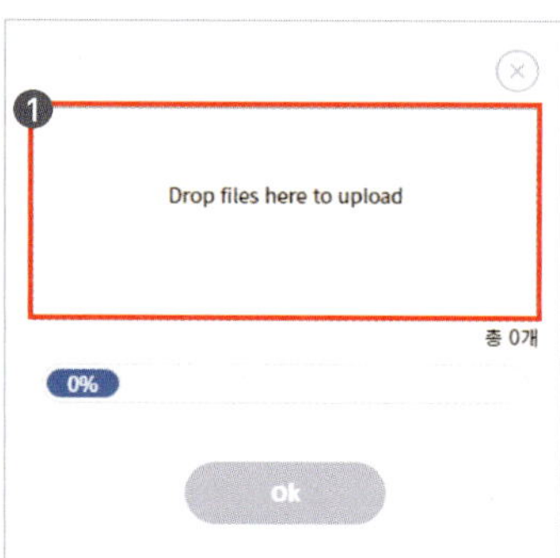

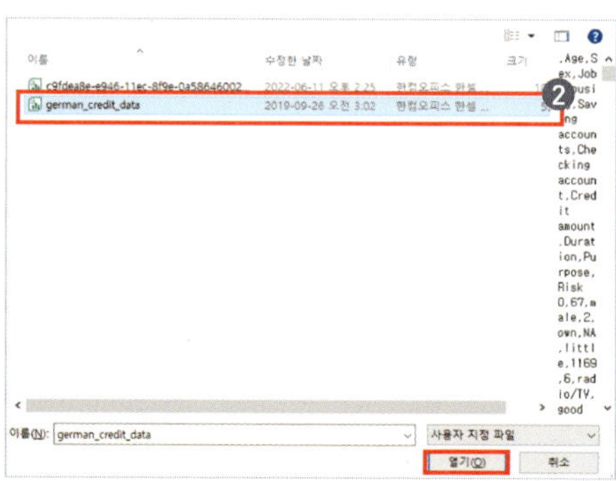

05 데이터 로딩 후 사용 데이터 화면에 ❶과 같이 데이터셋이 업로드된 것을 확인할 수 있다.

❶ 사용하고자 하는 데이터셋을 클릭

❷ '선택'을 클릭하면 데이터가 WiseProphet에 탑재되어 데이터 탐색 페이지로 접속

❸ 'Clear selection'를 이용하면 데이터 선택 취소가 가능함

2.3.2 데이터 탐색 및 데이터 전처리

데이터 탐색 단계의 화면 구성은 다음과 같다.

화면 구성	내용
변수명	변수의 이름을 확인할 수 있다.
변수 유형	변수의 유형(수치형, 범주형, 날짜형)을 확인할 수 있다.
최솟값	가장 작은 값이다.
최댓값	가장 큰 값이다.
1분위	전체 값의 하위 25%에 해당하는 값이다.
3분위	전체 값의 하위 75%에 해당하는 값이다.
유일값	중복된 데이터를 제거한 후 유일한 값의 개수이다.
결측값	데이터가 공란으로 비어 있거나 누락된 값의 개수이다.
사용	변수의 사용 여부를 선택하는 부분이다.
목표변수	예측하고자 하는 대상변수를 선택하는 부분이다.

01 WiseProphet의 사용 데이터 페이지에서 데이터를 탑재한 이후 데이터 탐색 페이지로 넘어간다. 데이터 탐색 단계는 데이터의 분포 파악 및 데이터 유형 변경, 결측치와 이상치 처리, 변수 관리 등의 머신러닝 활용을 위한 데이터를 준비할 수 있는 단계로 코드 작성 없이 클릭을 통해 간편하게 데이터 탐색과 데이터 전처리가 가능하다.

❶ 데이터셋 정보: 결측값, 중복값, 컬럼수, 데이터 개수 확인
❷ 돋보기 버튼: 데이터 분포, 상관관계, 이상치 및 결측치 처리를 지원하며 자세한 사용방법은 뒤에서 설명함
❸ 변수명: 해당 변수의 이름을 확인할 수 있음
❹ 변수 유형: 현재 데이터의 유형 확인 가능, 데이터 유형 변경
❺ 기초요약 통계(요약통계): 최솟값, 최댓값, 유일값, 결측값, 평균, 표준편차 등 확인
❻ 사용 버튼: 변수를 분석에 사용할 것인지 설정
❼ 목표변수: 예측 등 분석하고자 하는 목표변수 설정

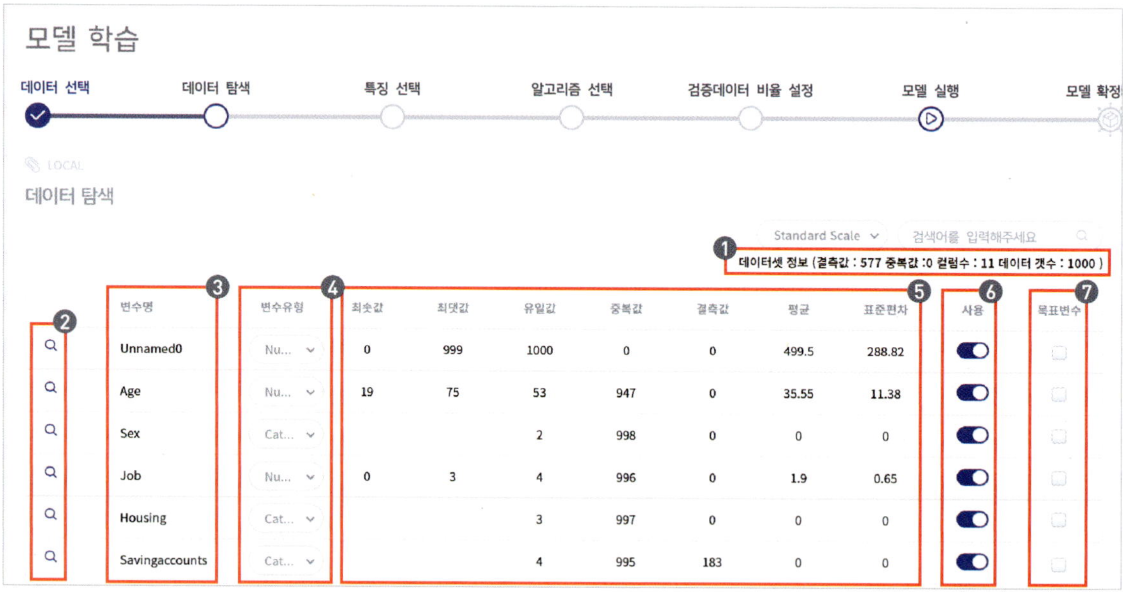

WiseProphet에서는 만약 목표변수가 존재하는 범주형 데이터 분석에는 분류 모델을, 목표변수가 수치형일 경우에는 회귀 모델을 추천하고, 목표변수를 설정하지 않을 경우에는 군집 분석 모델을 추천하는 것으로 설계되어 있다.

데이터에 대한 기초요약 통계는 데이터에 대한 위치(location), 분포(spread), 모양(shape), 상관성(correlation)과 같은 통계값들을 측정하여 데이터에 대한 기본적인 정보를 제공한다. 그러므로 기초요약 통계를 측정하면 데이터 중심의 위치, 중심을 기준으로 어떻게 분포되어 있는지, 데이터가 어느 쪽으로 편향되어 있는지 등을 파악할 수 있다.

02 WiseProphet에서 제공하는 데이터 스케일링(data scaling)은 데이터 변수별로 데이터의 범위와 분포의 차이가 크면 머신러닝 알고리즘이 잘 동작하지 않고 학습과정에서 0으로 수렴하거나 무한대로 발산할 가능성이 있기 때문에 데이터 범위를 동등하게 조정해주는 기능을 처리해준다.

WiseProphet에서는 Standard Scale, MinMax Scale, Robust Scale, MaxAbs Scale, Normalize의 데이터 스케일링(Data Scaling)을 지원하며 각 Scale은 다음과 같은 경우에 사용된다.

데이터 스케일 화면

화면 구성	내용
❶ 표준화 (Standard Scale)	• 데이터의 범위를 정규분포로 변환한다. • 정규분포는 데이터의 중심값을 기준으로 좌우 대칭의 분포 형태를 나타낸다.
❷ 최대최소 스케일 (MinMax Scale)	• 데이터의 범위를 0~1 사이의 값으로 변환한다.
❸ 로버스트 스케일 (Robust Scale)	• 중앙값과 사분위 범위를 기준으로 데이터의 범위를 변환한다. • 이상값이 많을 경우 이상값의 영향을 최소화하기 위해 사용된다.
❹ 최대절대값 스케일 (MaxAbs Scale)	• 최대절대값과 0이 각각 1,0이 되도록 데이터 범위를 변환한다. • 양수 데이터로만 구성된 데이터에는 MinMax Scale과 유사하게 동작하며, 단점으로는 큰 이상치에 민감할 수 있다.
❺ 정규화 스케일 (Normalize)	• 실제값 범위를 표준값 범위(일반적으로 -1~+1 또는 0~1)로 변환하는 과정이다.

03 변수(Variable)는 데이터값을 저장할 수 있는 공간이라고 할 수 있다.
변수 유형을 관리하는 것은 이 공간 안에 들어오는 데이터의 성격을 정해주는 것으로 WiseProphet에서는 범주형(Categorical), 수치형(Numerical), 문자형(Text), 날짜형(Date) 등 다양한 데이터 형태의 변수 유형을 지원하고 있다.

데이터 탐색 단계에서 변수 유형 열을 통해서 현재 입력되어 있는 변수 유형을 확인 가능하며 데이터 유형이 잘못 설정되어 있으면 클릭하여 데이터 유형을 재설정할 수 있다.

04 WiseProphet에서는 최소, 최댓값, 유일값 수, 평균 등의 기초통계를 확인할 수 있도록 지원하고 있지만 ❶과 같이 돋보기 기능을 통해 데이터의 분포를 확인하고 결측치, 이상치 등을 점검하여 관리할 수 있다.

- 데이터 분포(빈도 기반의 데이터 분포 시각화)
- 데이터 통계(수염상자 기반의 4분위 기준 데이터 통계값)
- 상관관계 분석 결과(연속형 변수 간의 상관관계 분석, 범주형 변수 간의 교차 분석 결과)
- 데이터 정제(중복값, 이상값, 결측값 삭제 및 대체 설정)

한편, 데이터 통계 및 정제 단계의 서브 기능인 탭 화면과 용도는 다음과 같다.

탭 화면 메뉴	내용
돋보기 버튼	해당 변수의 분포, 상세 통계, 변수들 간의 상관관계를 확인할 수 있으며 변수의 중복값, 결측값, 이상값에 대한 데이터 정제를 할 수 있다.
데이터 분포 탭	변수의 데이터 분포를 확인할 수 있다. • 수치형 변수: 수치형 변수를 가지고 있는 경우 선형 그래프를 통해 수치 변화에 대한 의미를 시각적으로 확인할 수 있다. • 범주형 변수: 범주형 변수를 가지고 있는 경우 데이터값이 가질 수 있는 범위를 몇 개의 구간으로 나누고, 각 구간에 해당하는 값의 빈도를 확인하는 히스토그램 방법으로 분포를 확인할 수 있다.
데이터 통계 탭	데이터 통계 탭에서는 1분위, 3분위, 평균, 이상치를 보여주는 박스 플롯을 확인할 수 있으며, 이상치는 1분위수보다 작거나 3분위수보다 큰 관측값을 의미한다.
상관관계 분석결과 탭	변수 간 상관관계를 확인할 수 있다. 상관관계란 변수 A와 B 사이의 상관 정도를 나타내는 수치로, −1과 1 사이의 값을 가지며 절대값이 1에 가까울수록 두 변수 간의 상관관계가 높다. • 수치형 변수의 경우 히트맵을 통해 상관관계를 확인할 수 있으며, 붉은색에 가까울수록 양의 상관관계가, 푸른색에 가까울수록 음의 상관관계가 높다고 볼 수 있다. • 범주형 변수의 경우 선택변수와 타 변수 간 p값을 확인할 수 있으며, 점선 상단에 해당하는 변수가 선택변수와 상관관계가 높다고 볼 수 있다.
데이터 정제 탭	변수의 중복값, 결측값, 이상값에 대하여 사용 유무 및 대체값 설정 그리고 제거를 할 수 있다.

01 돋보기 기능을 통해 데이터 분포를 확인할 수 있으며 우측의 그림은 Age 변수의 데이터 분포이다.

- X축은 데이터값을 의미하며
- Y축은 데이터의 빈도수를 의미한다.
- 그래프 위에 마우스를 가져가면 상세한 X축과 Y축에 대한 값을 확인할 수 있다.

02 데이터 통계는 중앙값과 데이터를 4등분한 사분위수를 기준으로 데이터의 분포를 통계적으로 확인할 수 있다. Q1(제 1사분위수)는 전체 데이터 중 하위 25%를 의미하며, Q3(제 3사분위수)는 전체 데이터 중 상위 25%에 해당하는 값을 의미한다.

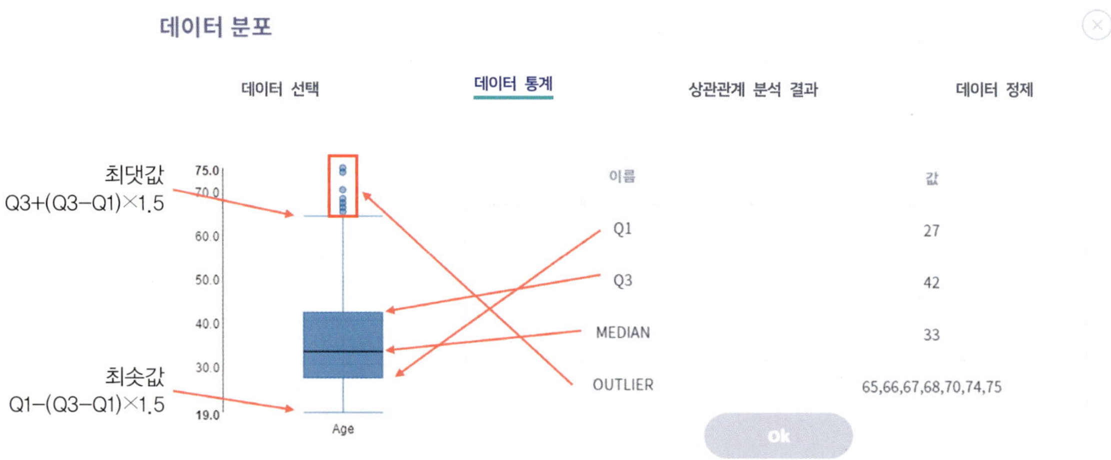

이때 Q1~Q3까지의 범위를 사분위수 범위(IQR: Interquartile Range)라고 하며 Q3에서 1.5 IQR의 범위의 최댓값을 초과하거나 Q1에서 1.5 IQR 범위의 최솟값보다 작다면 이상값(Outlier)으로 추정한다. 이상값을 추정하면 이후 전처리 과정에서 이상치를 제거하기 위한 절차를 진행할 수 있다.

03 상관관계 분석 결과는 숫자 형태의 연속형 변수일 경우에 두 변수 사이의 상관관계의 조합을 시각적으로 확인할 수 있다.
상관관계는 −1~1까지로 절대값 1에 가까울수록 강한 상관관계를 가지고 있는 것이다.

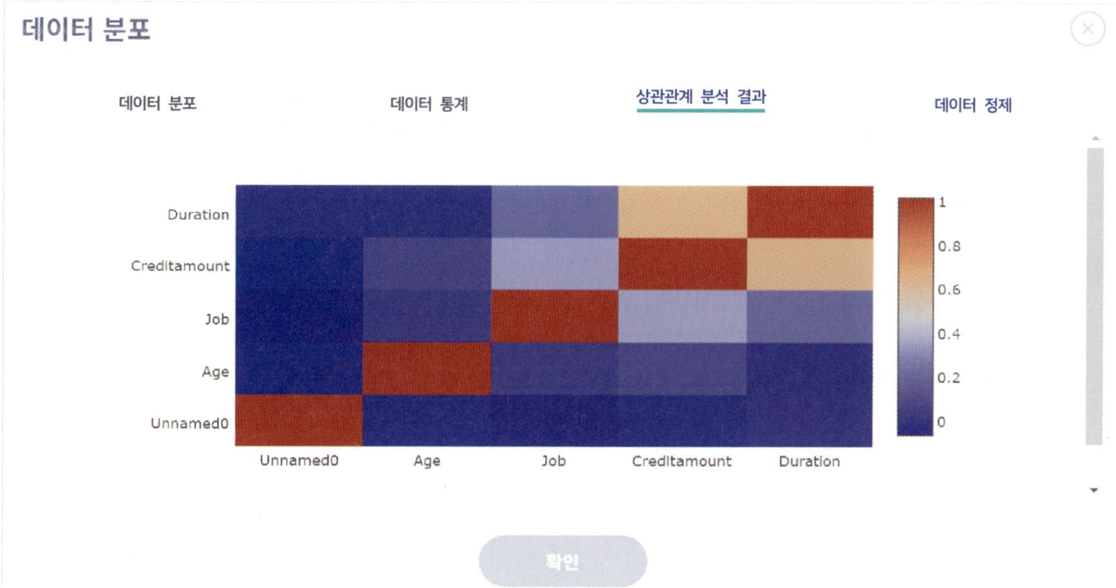

04 'Numeric' 형태였던 Job을 'Categorical'로 변경한 후 돋보기 기능을 통해 데이터 분포를 확인하였다. 범주형 데이터로 변경된 데이터 분포는 히스토그램 형태로 범주에 따른 빈도수를 확인할 수 있다. 그림에서는 'Job' 변수의 2번 카테고리가 630명으로 가장 많은 것을 확인할 수 있다.

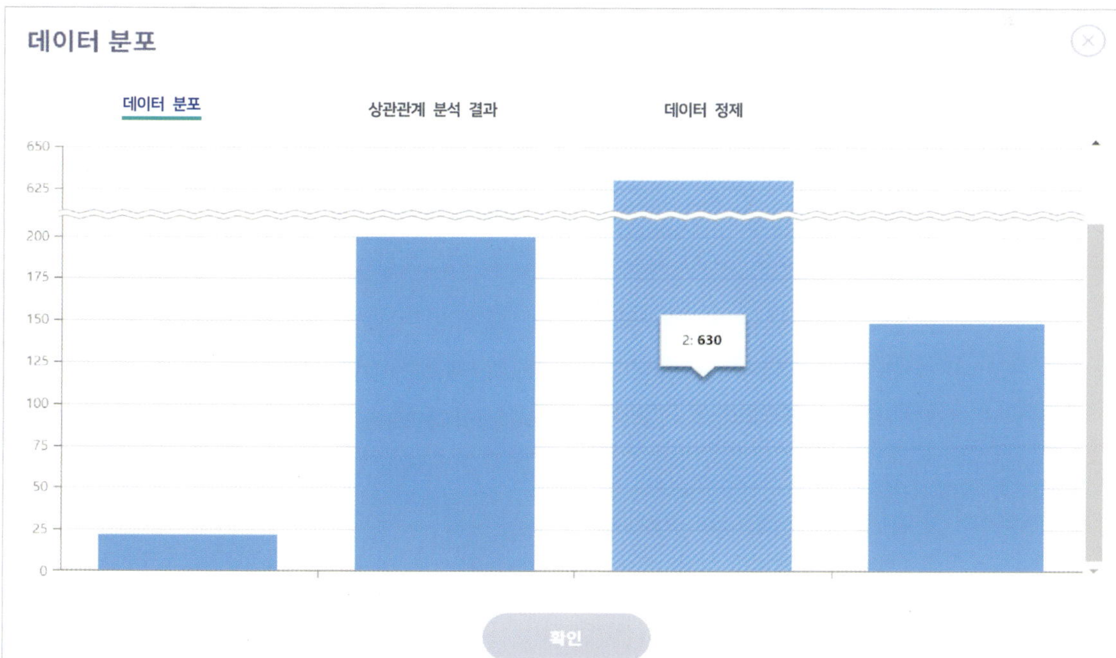

05 수치형의 연속형 변수에서는 상관 분석을 통해 변수 사이의 상관관계를 분석할 수 있었다.
범주형 데이터의 경우 교차 분석을 통해 변수 사이의 연관성을 파악할 수 있는데 데이터 빈도에 따라 확률적으로 기대할 수 있는 빈도보다 실제 분포해 있는 빈도를 계산하여 유의미한 연관성이 있는지를 분석할 수 있다.
유의도 0.95 이상을 기준으로 연관성을 파악할 수 있으며 'Job'의 경우 'Housing', 'Savingaccounts', 'Purpose'가 유의미한 연관성이 있는 것으로 분석되었다.

WiseProphet은 중복값, 결측값, 이상값에 대하여 제거 또는 대체하는 데이터 정제 기능을 지원하고 있으며 별도의 코드 없이 클릭을 통해 대체와 제거가 가능하다.

아래 그림에서는 이상값의 제거와 사용을 예시로 들었지만 결측값에 대한 제거 이외에도 결측값을 빈도수가 많은 데이터로 대체하는 방법이 더욱 효과적일 수 있기 때문에 뒤에서 모델의 성능을 높이기 위한 방법 중 하나로 이러한 과정을 재시도해볼 것이다.

01 본 예제에서 중복값, 결측값, 이상값이 존재할 경우 ❶과 같이 '없음'이 아니라 대체값이 활성화된 것을 확인할 수 있다.

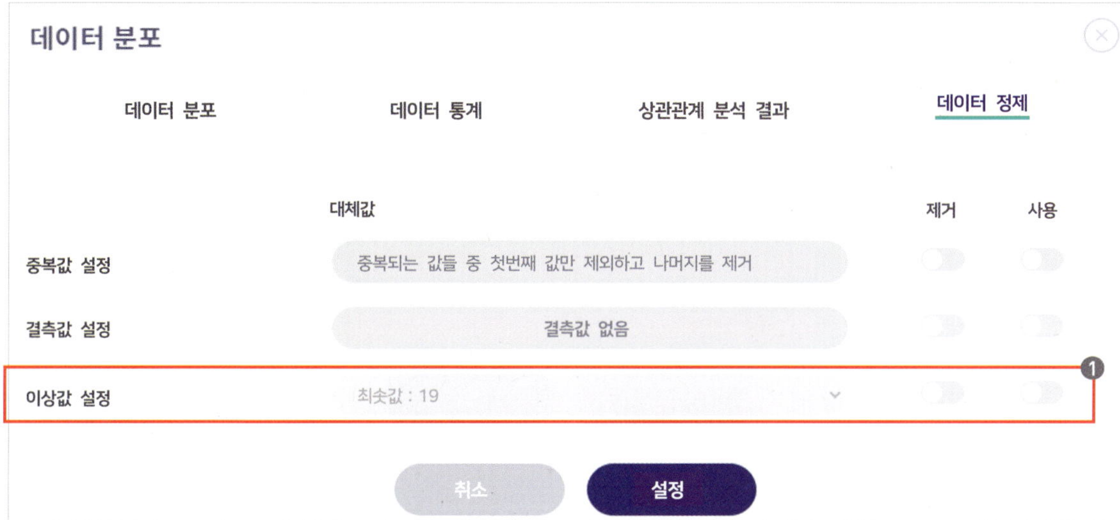

02 이때 ❷와 같이 사용을 클릭하여 활성화하여 데이터 정제가 가능하다.
❸은 대체값을 설정하는 것으로 이상값을 평균값으로 대체하여 사용할 수도 있으며 만약 데이터 수가 적으면 데이터를 증강시키는 방법도 시도해보아야 한다. 이는 모델의 성능을 개선하는 매우 중요한 작업이며 이에 대한 사례를 3.1.2 예시에서 제시하였으니 참고하길 바란다.
❹와 같이 사용을 활성화한 후 제거를 클릭하여 활성화하면 이상값을 삭제할 수도 있다.

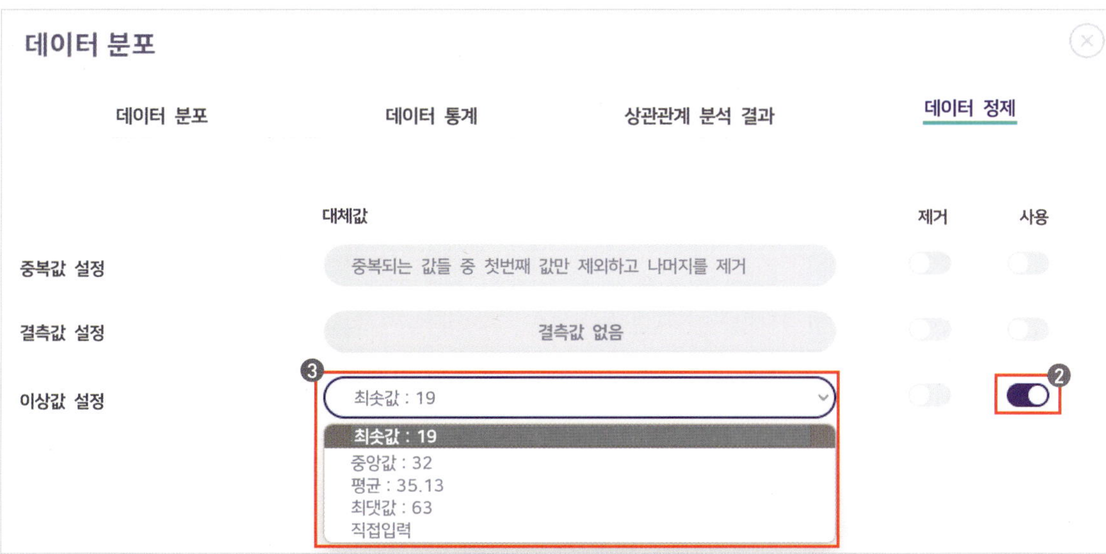

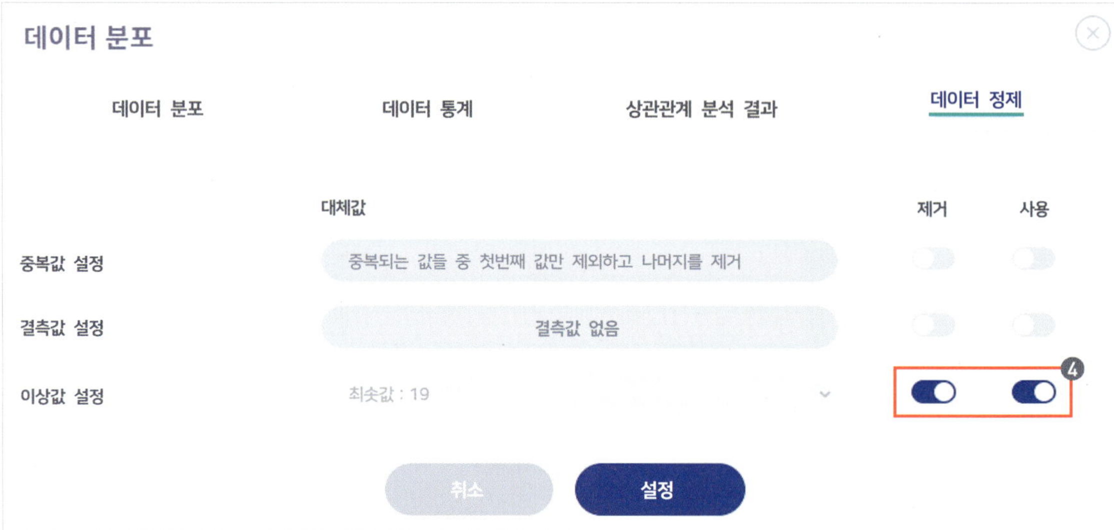

03 데이터 정제를 마치면 변수에 대해 사용 여부, 목표변수 여부를 설정할 수 있다.

❶ 데이터 탐색 페이지에서 활성화되어 있는 '사용'이라는 열을 클릭하여 활성화를 해제시키면 변수 자체를 알고리즘에 포함시키지 않을 수 있다.

❷ 목표변수를 설정하는 것으로 분류와 회귀 알고리즘을 통해 해결해야 하는 문제에서 목표(분류하고자 하는, 또는 결과가 되는 변수)가 무엇인지를 설정할 수 있다.
'Risk'(개인 신용 상태를 'good', 'bad'로 저장한 변수)가 분류의 목적이기 때문에 이 변수를 목표변수로 설정하였다.

❸ 데이터 탐색 페이지에서의 변수에 대한 파악과 데이터 정제, 변수 설정을 완료했다면 '선택'을 클릭하여 데이터 탐색을 마치고 특징 선택 단계로 넘어갈 수 있다.

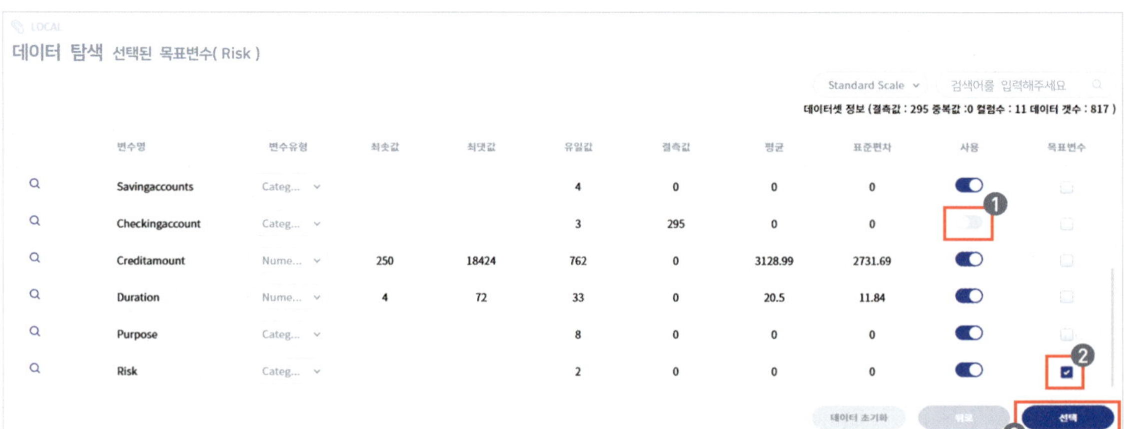

WiseProphet에서는 데이터 및 변수의 형태에 따라 제약사항이 발생하는 경우가 있다. 이러한 경우 데이터 변경 등의 과정을 거쳐 사용할 수 있다.

변수 유형 제약사항 화면

화면 구성	내용
범주형 데이터	• 범주형 데이터의 유일값이 100개 이상일 경우 변수를 사용할 수 없다. • 원-핫 인코딩 시 변수가 너무 많이 생기기 때문에 의미 있는 카테고리형 데이터로 줄여서 변경하거나 관리자에게 요청을 해야 한다. • 여기서 원-핫 인코딩(One-hot Encoding)은 컴퓨터는 문자보다는 숫자를 더 잘 처리할 수 있기 때문에 자연어 처리 등에서 문자를 숫자로 바꾸어주는 기법 중의 하나로 단어를 표현하는 가장 기본적인 표현 방법이다. 원-핫 인코딩은 단어 집합의 크기를 벡터의 차원으로 하고, 표현하고 싶은 단어의 인덱스에 1의 값을 부여하고, 다른 인덱스에는 0을 부여하는 단어의 벡터 표현 방식이다.
수치형 데이터	• 수치형 데이터에 공백이 있는 경우 카테고리형 데이터 타입으로 결정된다. • 해당 데이터를 수치형으로 변수 유형을 변경할 경우 공백에 해당하는 칸은 삭제된다.

2.3.3 특징 선택 및 알고리즘 선택

1) 특징 선택

특징 선택은 목표변수를 분류/예측하고자 할 때 사용할 최적의 특징들을 선택한다. 예를 들어 100m 달리기 선수들의 기록(목표변수)을 예측할 때 선수 평균 기록, 나이, 신장, 몸무게, 우승 경험 등 다양한 요인들이 영향을 미칠 것이다. 특징 선택은 다양한 요인들 중에서 선수의 기록을 예측하는 데 필요한 특징을 추가하거나 불필요한 특징은 제외하는 과정이다.

최적의 특징을 선택하는 방법에는 특징별 영향과 상관관계 분석 방법이 있다. 특징별 영향은 목표변수에 대한 각 변수들의 상대적 중요도를 의미한다. 예를 들어, 선수 기록을 예측하는 데 평균 기록 0.4, 나이 0.3, 신장 0.1, 몸무게 0.1의 중요도 값을 나타내면 선수 기록을 예측하는데 '평균 기록'이 40% 정도 영향을 미친다는 것을 의미한다.

특징 선택은 분류와 회귀의 문제를 해결하기 위한 알고리즘을 선택하기 전에 특징 변수를 선택하는 단계로 목표변수를 예측하는 변수들의 상대적 중요도를 의미한다.

범주형 데이터는 더미(dummy)변수화되어 변수에서 하나의 범주에 대한 여부가 하나의 변수로 써(예시: 성별 변수=남/여 〈더미화〉 성별_남, 성별_여) 분리되어 어떠한 특징이 목표변수를 분류・회귀하는 데 중요한 특징이었는지를 Extra Tree 기법을 통해 분석한다.

❶ 특징이 목표변수를 분류 또는 회귀하는데 미친 영향력을 시각적으로 표현한다.

❷ 수치적으로 중요도를 나타내며 영향력이 큰 변수일수록 위에서 아래로 향한다.

❸ 특징이 목표변수를 분류 또는 회귀하는데 사용될 필요가 없다면 제외시킬 수 있다.

❹ 변수별로 사용 여부를 결정하는 것이 아닌 중요도를 범위로 특징을 제외할 수 있다.
특징 중요도를 파악하는 Extra Tree는 비복원 추출로 전체 데이터와 특징을 랜덤하게 뽑아 예측하는 기법으로 Bias와 Variance를 낮추는데 효과적이라고 알려져 있다. Bias는 데이터의 분포에 비하여 모델이 너무 간단하여 Underfit을, Variance는 모델의 복잡도가 데이터 분포보다 너무 커서 Overfitting가 발생하는 것을 말한다.

❺ 우상단의 변수 추가는 수동으로 사용자가 원하는 변수를 선택할 수 있는 메뉴이다. 즉 변수 제거값보다 작은 변수이더라도 사용자가 사용하기로 결정하는 경우 이 메뉴를 이용하면 된다.

화면 구성	내용
변수 추가 설정화면	• 중요도 순서가 높은 순서대로 변수를 선택할 수 있다. • 플러스 버튼을 클릭하면 변수가 중요도가 높은 순으로 추가되고, 마이너스 버튼을 클릭하면 중요도가 낮은 순으로 제외된다.
변수 제거 설정화면	• 플러스, 마이너스 버튼을 누르면 0.01 단위로 증감하며, 지정 중요도 이하의 특징이 변수에서 제외된다. • 사용자는 중요도를 직접 입력하여 사용자가 지정한 중요도 이하의 특징을 변수에서 제외시킬 수 있다.

❻ 우상단의 상관관계는 두 변수 간의 상관관계의 정도를 나타내는 수치이다. -1~1 사이의 값을 가지며 절대값이 1에 가까울수록 두 변수 간의 상관관계의 정도가 높다고 할 수 있다. 상관관계를 이용하여 변수를 선택할 때는 두 변수 간의 상관관계가 너무 높은 경우(80% 이상) 두 변수 중 하나의 변수는 제외된다.

2) 알고리즘 선택

WiseProphet에서는 학습 모델로 크게 군집, 분류, 회귀 모델을 카테고리로 제공하고 각 학습 모델별로 여러 알고리즘을 지원하지만 WiseProphet에서는 ❶과 같이 종속변수에 따라서 카테고리를 자동으로 추천하여 머신러닝에 익숙치 않은 사람도 손쉽게 머신러닝 알고리즘에 접근할 수 있도록 하였다.

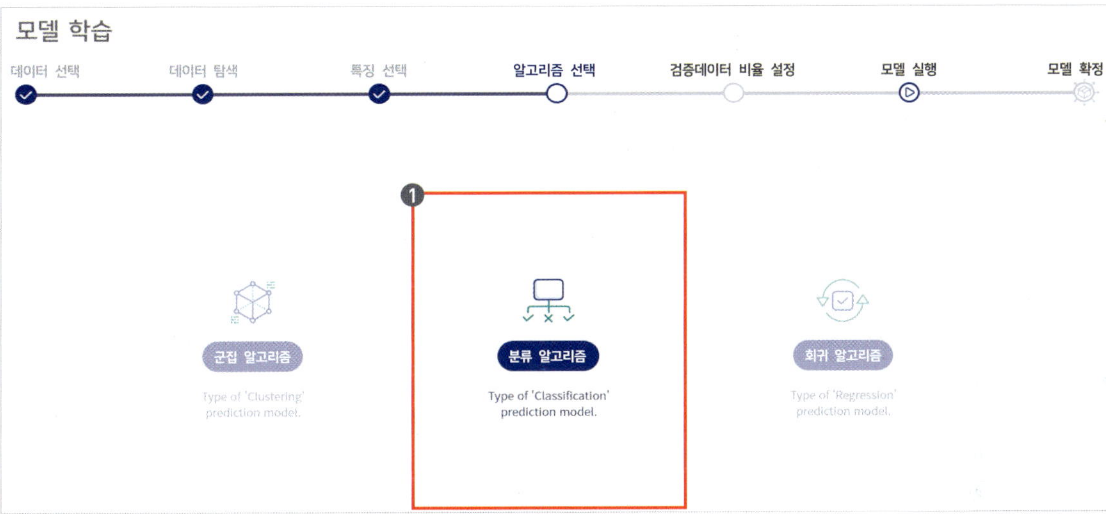

특징을 선택하면 목표변수의 유형에 따라 자동으로 세 가지 모델 중에 하나가 추천되고 각 학습 모델에서 제공되는 알고리즘들이 제시된다.

WiseProphet에서는 데이터 탐색 단계에서 사용자가 목표변수를 선택했을 때 그 변수의 자료형이 범주형이라면 분류 알고리즘을, 수치형이라면 회귀 알고리즘을 추천하고, 목표변수를 선택하지 않으면 군집 알고리즘을 추천하는 것으로 설계되어 있다.

❷는 지원하고 있는 WiseProphet에서 제공하는 알고리즘과 알고리즘별 확인 가능한 결과 출력물을 정리한 것이다.

❷ 학습 모델 및 알고리즘별 확인 가능한 결과 출력물

구분	알고리즘	결과표
군집 (종속변수를 설정하지 않음)	K-means	○
	DBSCAN	○
	Gaussian Mixture	○
	K-medoids	○

구분	알고리즘	결과표	트리그래프
회귀 (연속형 종속변수)	Decision Tree	○	○
	Random Forest	○	
	Elastic Net	○	
	Gradient Boosting	○	
	XGBoost	○	
	RNN	○	
	CNN	○	
	LSTM	○	

구분	알고리즘	결과표	트리그래프	예측 확률
분류 (범주형 종속변수)	Decision Tree	○	○	○
	Random Forest	○		○
	Gradient Boosting	○		○
	XGBoost	○		○
	logistic	○		○
	CNN	○		○

군집, 분류, 회귀의 머신러닝 알고리즘의 카테고리가 추천된 이후에 세부적인 알고리즘을 ❶과 같이 선택할 수 있다.

분류 알고리즘의 경우 Decision Tree, Random Forest 등 알고리즘이 제공되고 있으며 분석자가 원하는 알고리즘을 선택하면 되고 아래 화면에서는 Decision Tree를 선택한 화면이다.

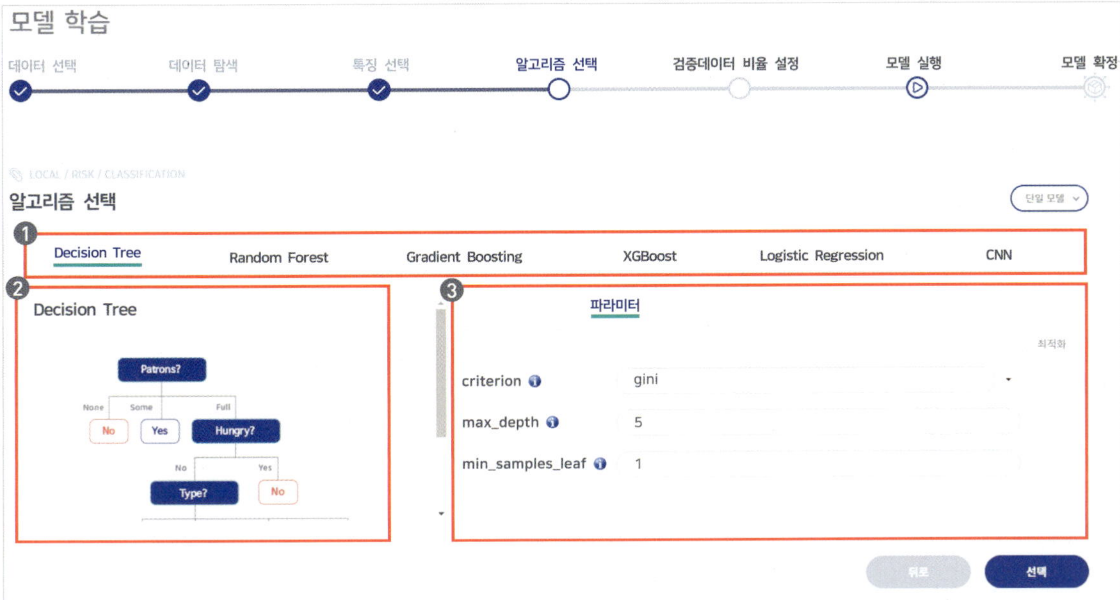

데이터 분석자가 가장 어려운 작업 중의 하나가 여러 가지 분류 알고리즘 중에서 어떤 알고리즘을 선택할 것인가인데 이에 대한 명확한 기준은 없기 때문에 사용자가 경험적으로 알고 있는 특별한 경우를 제외하고는 차례로 선택하여 실행해보면서 성능이 우수한 알고리즘으로 모델을 확정하면 될 것이다.

❷는 알고리즘에 대해 시각적으로 어떤 알고리즘인지를 간략하게 설명한다.

❸은 알고리즘별로 사용자가 머신러닝 알고리즘 학습에 있어 하이퍼파라미터를 설정할 수 있다. 여기서 하이퍼파라미터는 머신러닝 학습 모델을 개발할 때 사용자가 직접 설정해주는 값을 말한다. WiseProphet에서 설정할 수 있는 Decision Tree의 파라미터는 criterion, max_depth, min_samples_leaf이며 초기 디폴트값은 criterion은 gini, max_depth는 5, min_samples_leaf는 1개로 설정되어 있다. 현재 이곳에서 설정할 수 있는 파라미터는 criterion, max_depth, min_samples_leaf이며 이에 대한 세부 설명은 아래 표를 참고하도록 한다.

WiseProphet 의사결정나무 확인 가능한 결과

하이퍼파라미터	설명		
❶ criterion	범주	gini	정답이 아닌 다른 개체가 뽑혀 나올 확률
		entropy	정보이론에서의 정보량을 의미
	연속	mse	Mean Square Error(평균 제곱근 오차)
		friedman_mse	Friedman이 기존 mse에 Adaptive를 가중치를 통해 도입 (Gradient Boosting 방법에 최적으로 알려져 있음)
		mae	Mean Absolute Error(평균 절대값 오차)
❷ max_depth	얼마나 깊게 트리 노드를 만들 것인가의 기준		
❸ min_samples_leaf	노드를 구성하는 최소한의 샘플 수		

❶ criterion은 분할 품질을 설정하는 기능으로서 default는 gini이며, 트리 분리 기준이다. gini는 불순도, 집합에 이질적인 것이 얼마나 섞여 있는가를 나타내는 척도이다.
❷ max_depth: 얼마나 깊게 트리를 만들 것인지이며 값이 클수록 모델이 복잡해진다.
❸ min_samples_leaf: 리프 노드에 있어야 할 최소 샘플 수로서 기본값은 1이다.

WiseProphet에서 제공하는 분류 알고리즘들은 다음 표와 같다.

분류 알고리즘	내용
Decision Tree	• 이것은 데이터를 분석하여 이들 사이에 존재하는 패턴을 예측 가능한 규칙들의 조합으로 나타내며, 그 모양이 나무와 같다고 해서 의사결정나무라고 불린다. • 질문을 던져서 대상을 좁혀가는 '스무고개' 놀이와 비슷한 개념이다.
Random Forest	• 이것은 분류, 회귀 분석에 사용되는 앙상블 학습 방법의 일종으로 훈련 과정에서 구성한 다수의 결정 트리로부터 분류 또는 평균 예측치를 출력함으로써 동작한다. 여러 개의 의사결정나무를 만들고 투표를 시켜 다수결로 결과를 결정하는 방법이다. • 여기에서 앙상블 학습은 하나의 모델을 사용하는 대신 여러 모델이 조합되어 더 정확한 예측을 하는 방법이며 한 명의 전문가보다 여러 전문가가 모여 문제를 해결하는 방식을 말한다.
Gradient Boosting	• 이것은 일반적인 머신러닝 앙상블의 boosting과 똑같이 약한 학습기를 결합하고 틀린 것에 가중치를 부여해서 보다 좋은 강력한 학습기를 만드는 방식이다. • 여기에서 boosting은 여러 개의 알고리즘이 순차적으로 학습과 예측을 하면서 이전에 학습한 알고리즘의 예측이 틀린 데이터를 올바르게 예측할 수 있도록 다음 알고리즘에 가중치를 부여하여 학습과 예측을 진행하는 방식이다.
XGBoost	• 이것은 boosting에 의해 생성되는 트리 구조의 병렬화를 지원하는 블록 구조로 지속적으로 훈련을 하기 때문에 이미 적합화된 모델을 새로운 데이터에 적용이 가능하여 성능이 우수한 것으로 알려진 모델이다.
Logistic Regression	• 연속성 수치 데이터나 범주형 데이터를 이용하여 목표변수의 원인이라고 추정되는 변수들 간의 관계를 알아보기 위해 사용된다. • 예를 들어 '성적(목표변수)은 공부시간(변수)에 따라 어떻게 변하는가?'에 대한 결과를 알아보기 위해 Logistic Regression를 적용할 수 있다.

아래 그림은 Random Forest 알고리즘을 선택하였을 경우의 화면과 파라미터들에 대한 설명이다.

그림 2-2 ▌ Random Forest 화면

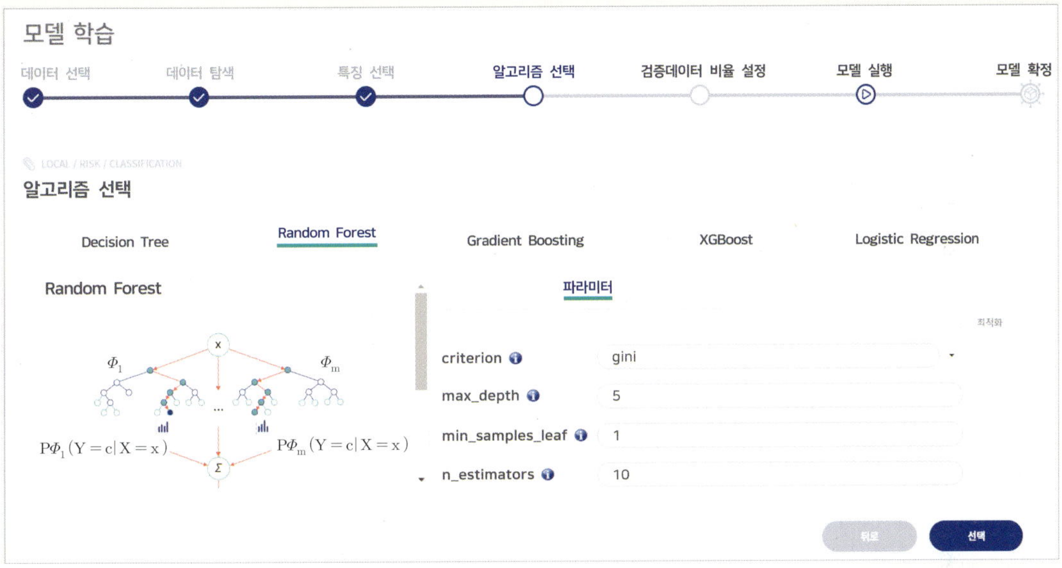

파라미터명	설명
criterion	트리 분리 기준이다. • 지니계수: 불순도, 집합에 이질적인 것이 얼마나 섞여 있는가를 나타내는 척도이다. • CART(Binary Split): 트리를 분리할 때 무조건 두 개로 나눈다. • 엔트로피: 불확실성의 정도이다.
max_depth	얼마나 깊게 트리를 만들 것인가의 기준이다.
min_samples_leaf	노드가 되려면 가지고 있어야 할 최소의 샘플 수이다.
n_estimators	트리의 수이다.
random_state	모델을 실행할 때마다 데이터셋에 있는 변수들이 무작위로 실행할 때마다 값이 달라지는 무작위 효과를 없애기 위해 설정하는 매개변수이다.

아래 그림은 WiseProphet에서 Gradient Boosting 알고리즘을 선택하였을 때 제공되는 화면과 파라미터들에 대한 설명이다.

그림 2-3 Gradient Boosting 화면

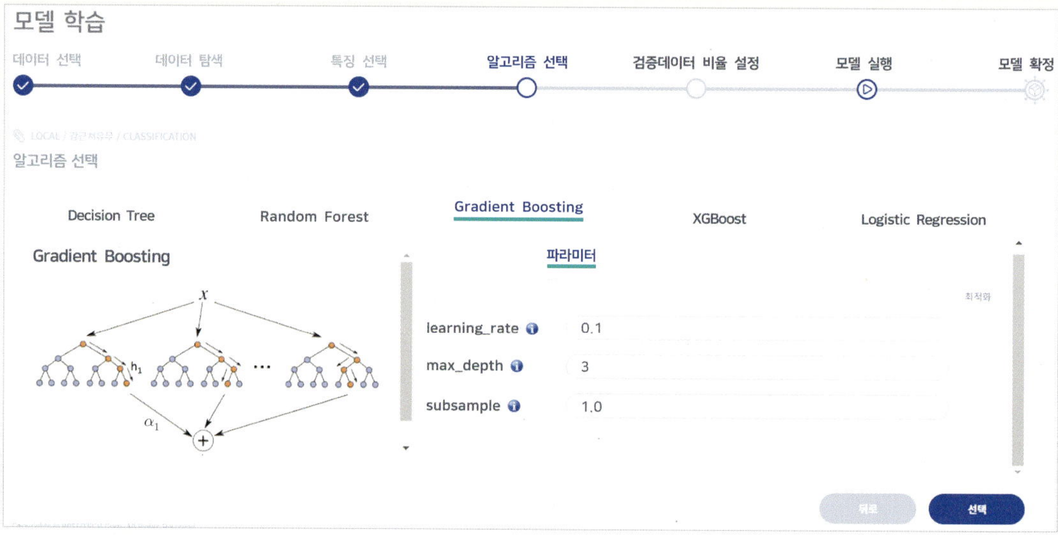

파라미터명	설명
learning_rate	학습을 진행할 때마다 적용하는 학습률로 기본값 (0.1)으로 순차적으로 오류값을 보정해 나가는데 적용하는 계수로 0~1 사이의 값을 가진다.
max_depth	트리의 최대 길이로 범위는 1 이상의 정수이다(기본값 3).
subsample	각 트리마다 데이터의 샘플링 비율로 범위는 0~1 사이의 실수이다(기본값 1.0).

아래 그림은 WiseProphet에서 XGBoost 알고리즘을 선택하였을 때 제공되는 화면과 파라미터들에 대한 설명이다.

그림 2-4 ▌ XGBoost 화면

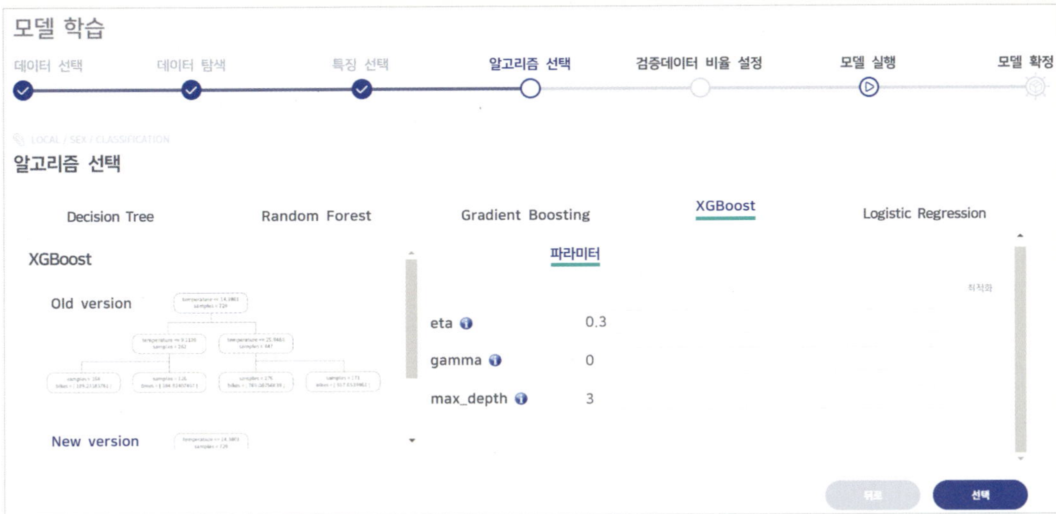

파라미터명	설명
eta	• 학습률과 같은 개념으로 부스팅 과정에서 과적합이 일어나지 않게 한다. • 과적합: 학습 데이터를 과하게 학습하여 실제 데이터에 대한 오차가 증가하는 현상을 말한다.
gamma	분할을 수행하는 데 필요한 최소한의 손실 감소를 지정하며, 값이 클수록 트리의 깊이가 줄어든다(기본값 0).
max_depth	트리를 얼마나 깊게 만들 것인가의 기준으로 범위는 1 이상의 정수이다(기본값 3).

아래 그림은 WiseProphet에서 Logistic Regression 알고리즘을 선택하였을 때 제공되는 화면과 파라미터들에 대한 설명이다.

그림 2-5 ▌ Logistic Regression 화면

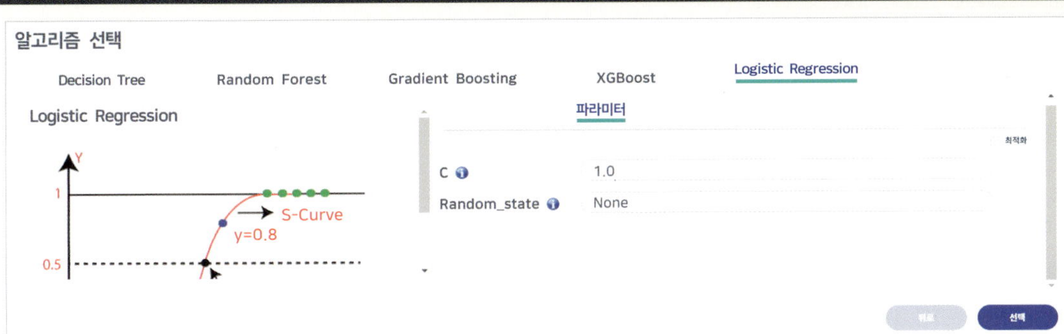

파라미터명	설명
C	데이터를 학습하기 위해 데이터셋을 두 개로 만드는 과정이 필요하고 이에 적절한 경계를 나누기 위한 선형이 그려지는 부분을 구하고 두 데이터셋끼리 영향을 미치지 않도록 사용하는 파라미터이다.
Random_state	모델을 실행할 때마다, 데이터셋에 있는 변수들이 무작위로 실행할 때마다 값이 달라지는 무작위 효과를 없애기 위해 설정하는 파라미터이다.

3) 검증 데이터(validation data) 설정

알고리즘 설정 후 머신러닝 알고리즘의 훈련 및 검증 데이터 비율과 교차 검증에 대한 설정이 가능하며 데이터를 무작위로 비율에 맞게 추출하여 학습하고 검증을 반복함으로써 학습 단계에서 학습 데이터 결과에 의존하는 과적합 문제를 완화할 수 있다.

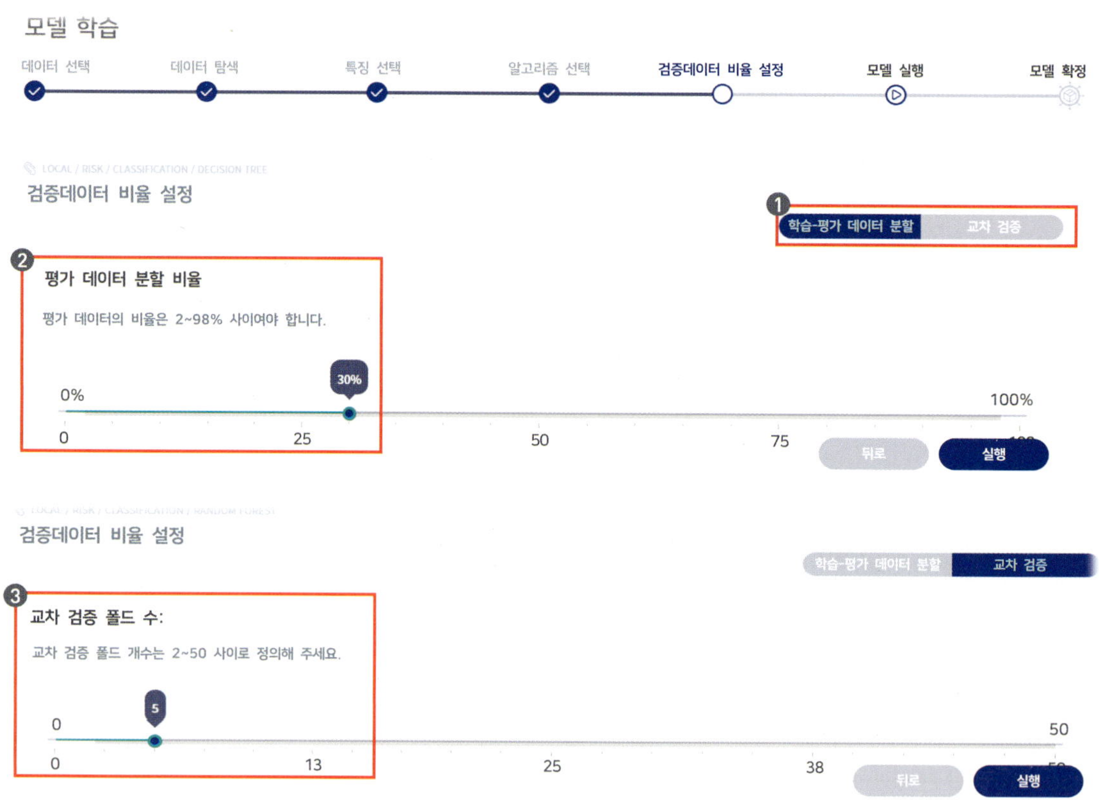

❶ 검증 데이터셋 비율 설정, 교차 검증 옵션을 클릭하여 선택 가능

❷ 클릭 또는 드래그하면서 훈련 데이터의 비율 선택 가능, 검증 데이터는 자동적으로 훈련 데이터에서 추출되지 않은 나머지 데이터가 된다(훈련 : 검증 = 8 : 2, 7 : 3, 5 : 5 등 데이터 특성과 목적에 맞춰 설정).

❸ 교차 검증 중 K-fold 방법을 지원하고 있으며 동일한 크기의 데이터셋을 여러 개 추출하여 머신러닝 알고리즘 학습과 검증을 반복하고 결과값을 종합하는 방법을 의미한다.

폴드 수는 몇 개의 데이터셋 교차 검증할지를 설정하는 것이며 아래는 3폴드의 경우를 시각적으로 표현한 것이다.

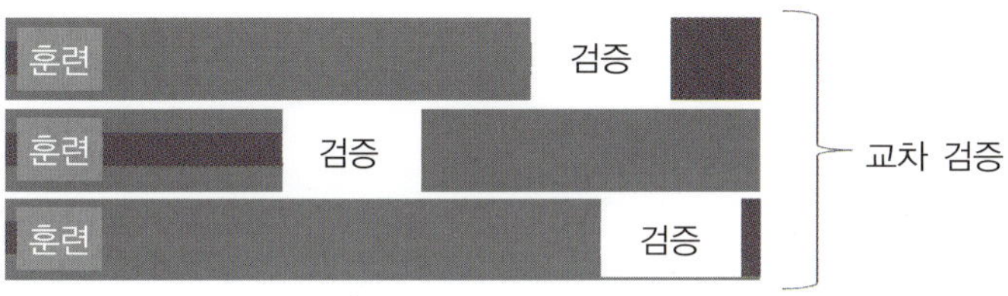

2.3.4 모델 실행 결과 분석

마지막으로 분류 머신러닝 알고리즘 Decision Tree를 학습한 후 모델 실행 결과를 확인할 수 있다.

❶ 분류 모델 실행 결과를 좌측의 시각적인 matrix와 우측의 정밀도, 재현율, F1Score, Support 등 지표로 머신러닝의 성능을 파악할 수 있다. 이때 동일한 데이터와 알고리즘을 사용하더라도 알고리즘 실행마다 결과는 달라질 수 있으므로 교재와 실습 결과가 일부 다를 수 있다. 이는 머신러닝을 학습하는 과정에서

초기 가중치값, 데이터 분할 단계에서 추출된 데이터의 순서에 미치는 영향으로 결과가 조금씩은 달라질 수 있기 때문이다.

❷ 알고리즘별로 WiseProphet에서 제공하고 있는 다운로드 가능한 출력물(Decision Tree의 경우: 트리그래프, 클래스별 예측정보, 결과)이다.

❸ 머신러닝 알고리즘 실행 이후 원하는 수준의 성능이 나왔다면 분석된 모델을 반복 사용 및 관리를 위해 확정하고 저장할 수 있다.

모델의 성능을 나타내는 정밀도와 재현율에 대한 설명은 다음과 같다.

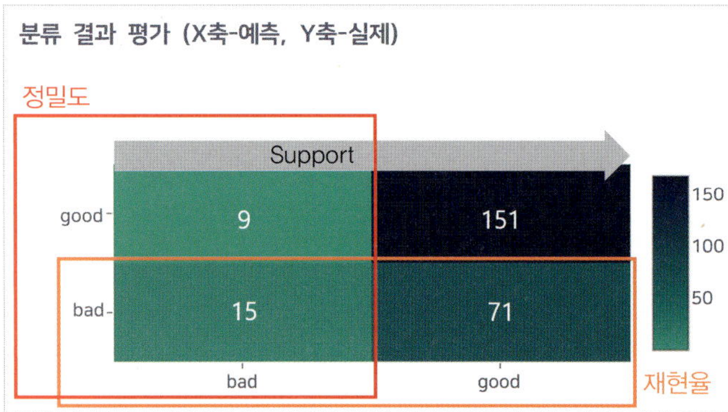

성능 지표	설명
정밀도	예측한 것 중 실제의 비율
재현율 (recall)	실제 중 맞게 예측한 비율
F1Score	$2 \times \frac{정밀도 \times 재현율}{정밀도 + 재현율}$
Support	데이터 분석에 사용된 해당 변수에 대한 총 샘플 수

- 정밀도: 15/(15 + 9) = 0.63
- 재현율: 15/(15 + 71) = 0.17
- F1Score: $2 \times \frac{0.63 \times 0.17}{0.63 + 0.17} = 0.27$
- Support:
  bad Support: 15 + 71 = 86
  good Support: 9 + 151 = 160

2.3.5 모델 관리 및 활용

모델 실행 단계에서 '모델 확정'을 클릭하면 실행한 알고리즘에 대하여 모델을 저장할 수 있다.

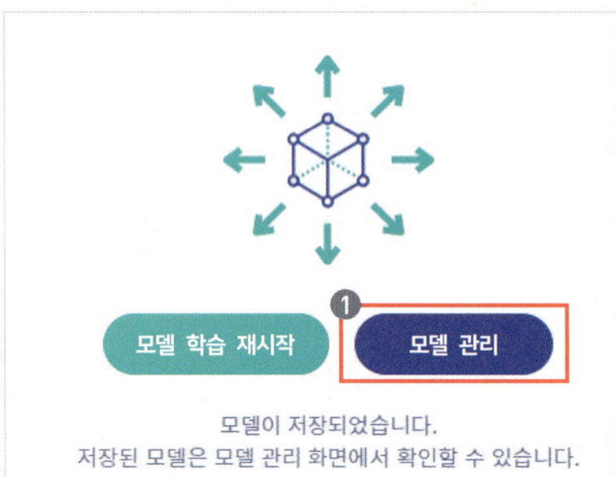

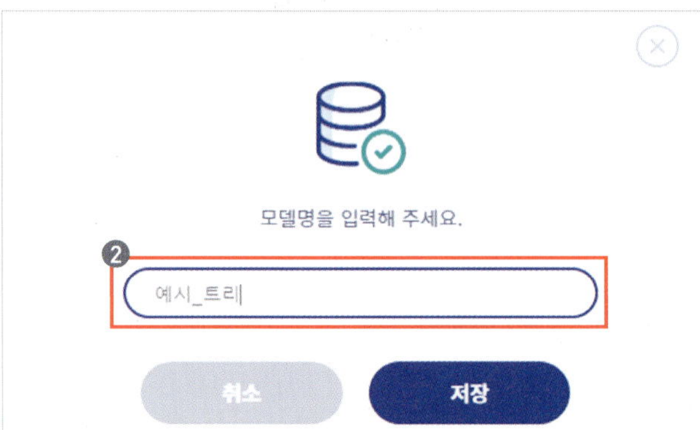

모델을 저장하기 위해 ❷에서 모델명을 입력하여 저장하고 ❶의 모델 관리로 이동하여 저장된 모델을 확인할 수 있다.

WiseProphet의 좌측 사이드 메뉴에는 '모델 학습', '모델 관리', '모니터링' 메뉴가 있으며 모델 관리는 '모델 확정'을 통해 저장한 모델에 대해서 관리할 수 있다.

모델의 정보뿐만 아니라 학습된 모델에 대해 새로운 데이터를 로딩하여 분석이 가능할 뿐만 아니라 모델 활용에서는 빈도 기반의 간단한 시각화가 가능하다.

모니터링은 실행한 모델에 대하여 어떤 알고리즘을 사용하였는지 및 스케줄 등의 모델 분석자의 학습 작업 전반에 대한 관리가 가능하다.

1) 모델 관리

모델 관리 기능을 좀 더 자세하게 설명하고자 한다.

01 모델 학습이 완료되었을 때 '모델 확정'을 클릭하면 아래 그림과 같이 모델명을 입력하는 창이 뜬다.

02 모델명을 입력하고 '저장'을 클릭하면 모델을 저장할 수 있다.

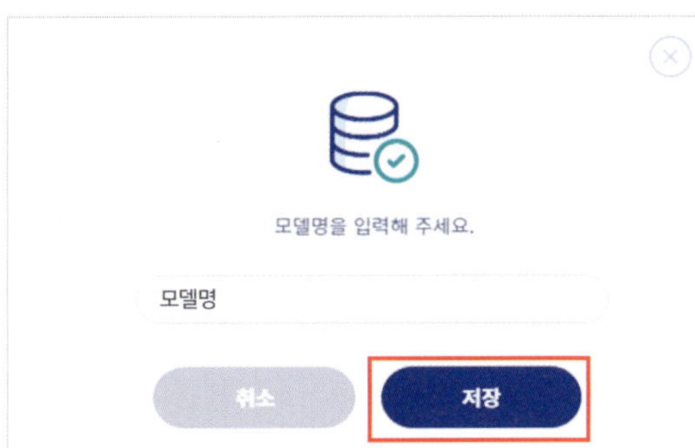

03 모델명은 추후 모델을 활용할 때 기억하기 쉽도록 짓는 것을 권장한다. 여기서는 데이터 이름과 알고리즘 이름을 본따서 credit_dt라고 명명했다.

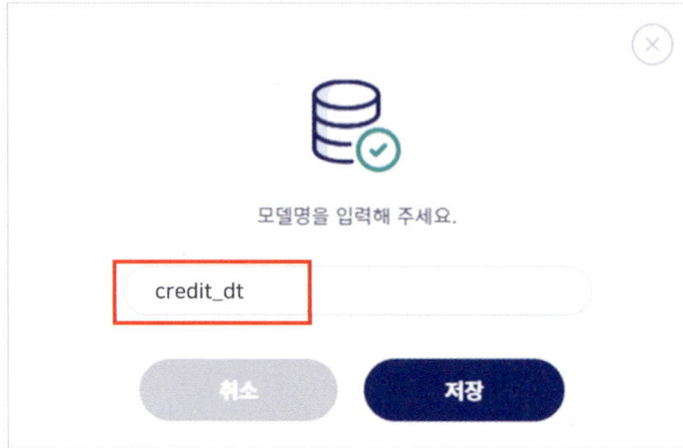

04 '저장'을 클릭하면 옆과 같은 화면이 나타난다. 여기서 좌측의 '모델 학습 재시작'을 클릭하면 맨 처음 데이터 선택 단계로 되돌아간다. 이후에는 다른 전처리 방식을 수행하거나, 다른 알고리즘을 선택하거나, 하이퍼파라미터값을 변경하여 모델의 성능을 업그레이드하는 것을 시도할 수 있다.

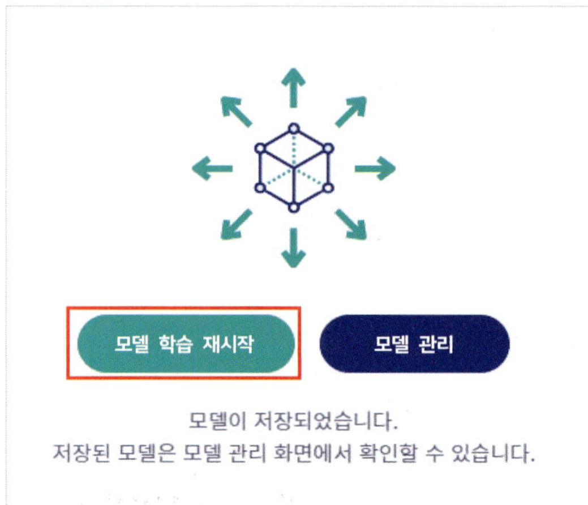

05 만약 우측의 '모델 관리'를 클릭한다면 다음과 같이 모델 관리 탭으로 이동할 수 있다.

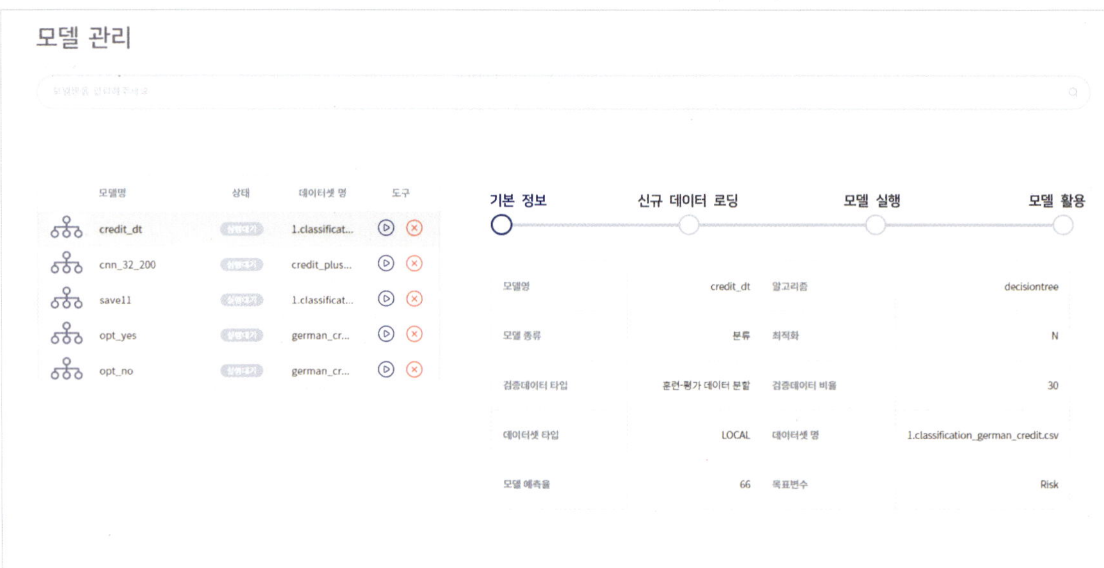

저장한 모델들은 위와 같이 '모델 관리'에서 확인이 가능하며 최근에 생성된 모델 순으로 정렬되어 있다.

06 옆 이미지의 빨간 상자처럼 사이드 메뉴의 '모델 관리'를 클릭해도 똑같은 페이지로 이동할 수 있다.
모델 관리에서는 사용자가 저장한 그간의 모든 모델들을 확인할 수 있다. 이전 단계에서 만든 credit_dt 모델을 예시로 활용하기로 한다.

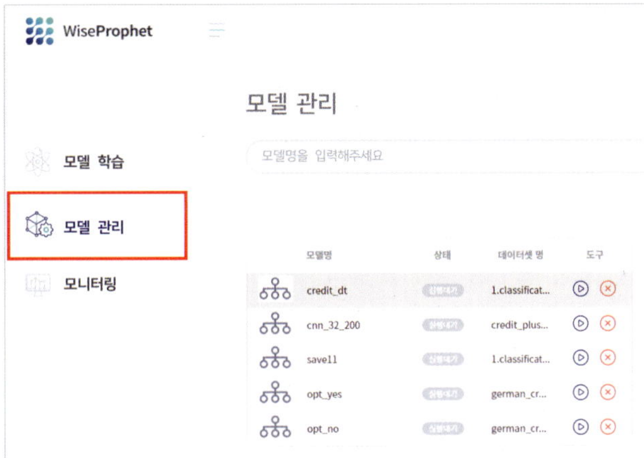

07 최초에 abc_train.csv 데이터로 모델을 생성했다면 모델 관리에서 credit_dt 모델을 선택하여 abc_test.csv 데이터, 즉 실제 예측해보고 싶은 신규 데이터를 사용하여 예측 분석을 할 수 있을 것이다.

08 모델 목록에서 행을 클릭하면 아래와 같이 해당 모델에 대한 정보를 확인할 수 있다.

모델명	credit_dt	알고리즘	decisiontree
❶ 모델 종류	분류	최적화 ❷	N
❸ 검증데이터 타입	훈련-평가 데이터 분할	검증데이터 비율 ❹	30
❺ 데이터셋 타입	LOCAL	데이터셋 명	1.classification_german_credit.csv
❻ 모델 예측율	66	목표변수	Risk

각 항목의 의미는 다음과 같다.

❶ 모델 종류: 분류, 회귀, 군집 중 하나
❷ 최적화: 모델 학습 단계에서 최적화를 사용했는지 여부
❸ 검증 데이터 타입: 홀드아웃, 교차 검증 중 무엇을 선택했는지 알려준다.
❹ 검증 데이터 비율: 홀드아웃이면 검증 비율(2~98%), 교차 검증이면 k값을 보여준다.
❺ 데이터셋 타입: 사용자 개인 데이터이면 LOCAL, 프로핏 제공 데이터이면 DS_VIEW
❻ 모델 예측율: 100 – MAPE

09 또한 도구를 통해 모델의 '수정'과 '삭제'가 가능하다.

도구 중 왼쪽의 파란 버튼으로 모델을 수정할 수 있으며, 이전 이미지의 모델 정보에서 확인 가능한 정보 중 모델 종류, 검증 데이터 타입, 알고리즘, 최적화, 검증 데이터 비율, 목표변수를 변경할 수 있다.

먼저 파란 버튼을 눌러보자.

10 그림과 같이 이미 목표변수가 설정되어 있는 상태로 모델 학습 페이지가 나타난다.

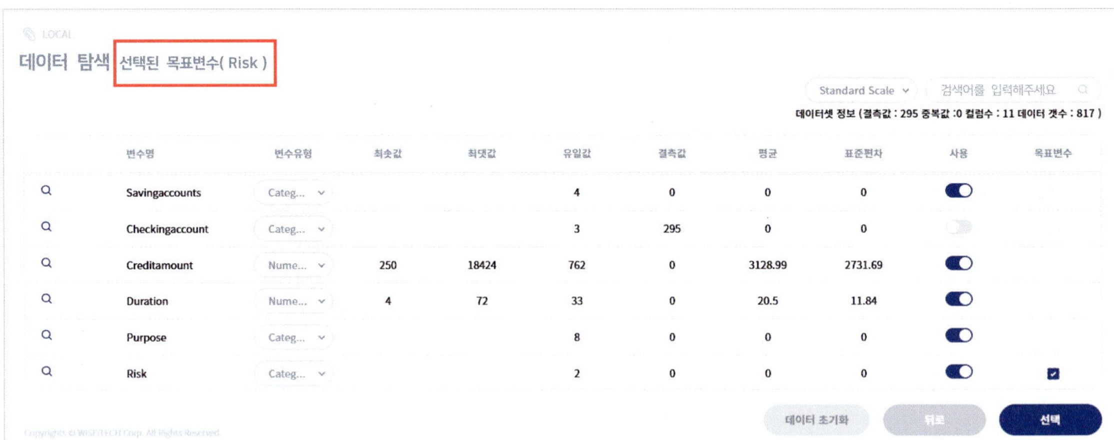

목표변수를 바꾸어도 그대로 진행해도 무방하다. 목표변수를 'Duration'으로 변경을 시도해보자.
이후 단계부터는 '모델 학습'과 진행 방법이 일치한다.
여기서는 예시로 XGBoost 알고리즘을 선택, 검증 데이터 비율을 20%로 설정한다.

11 그리고 마지막 '모델 실행' 단계에서 '모델 수정'을 클릭한다.

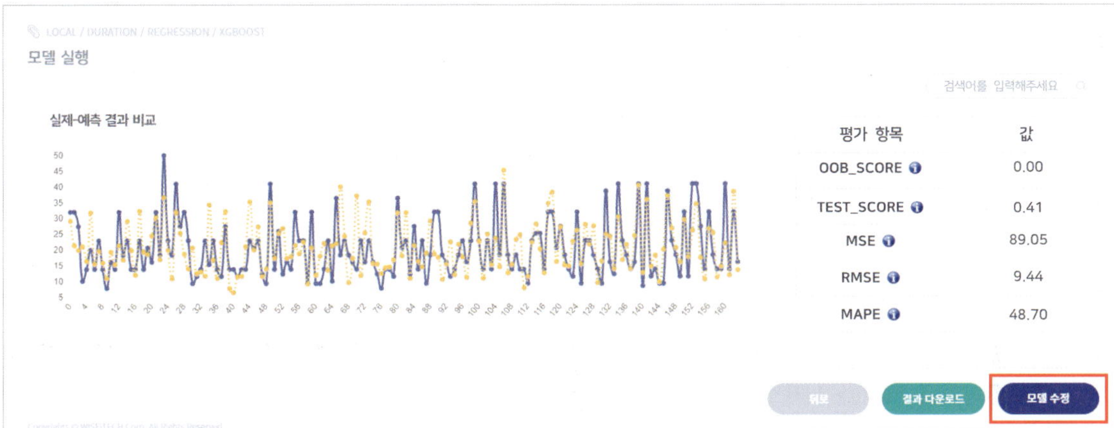

12 이제 credit_dt 모델의 종류와 알고리즘, 검증 데이터 비율, 목표변수가 변경되어 모델 예측율이 떨어진 것을 확인할 수 있다. 이는 적절하지 않은 목표변수, 알고리즘을 선택했기 때문이다.

모델명	credit_dt	알고리즘	xgboost
모델 종류	회귀	최적화	N
검증데이터 타입	훈련-평가 데이터 분할	검증데이터 비율	20
데이터셋 타입	LOCAL	데이터셋 명	1.classification_german_credit.csv
모델 예측율	51	목표변수	Duration

실사용 시에는 모델 예측율을 향상시키기 위해 알고리즘 또는 하이퍼파라미터값을 변경하는 것을 권장한다.

13 다음으로 모델 삭제이다. 사용 방법은 간단하다. 삭제하고자 하는 모델의 ⊗ 버튼을 클릭하면 된다.

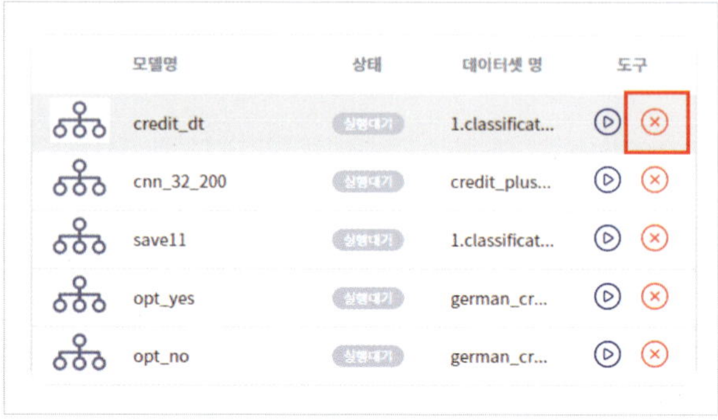

14 클릭하면 위와 같은 메시지가 나타나며 '확인'을 클릭하면 모델을 삭제할 수 있다.

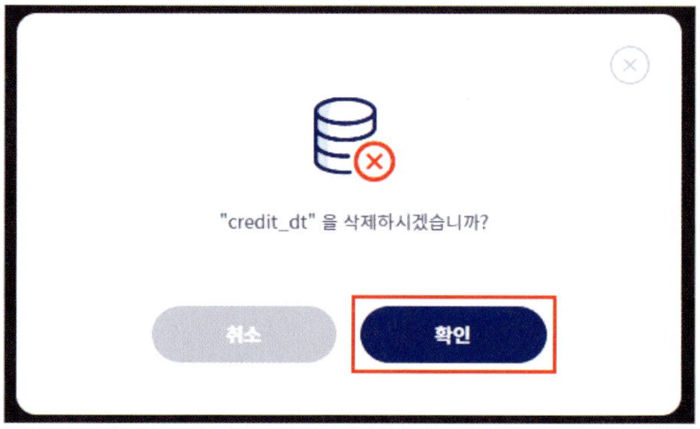

2) 신규 데이터 로딩

〈신규 데이터 로딩 클릭 시〉

상단의 '신규 데이터 로딩'을 클릭하면 데이터 선택 화면을 볼 수 있다. 모델 학습에서의 '데이터 선택' 단계와 기능은 동일하다.

abc_train.csv 데이터로 모델을 생성했다면 여기서 abc_test.csv 데이터를 사용할 수 있다.

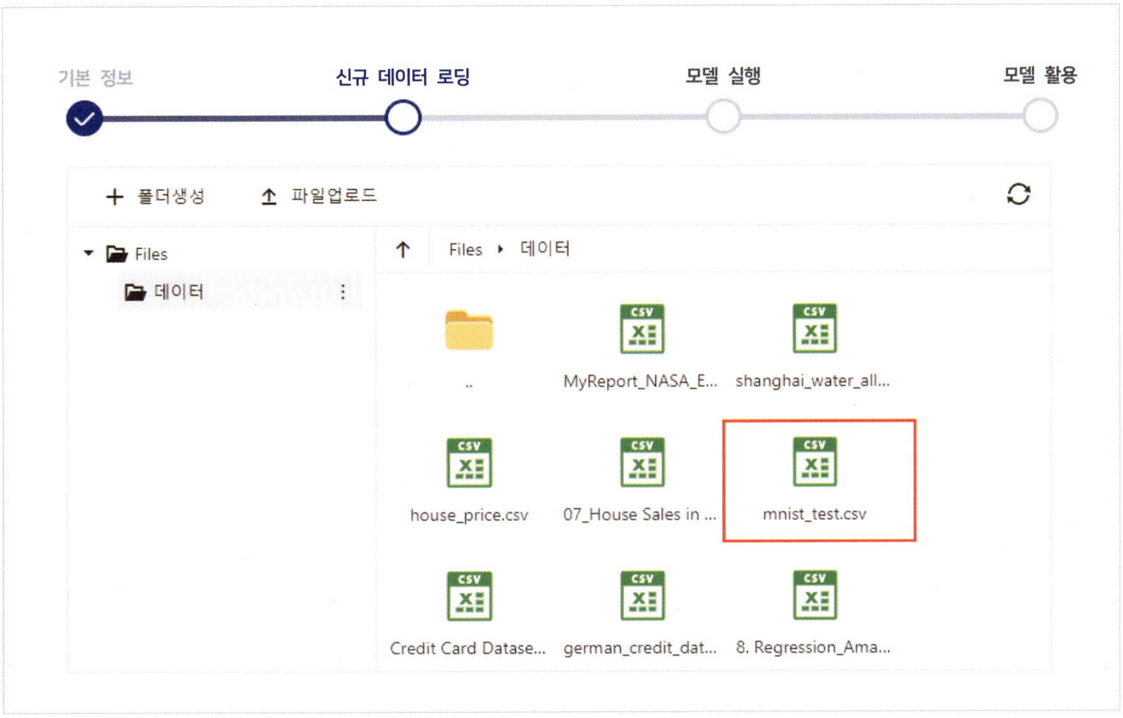

이때는 반드시 모델 학습 때 사용했던 데이터와 컬럼이 일치해야 한다. 만약 컬럼명이 다르다면 다음 단계로 넘어가지 않는다.
테스트 데이터를 선택하면 자동으로 모델 실행 단계로 넘어가 해당 데이터에 대하여 분석을 수행한다.

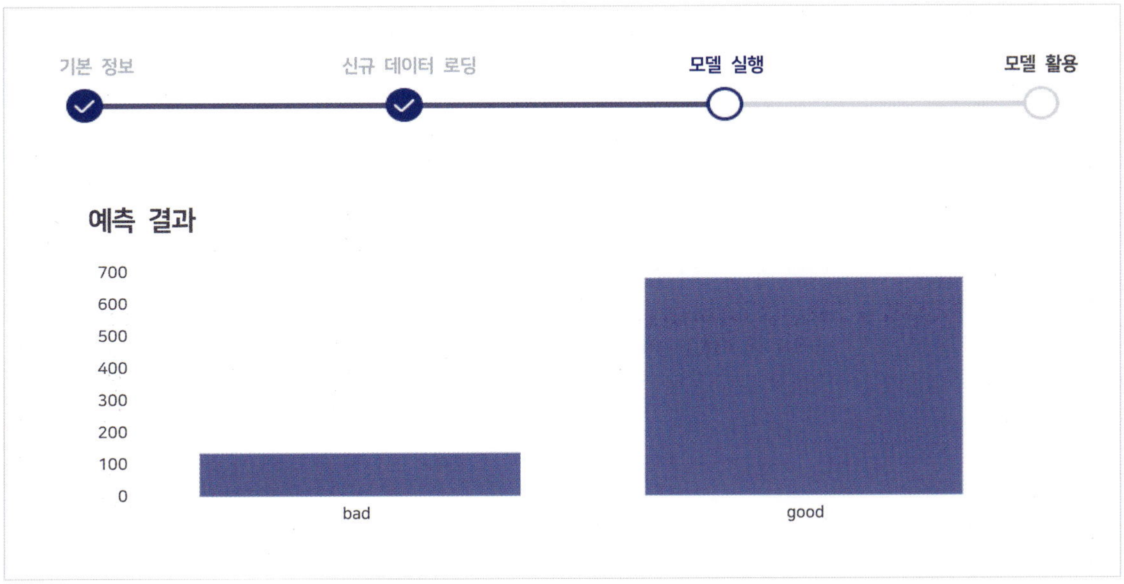

〈예측 결과〉

테스트 데이터에 대하여 credit_dt 모델로 예측한 결과를 확인할 수 있다.
커서를 올리면 상세 개수를 확인할 수 있으며 이 경우 bad 26개, good은 133개로 예측했음을 알 수 있다.
상세 예측값은 다음 단계의 '데이터 다운로드'를 통해 확인할 수 있다.

3) 모델 활용 클릭 시

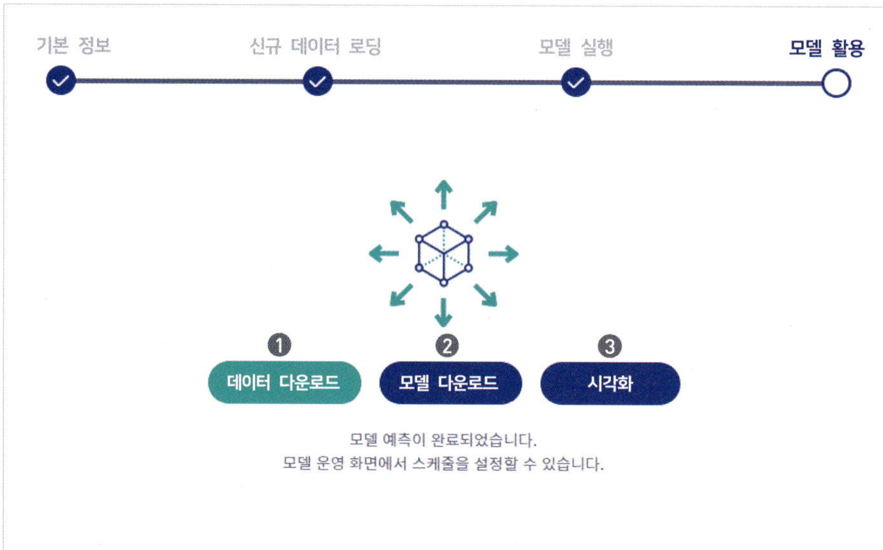

❶ 데이터 다운로드: 각 자료에 대하여 예측값을 표시한 CSV 파일을 받을 수 있다.
❷ 모델 다운로드: pkl 파일을 다운받을 수 있다.
❸ 시각화: 아래 그림과 같이 데이터를 다각도로 시각화할 수 있다.

〈데이터 다운로드 클릭 시 각 컬럼 설명〉

❶ Risk: 실제값(목표변수)
❷ predict: 예측값
❸ bad/good: 각각 해당 변수일 확률. 예를 들어 첫 번째 행에서 bad가 0.19이고 good이 0.81이면 bad일 확률이 19%, good일 확률이 81%라는 의미이다. good의 확률이 더 높으므로 good으로 예측했고, 이는 실제값과 일치하므로 올바르게 예측한 것이다.

❶	❷	❸	
Risk	predict	bad	good
good	good	0.19	0.81
good	good	0.19	0.81
good	good	0.43	0.57
bad	good	0.33	0.67
good	good	0.24	0.76
good	good	0.32	0.68
bad	good	0.43	0.57
good	good	0.24	0.76
good	good	0.24	0.76
bad	good	0.33	0.67
bad	bad	0.53	0.47
bad	good	0.32	0.68
good	good	0.32	0.68
good	good	0.04	0.96
good	good	0.43	0.57
good	bad	0.53	0.47
bad	good	0.24	0.76

predict 컬럼에서 bad의 개수는 26, good의 개수는 133개임을 확인할 수 있다.

〈시각화 클릭 시〉

colums 항목에 predict, data 항목에 건수가 있으면 위 그림과 같이 예측 결과 개수에 따라 시각화한다. row 항목에 risk 변수를 추가하면 아래 그림과 같이 예측값과 실제값 개수의 비교가 가능하다.

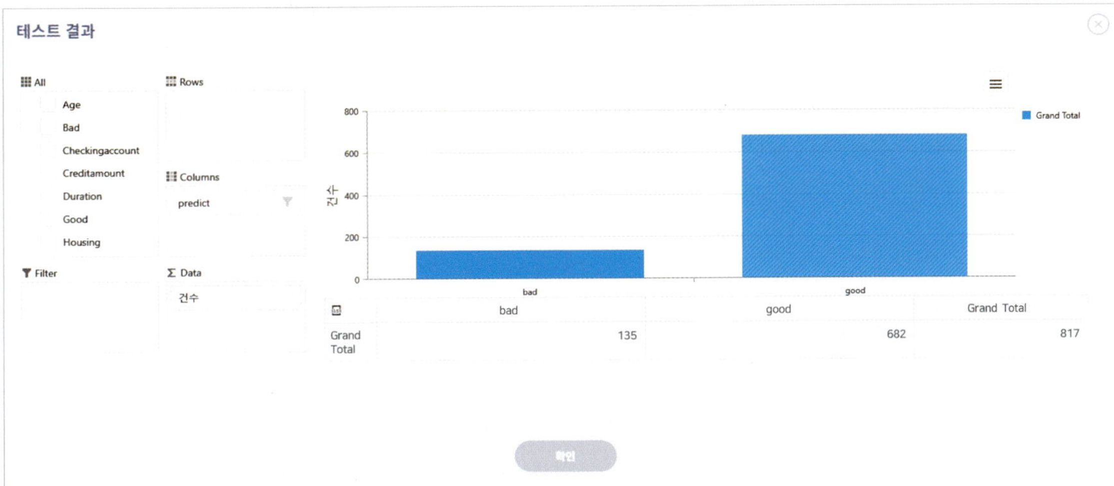

Chapter 03

머신러닝의 이해와 WiseProphet를 이용한 데이터 분석

WiseProphet

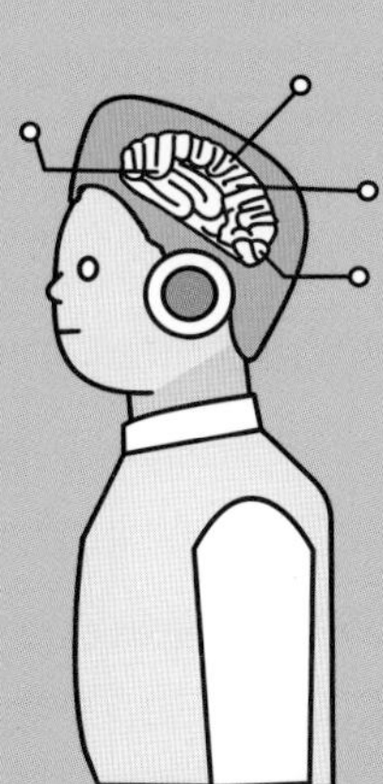

2장에서는 WiseProphet이 제공하고 있는 머신러닝 분석을 위한 프로세스를 따라가며 데이터 전처리, 특징 선택, 알고리즘 선택, 모델 학습에서 기본적으로 알아야 하는 기능들에 대해서 알아보았다.

3장에서는 WiseProphet를 활용하여 분류, 회귀, 군집 알고리즘을 스스로 직접 사용할 수 있는 비즈니스 문제에 대해 Kaggle 데이터와 공공 데이터를 이용한 실습을 진행하고자 한다. 각 데이터를 통해 분석의 목적을 정의하고 목적에 맞춰 데이터의 전처리와 알고리즘의 선택 및 결과 확인을 진행한다.

3장의 기본적인 구성으로는 WiseProphet에서 제공하고 있는 알고리즘 카테고리인 분류, 회귀, 군집을 기준으로 세부적인 알고리즘을 살펴보고 데이터셋에 맞는 목적을 가지고 실습을 진행한다. 기본적인 기능은 2장을 통해 살펴보았기 때문에 3장에서는 데이터셋과 목적에 맞춰 분석을 진행하기에 Kaggle 데이터셋의 다운로드, 데이터 로딩 등의 설명은 생략하였다.

그 대신에 WiseProphet에서 업로드가 가능한 데이터 형식이 제한이 있으므로 CNN을 위하여 이미지 데이터인 JPG 데이터를 CSV로 변환하는 과정 등에 대한 설명을 부록에 자세하게 추가하였다.

3.1 WiseProphet 분류 모델 활용

이 절에서는 통신사 고객 이탈 여부 또는 개인 신용 상태와 같이 분류에 대한 비즈니스적 문제에 있어 WiseProphet 머신러닝을 활용하여 예측 모델을 개발한다. 전략적인 마케팅 업무의 의사결정을 위해 데이터 분석과 분류 알고리즘의 머신러닝을 사용하여 때론 고객 관리의 측면에서 어떠한 고객이 이탈할 수 있기에 이탈 고객의 조짐을 가진 고객에게 어떤 마케팅이 필요한지 찾을 수도 있을 것이다. 은행의 입장에서는 개인 대출 여부를 결정하기 위해 가지고 있는 데이터와 분류 알고리즘 머신러닝을 사용하여 개인 신용 대출을 신청하는 고객의 신용도를 예측함으로써 대출 여부에 참고할 수도 있을 것이다.

이러한 분류 알고리즘을 활용한 WiseProphet 실습에 앞서 우선적으로 WiseProphet에서 제공되고 있는 분류 알고리즘과 설정할 수 있는 하이퍼파라미터값을 살펴보고 목적에 맞춘 분류 알고리즘 머신러닝 실습을 진행한다.

3.1.1 WiseProphet 분류 알고리즘

분류 알고리즘은 범주형 목표변수에 대해서 주어진 데이터가 종속변수의 어떠한 범주에 속하는가를 예측하는 알고리즘을 의미하며 WiseProphet에서는 CART(Classification And Regression Tree) 방법의 Decision Tree, Random Forest, Gradient Boosting, XGBoost, Logistic Regression 알고리즘을 제공하고 있다.

이 중 Decision Tree, Random Forest, Gradient Boosting, XGBoost는 Tree 방법으로 분류를 위한 패턴을 찾기 위해 반복적인 질문을 통해 가지치기를 하면서 나무를 키워가는 방법이다. Logistic Regression 방법은 통계학을 기반으로 기존의 연속형 목표변수에 대한 독립변수의 인과관계를 선형관계로 설명하던 선형 회귀 분석에서 자연로그의 성질을 이용하여 확률적으로 범주형 목표변수와 독립변수의 인과관계를 설명하는 방법이다.

이번 3.1.1에서는 WiseProphet의 분류 알고리즘 실습에 앞서 제공되고 있는 분류 알고리즘에 대해 간단히 이해하고 어떠한 하이퍼파라미터값을 설정하고 있는지, 어떤 결과를 확인할 수 있는지를 확인한다.

3.1.1.1 Decision Tree

의사결정나무(Decision Tree)는 일련의 'if-then rule'을 기반으로 하위 자식 노드를 생성하며 분류 규칙을 찾아가는 머신러닝으로 규칙을 찾아내는 모양이 마치 나무가 가치를 치는 것과 유사하다고 하여 의사결정나무라는 이름이 붙었다. Decision Tree의 목적은 가장 마지막 노드인 Leaf of Node가 섞이지 않은 상태로 완전히 분류되어 불순도과 불확실성을 낮추는 것을 목표로 한다.

[그림 3-1]은 Decision Tree의 샘플이다. 'if-then rule'을 쉽게 설명하면 스무고개 퀴즈를 생각하면 된다. 첫 번째 질문은 후원자가 있는가 여부이다. 없다면 No를 선택 후 종료되고, 몇몇의 후원자가 있다면 Yes를 선택 후 종료된다. 후원자가 꽉 차 있다면 종료하지 않고 두 번째 다음 질문으로 넘어간다. 두 번째 질문은 배가 고픈지에 대한 질문이다. 배가 고프다면 Yes를 선택하고 종료되고, 배가 고프지 않다면 세 번째 질문으로 넘어간다. 이와 같이 문제의 답에 따라 카테고리가 결정되거나 아니면 추가적인 질문으로 이어지는 방식이 의사결정나무(Decision Tree)이다.

그림 3-1 | WiseProphet Decision Tree 이미지

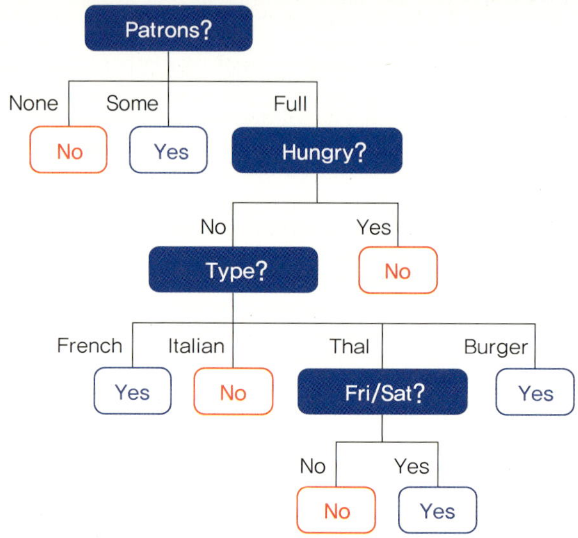

불순도(Impurity)는 해당 규칙 노드 안에 서로 다른 데이터가 얼마나 섞여 있는지를 의미하며 다양한 개체가 섞여 있을수록 불순도는 높아진다. 앞서 Decision Tree의 목적은 불순도를 낮추는 것이라고 하였는데, 종합하면 Decision Tree의 맨 마지막 노드인 Leaf of Node에 서로 다른 개체가 섞이지 않도록 함으로써 불순도를 낮추는 규칙을 찾아가는 것으로 대표적으로 지니계수(Gini Index)와 교차 엔트로피(Cross-entropy)를 통해 불순도를 파악할 수 있다. 지니계수와 엔트로피는 [표 3-1]에 추가로 설명하였다.

WiseProphet에서는 여러 존재하는 Decision Tree 방법론 중 CART(Classification And Regression Tree)를 사용하였다, 이 방법론은 하위 자식 노드를 단 두 개만을 생성하며 규칙을 생성하는 것으로 분류의 문제에서 지니계수(Gini Index), 엔트로피(entropy)를 사용할 뿐만 아니라 회귀의 문제에서는 실제값과 예측값의 오차를 통해 가지를 치며 분기점을 나누기 때문에 분류와 회귀 문제 모두를 다룰 수 있는 방법론이다. CART는 편향-분산 트레이드오프(Bias-Variance Trade off)에서 분산 에러가 더 높은 특성을 가지고 있어 모델이 과적합(Overfitting)되기 쉽다는 단점을 가진다. Random Forest, XGBoost, Gradient Boosting, Light GBM 등의 학습 알고리즘은 CART의 고분산 에러를 완화하기 위해 개발된 것들이다.

각 알고리즘에 대한 설명은 뒤에서 자세하게 다루기로 하고 본장에서는 과적합 문제를 설명하고자 한다.

[표 3-1]은 WiseProphet에서 제공되는 하이퍼파라미터들에 대한 설명과 확인 가능한 결과들을 정리한 것이다. gini와 entropy는 CART가 트리의 노드를 생성하기 위해 데이터를 분할할 때 불순도(impurity)를 측정하기 위한 지표이다. 불순도라는 것은 데이터를 분할하여 노드를 생성할 때 각 노드에 서로 다른 클래스의 데이터가 얼마나 많이 포함되어 있는지를 나타낸다. 이를 계산하기 위해 gini와 entropy가 사용된다. entropy는 로그 계산이 포함되어 다소 무거운 특징이 있다. 하지만 CART를 조금 더 균형있게 만들 수 있는 가능성이 있다. max_depth는 CART의 최대 깊이를 지정하는 것으로 큰 값을 줄 경우 과대적합 가능성이 높아지며 너무 작은 값을 줄 경우 모델이 너무 단순해지는 문제가 생길 수 있다. mse, friedman_mse, mae는 회귀 CART에서 노드를 나눌 때 불순도를 계산하는 방법이다. 대체적으로 friedman_mse가 높은 성능을 보이며 mae가 가장 안좋은 성능을 보인다.

표 3-1 WiseProphet에서 지원하는 CART 하이퍼파라미터와 확인 가능한 결과들

하이퍼파라미터	설명		
criterion	범주	gini	정답이 아닌 다른 개체가 뽑혀 나올 확률
		entropy	정보이론에서의 정보량을 의미
	연속	mse	Mean Square Error(평균 제곱근 오차)
		friedman_mse	Friedman이 기존 mse에 Adaptive를 가중치를 통해 도입 (Gradient Boosting 방법에 최적으로 알려져 있음)
		mae	Mean Absolute Error(평균 절대값 오차)
max_depth	얼마나 깊게 트리 노드를 만들 것인가의 기준		
min_samples_leaf	노드를 구성하는 최소한의 샘플 수		
확인 가능한 결과	분류 예측 결과표, 트리그래프, 개체별 예측 확률 정보		

3.1.1.2 앙상블(Ensemble)에 대한 이해

앙상블(Ensemble)은 프랑스어로 전체적인 어울림이나 조화를 의미하며 이는 둘 이상의 개체가 필요하다는 것이다.

앞서 살펴본 Decision Tree 중 CART(Classification And Regression Tree) 방법은 분류와 회귀의 문제에서 사용되며 여러 머신러닝 기법의 기반이 되는 방법이지만 과적합의 문제가 발생한다는 것을 알아보았다. 이러한 문제를 보완하기 위해 고안된 방법을 앙상블(Ensemble)이라고 한다. 아무리 경험이 많은 전문가여도 실제 현실의 문제에서 실수 또는 잘못된 결정을 할 수 있다. 이에 더 좋은 의사결정을 하기 위해 한 명의 전문가보다도 여러 전문가의 서로 다른 관점을 의논하는 것이 필요하다. 머신러닝에서도 마찬가지로 하나의 머신러닝 모델들도 의사결정을 위해 기계적으로 만들어진 전문가이지만 초기의 가중치 또는 학습 과정에서 일부 변수만 중요하게 생각하고 훈련에만 맞춰져 정작 해결해야 할 현실의 문제에서는 좋은 의사결정을 하지 못할 수도 있으며 편향(Bias)과 분산(Variance)이 큰 오류(Error)를 범할 수 있다.

[그림 3-2]는 Bias와 Variance 문제를 보여주고 있다.

그림 3-2 ▌ Bias와 Variance 문제

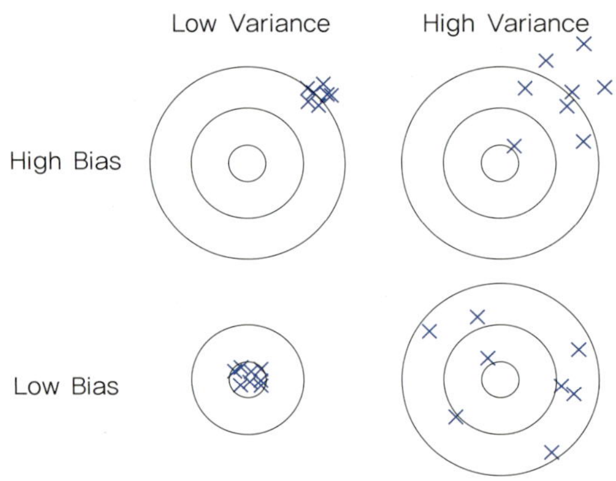

위 그림은 다트 게임을 이용한 편향과 분산에 대한 설명이다. 다트의 정중앙이 예측하려는 값이며 다트를 던지는 것이 예측이라고 할 때 편향이 높은(High Bias) 경우에는 예측한 값의 에러가 지속적으로 높은 것을 볼 수 있다. 또한 분산이 높은(High Variance) 경우에는 예측한 값의 분포가 넓은 것을 볼 수 있다. 이것은 예측하는 값이 입력에 따라 크게 달라질 수 있다는 것이다. 최적의 예측 모델은 분산이 낮으면서 편향이 낮은 것이지만, 실 데이터를 이용한 대부분의 학습에서는 편향과 분산은 트레이드오프(trade off) 관계에 있다.

그림에서 편향이 높고 분산이 낮은 것은 과소적합(Underfitting)을 의미한다. 과소적합은 학습 데이터가 너무 적거나, 비선형 데이터를 선형 모델로 학습시키거나, 모델이 너무 단순한 경우에 주로 발생한다. 반대로 학습 데이터에 너무 잘맞게 모델이 학습되면 과대적합(Overfitting)이 되면서 편향이 작고(Low Bias) 분산은 커지게(High Variance) 된다. 잡음(Noise)이 많은 데이터로 학습하거나 파라미터가 많은 모델을 사용하는 경우 주로 발생한다.[1)]

1) Arjun Krishnan(2014). What is an intuitive explanation for bias-variance tradeoff? Quora(online).

[그림 3-3]은 과소적합과 과대적합을 설명하고 있다. 가운데 그림은 학습 데이터에 대해 가장 이상적으로 학습된 모델을 보여준다. 왼쪽 그림은 학습 데이터에 대해 선형 모델로 학습시킨 결과가 높은 편향을 가지게 되어 과소적합이 된 예를 보여준다. 학습 데이터는 비선형 특성을 가지는데 선형 모델이 이를 충분히 반영하지 못하므로 예측 결과가 정확하지 않다. 반면 오른쪽 그림은 학습 데이터에 대해서 모든 데이터를 나타내는 모델이 생성되어 과대적합이 된 것을 보여준다. 이상적인 모델이 가운데 그림이라고 한다면 잡음에 해당하는 데이터들까지 모델이 표현하게 되어 학습 데이터가 아닌 데이터로 예측할 때 에러가 발생하게 된다.

그림 3-3 | Underfitting과 Overfitting 문제

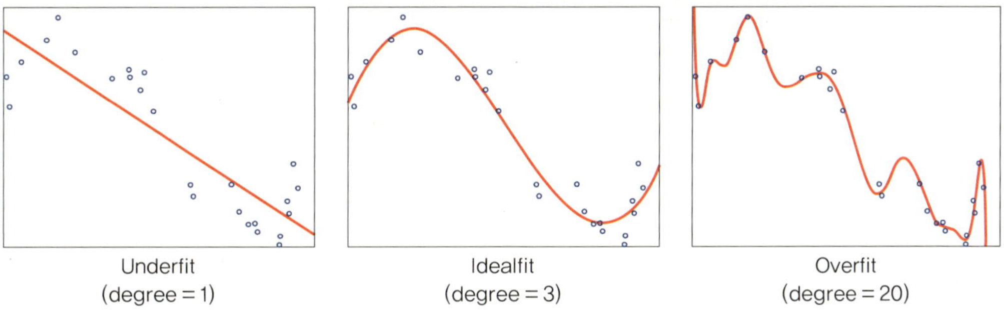

이에 여러 관점과 학습을 진행한 기계적으로 생성된 전문가들의 의견을 모음으로써 더 좋은 의사결정을 가능하도록 하는 앙상블(Ensemble) 모델이 등장하게 되었다. 앙상블을 위해 주어진 데이터셋 안에서 여러 모델을 만들고 모델을 조합하는 것으로 크게 배깅(Bagging)과 부스팅(Boosting) 방식으로 구분될 수 있다. WiseProphet에서는 Bagging 중 가장 대표적인 방법인 Random Forest를 제공하며 Boosting 방법에서 대표적인 방법인 Gradient Boosting과 이를 개선한 모델은 XGBoost 방법을 제공하고 있다.

여기서 Bagging(Boostrap Aggregation)은 한 표본을 여러 데이터셋으로 리샘플링하는 Boostrap을 집계(Aggregation)하는 방법으로 데이터를 반복적으로 뽑아 모델을 만드는 병렬적 방법이다. 복원임의 추출로 독립적으로 샘플링된 샘플들을 통해 독립수행 이후 여러 모델들을 투표하여 하나의 모델로 만들 수 있다. 분류(Classification)의 문제에서는 과반수투표(Vote), 회귀(Regression)에서는 평균을 통해 독립적으로 수행되었던 모델들을 집계(Aggregation)할 수 있다. 이 방법은 일반적으로 데이터 분산을 감소시켜 분류 성능이 향상되며 여러 번의 복원 샘플링을 통해 모델이 만들어지기 때문에 결측에 강력할 뿐만 아니라 적은 데이터가 있는 상황에서도 좋은 성능을 보이는

것으로 알려져 있다.

한편, Boosting은 샘플링 이후 학습한 모델을 기반으로 잔차(Residual)에 가중치를 부여하여 다음 생성하는 모델에 반영하여 학습하는 방법으로 순차적 방법(Sequential)이라고 할 수 있다. Bagging이 투표와 평균을 통해 분산이 적은 일반적인 모델을 만드는 것에 장점이 있다면 Boosting은 정답에 대해서는 가중치를 낮추고 오답에 대해서는 가중치를 높이며 학습하기 때문에 특정 하나의 문제를 해결하는 데 있어서 탁월한 성능을 보이는 것으로 잘 알려져 있다. 하지만 데이터를 리샘플링하는 Bagging에 비해서 많은 데이터가 있을 때 유리한 것으로 알려져 있으며 결측치에 약하다는 단점을 가지고 있다.

3.1.1.3 Random Forest

Random Forest는 개별적 의사결정나무(Decision Tree)가 모여 숲을 이룬다는 의미로 여러 의사결정나무를 만들고 결합하는 방식의 방법론으로 Bagging의 대표적인 방법론이다. 따라서 Ranndom Forest는 독립적인 하나의 모델을 만드는 데 있어 일부의 특징 변수와 데이터를 전체가 아닌 임의의 일부로 사용한다.

한 번에 모든 변수와 데이터를 투입하면 중요도가 일부 변수만을 사용하여 결정 트리를 생성하지만 Random Forest는 일부를 나눠서 리샘플링을 통해 트리를 조성하기에 상대적으로 고려되지 못한 변수들도 고려된 모델이 생성되기 때문에 다양한 변수 상황의 실제 데이터가 유입이 되더라도 안정적인 예측이 가능한 일반적인 모델을 만드는 데 좋은 성능을 보인다.

Random Forest는 임의로 추출된 데이터셋을 통해 독립적인 CART 모형을 만들기 때문에 분류와 회귀 모델 모두에서 활용 가능하고 Bagging으로 임의 복원 추출을 통해 데이터를 리샘플링하기 때문에 결측치에 효과적이라는 장점이 있다.

[그림 3-4]는 WiseProphet에서의 Random Forest 동작원리를 보여주고 있다. 학습 데이터에 대해 배깅(bagging)을 통해 m개의 부분집합을 만들고 m개의 CART를 생성한다. 예측을 수행할 때는 m개의 각 CART에 대해 예측을 수행하고 각 CART 예측 결과에 대해 투표를 실시하거나 평균을 취해서 최종 결과를 도출한다.

그림 3-4 ▌ Random Forest

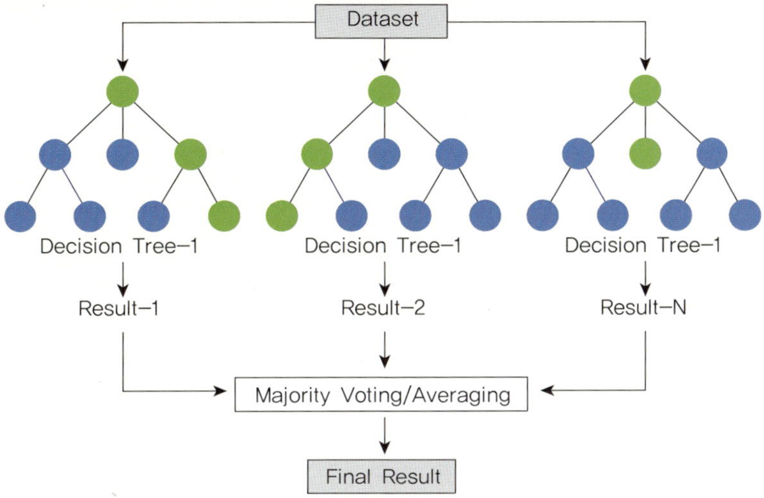

[표 3-2]는 WiseProphet의 Random Forest의 하이퍼파라미터와 확인 가능한 결과를 정리한 것이다. 표에서 min_samples_leaf는 리프노드의 최소 샘플 데이터 수를 의미하며 크기가 너무 크게 되면 한 노드에 서로 다른 클래스의 데이터가 포함될 확률이 높아진다. n_estimators는 생성되는 CART 수를 의미하며 트리의 수가 많을수록 성능은 높아지지만 속도는 낮아지므로 적절한 수를 선택해야 한다.

▌ 표 3–2 ▌ WiseProphet Random Forest 확인 가능한 결과

하이퍼파라미터	설명		
criterion	범주	gini	정답이 아닌 다른 개체가 뽑혀 나올 확률
		entropy	정보이론에서의 정보량을 의미
	연속	mse	Mean Square Error(평균 제곱근 오차)
		friedman_mse	Friedman이 기존 mse에 Adaptive를 가중치를 통해 도입 (Gradient Boosting 방법에 최적으로 알려져 있음)
		mae	Mean Absolute Error(평균 절대값 오차)
max_depth	얼마나 깊게 트리 노드를 만들 것인가의 기준		
min_samples_leaf	노드를 구성하는 최소한의 샘플 수		
n_estimators	생성 트리 수		
random_state	난수 seed값		
확인 가능한 결과	분류 예측 결과표, 개체별 예측 확률 정보		

3.1.1.4 Gradient Boosting

Gradient Boosting Model(GBM)은 순차적인 모델 학습을 통해 정답에는 가중치를 낮추고 오답의 경우에는 가중치를 증가시켜 학습함으로써 특정 문제 해결에 뛰어난 성능을 보이는 Boosting의 대표적인 알고리즘이다. Gradient는 이때 물리학적으로 공간에 대한 기울기를 의미하는 것으로 순차적으로 모델이 학습하는 과정에서 오차 함수(Loss Function)를 최소화하는 파라미터를 찾기 위해 오차 함수를 미분하여 기울기를 만들고 오차값이 작아지는 기울기는 점차 완만해지는 방향으로 파라미터를 움직이는 원리를 도입한 방법론이다. 따라서 모델을 학습시키는 과정에서 학습률과 같은 파라미터가 중요하게 작용할 수 있는 방법론 중 하나이다.

Boosting의 방법이기 때문에 특정 문제에 있어 뛰어난 성능을 보이는 모델이라는 장점이 존재하고 큰 데이터를 모델링할 때 유리하다. 하지만 학습이 순차적으로 이루어진다는 점에서 학습 시간이 길다는 단점이 존재하고 오차를 학습하는 과정에서 Gradient로 오차가 최소가 되는(오차가 0) 것을 목표로 하기 때문에 Overfitting이 있을 수 있다. 이러한 단점 보완을 위해서 XGBM, LGBM 등이 등장하였다.

XGBM, LGBM 등은 WiseProphet에서 지원하지 못하므로 생략하고자 한다.

[그림 3-5]는 GBM의 동작원리를 보여주고 있다. Random Forest가 Bagging을 통해 다수의 트리를 생성하고 동시에 학습을 하는 반면, GBM은 순차적으로 트리를 생성해가면서 이전 트리에서 발생한 오차를 다음 트리 생성 및 학습에 반영하면서 학습을 진행한다. 학습을 통해 생성

그림 3-5 ▌ WiseProphet GBM 이미지

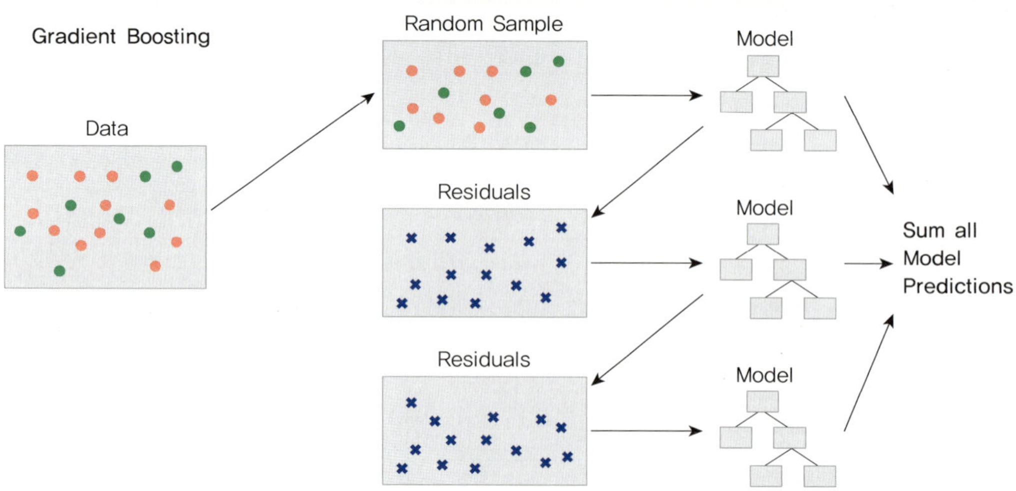

된 다수의 트리를 이용해서 예측을 수행하고 결과를 종합하여 최종 결과를 도출한다.

[표 3-3]은 Gradient Boosting의 하이퍼파라미터와 학습에서 확인할 수 있는 결과들을 정리한 것이다. learning late는 작은 값을 주면 학습 속도가 느려지는 반면 학습 결과는 좋아지고 큰 값을 주면 학습은 빨라지지만 학습 결과는 좋지 않게 된다. subsample은 개별 트리에서 사용하는 데이터의 비율이다.

표 3-3 Gradient Boosting 학습에서 확인할 수 있는 결과

하이퍼파라미터	설명
learning rate	학습률(기울기에서 오차 최솟값을 찾아가는 크기)
max_depth	트리의 깊이
subsample	weak learner(개별 트리)에서 사용하는 데이터 비율
확인 가능한 결과	분류 예측 결과표, 개체별 예측 확률

3.1.1.5 XGBoost

XGBoost(Extra Gradient Boosing)는 이름에서도 알 수 있듯이 Gradient Boosting의 순차적 학습으로 인하여 분석 속도가 느리고 학습 시 그리디(Greedy) 알고리즘을 이용하는 특성상 과적합이 발생할 수 있는 단점이 있다. Gradient Boosting의 느린 속도와 과적합 문제를 해결하기 위해 XGBoost가 개발되었다.

XGBoost에서는 우선 느린 학습 속도를 개선하기 위해서 트리를 생성하는 과정에서 병렬 컴퓨팅 방식을 지원하는데 이때 트리 생성 깊이별로 병렬 처리하여 split된(가지가 분기된) 노드들에 cpu 코어를 각각 할당하여 병렬처리함으로써 연산 속도를 향상시켰다. 또한 노드 생성 시 변수 특징(Feature)을 순차적으로 나열하는 방식에서 병렬식으로 특징들을 split한 뒤 복잡도가 낮아지는 지점을 계산하였다.

그 다음으로는 과적합 방지를 위해 규제(Regulation)를 통해 모델 학습 가중치에 Penalty를 부여함으로써 학습 모델 과적합에 효과적으로 대응하고자 하였다. 부여되는 규제에는 L1 규제와 L2 규제가 존재한다. L1 규제는 오차 함수(Loss Function)에 가중치 절대값 합을 더하는 방식으로 편미분하면 가중치 w값은 상수값이 되어 상수값에 의해 가중치에 +와 −가 남는데 가중치가 작은 경우에는 상수값에 의해 가중치가 0이 되기 때문에 가중치가 큰 중요한 변수만 남게 된다. L2 규제는 오차 함수(Loss Function)에 가중치 제곱의 합을 더하는 방식으로 오차 함수에 가중치를 사용한 Rregulation을 추가함으로써 Loss를 줄이기 위해 가중치를 크게 만들지 못하게 하는 원리로 오차와 가중치를 모두 줄여 특정 가중치가 비이상적으로 커지는 것을 방지함으로써 과적합을 방지할 수 있다.

[표 3-4]는 WiseProphet XGBoost의 하이퍼파라미터와 확인 가능한 분석 결과들을 정리한 것이다.

표 3-4 WiseProphet XGBoost의 하이퍼파라미터와 분석 결과

하이퍼파라미터	설명
eta	학습률과 같은 파라미터
gamma	leaf node를 추가로 나눌지 조절하는 최소 오차값
max_depth	트리의 깊이
확인 가능한 결과	분류 예측 결과표, 개체별 예측 정보

3.1.1.6 Logistic Regression

선형 회귀(Linear Regression)는 독립변수와 목표변수의 인과관계를 파악하기 위해 오차를 최소화할 수 있는 추정선을 독립변수의 선형 결합을 통해 찾는 과정을 의미한다. 많은 인과관계를 파악하는 문제에서 선형 회귀는 잘 작동할 수 있었지만 분류의 문제(신용 등급이 좋다, 나쁘다)와 같은 0, 1로 작동하는 문제에서 선형 회귀를 활용하는 데 어려움이 있었다.

로지스틱 회귀 분석(Logistic Regression)은 둘 이상의 범주(집단)로 선형 결합에서 자연로그의 비선형성을 이용하여 0과 1의 분류의 문제를 확률적으로 예측하는 방법론이다.

이때 오드(Odds)라는 개념을 이용하는데 일어날 확률을 일어나지 않은 확률로 나눈 다음 log를 취하는 방식으로 개별 데이터의 변수를 입력하면 개별 데이터의 0과 1 사이의 값이 도출될 때 임계값이 0.5 이상이면 1에 해당하는 범주로 예측하며, 0.5보다 작으면 0에 해당하는 범주로 분류한다.

[그림 3-6]은 로지스틱 회귀를 설명한다. 로지스틱 회귀는 예측한 y값이 0.5 이상일 때는 1로 분류하고, 0.5 미만일 경우는 0으로 분류한다. 그림에서처럼 예측한 y값이 0.3일 경우 0으로 분류하고, y값이 0.8일 경우에는 1로 분류한다.

그림 3-6 WiseProphet Logistic Regression 이미지

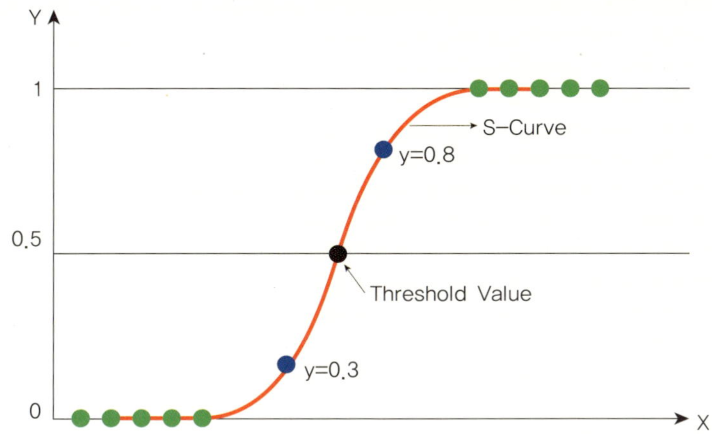

[표 3-5]는 WiseProphet Logistic Regression 파라미터와 확인 가능 결과들이다.

표 3-5 WiseProphet Logistic Regression 파라미터와 확인 가능 결과

하이퍼파라미터	설명
C(cost function)	규제와 관련된 파라미터로 c값이 높으면 훈련을 더 복잡하게 진행(약한 규제), 낮으면 덜 복잡하게 훈련(강한 규제)
random_state	데이터를 섞을 때의 랜덤 번호 seed값
확인 가능한 결과	분류 예측 결과표, 개체별 예측 확률 정보

3.1.1.7 딥러닝의 이해

딥러닝(Deep Learning)은 컴퓨터를 활용하여 인간의 사고와 학습 능력 등의 지적 능력을 구현하기 위한 기술로 입력(자극)이 가중치와 계산되며 여러 층의 깊은(Deep) 레이어(신경)로 전달되고 출력값과 실제값(정답)과의 오차(Error)를 조정하여 가중치를 조정하는 것을 반복적 시행을 통해 학습해가는 알고리즘을 의미한다.

인공지능에 대한 연구는 1950년대부터 전문가들의 지적 능력을 모방하거나 일정 규칙을 컴퓨터에 입력함으로써 인간의 지적 능력을 모방하고자 하였다. 하지만 이는 명확하게 정의할 수 없는 현실의 문제들 속의 다양한 상황에 맞춘 지식을 입력할 수 없다는 한계에 부딪히게 되었다. 그 후 인간의 뇌신경을 컴퓨터에 옮겨 입력에 의한 출력과 역전파 알고리즘을 통한 가중치

조정이라는 인간의 학습 과정을 모방할 수 있는 시스템을 통해 인공지능 분야가 발전할 것으로 기대하였지만 복잡한 계산에 충분한 컴퓨팅 능력과 데이터 부족으로 통계 기반의 기계학습이 2010년대까지 인간의 의사결정을 지원하기 위한 시스템으로써 작동하게 되었지만 다양한 분야에 적용하는 것에 어려움이 있었다.

지속적으로 CPU, GPU 등의 컴퓨팅 파워의 발전과 분산 컴퓨팅, 클라우드 등의 데이터 수집·저장에 대한 기술의 발전을 통해 1980년대 컴퓨팅 파워와 데이터 부족이라는 한계로 발전이 더뎠던 인공신경망 분야의 한계점들을 해결해가면서 2010년대부터 DNN(Deep Neural Network), RNN(Recurrent Neural Network), CNN(Convolution Neural Network) 등의 알고리즘이 등장하면서 이미지, 영상, 문자 등 기존에 분석이 어려웠던 비정형 데이터 분석이 활발해졌으며 강화학습(Reinforcement Learning), GAN(Generative Adversarial Network), 전이학습(Tranfer Learning) 등을 통해 데이터가 부족한 상황뿐만 아니라 유사한 분야의 기존에 학습된 모델을 활용하여 효율적으로 재학습할 수 있는 방법들이 연구되고 있다.

[그림 3-7]은 인공지능과 머신러닝 그리고 딥러닝의 관계를 도식화한 것이다.

그림 3-7 ▌ 인공지능, 머신러닝, 딥러닝 관계

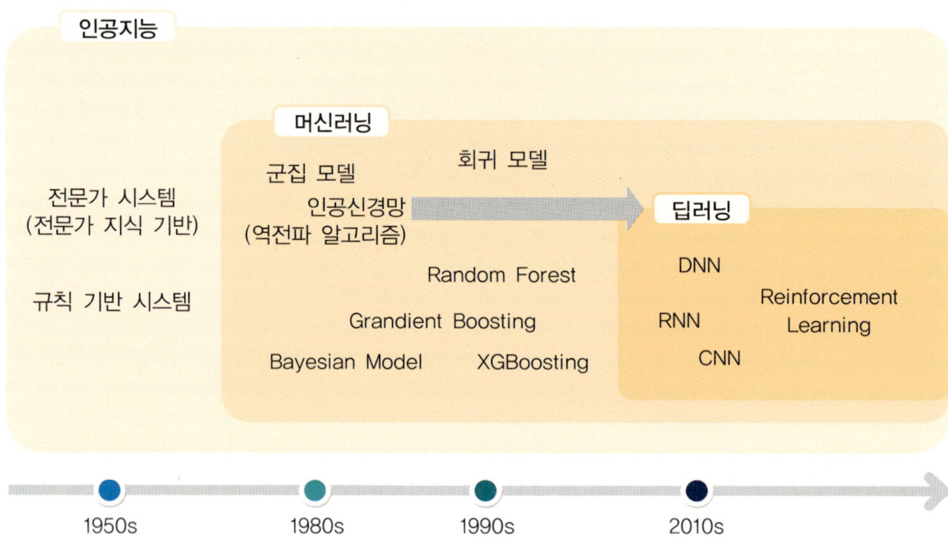

딥러닝 알고리즘의 단계는 크게 입력층으로부터 출력층으로 이어지는 순전파(Forward Propagation)와 출력층에서의 실제값과 예측값의 오차를 첫 번째 은닉층(Hidden Layer)의 가중치와

편향으로 전달하여 값을 조정하는 역전파(Back Propagation)로 구분할 수 있다. 순전파는 입력층(Input Layer)을 시작으로 목표변수를 예측하기 위한 독립변수들을 입력받아 가중치를 곱한 후 편향을 더한다. 만약 이대로 계산이 반복된다면 기존의 선형성을 가진 다중 회귀식이지만 은닉층(Hidden Layer)의 sigmoid, tanh, Relu 등의 활성화 함수(Activation Function)를 통해 비선형성을 가질 수 있도록 하여 사람의 뇌 신경세포처럼 특정 임계치를 넘으면 자극이 뉴런을 통해 전달되는 원리를 구현할 수 있다. 이러한 과정이 입력에서부터 다음 은닉층까지 반복적으로 계산되며 출력(실제값 데이터)층으로 전달된다. 이때, 출력층의 데이터가 범주에 대한 여러 개의 노드로 구성되어 있다면 보편적으로 Softmax 함수를 이용하여 입력되었던 값에 의해 출력하여 어떠한 노드로 분류될지에 대한 확률을 계산할 수 있다.

이후 손실 함수(Loss Function)를 통해 실제값과 예측값의 차이(손실)를 계산하여 최적화(Optimizer)할 수 있는 방법을 이용하여 가중치를 업데이트하는 역전파(Back Propagation)가 실시된다. 이때 최적화하는 방법에는 경사하강법(Gradient Descent)을 통해 손실 함수를 미분하여 손실이 가장 작을 때의 기울기는 0이 되어 점차 기울기(경사)가 감소하는 방법을 찾아가며 순전파를 통해 거쳐왔던 가중치들을 업데이트한다. 하지만 실제 머신러닝과 딥러닝 학습에 있어 손실 함수의 미분을 통해 깔끔한 2차 함수의 그래프를 만드는 것은 매우 어려우며 이에 따라 울퉁불퉁한 손실 함수에서 지역적으로 기울기가 최소가 되어 이를 전체 기울기의 최소로 착각하는 Local Minimum의 문제에 빠져 제대로 된 학습을 이룰 수 없다. 뿐만 아니라 모델에서의 가중치가 여러 개다 보니 실제론 2차 함수의 포물선이 아닌 등고선과 같은 모양을 띠는데 가중치가 다양하기 때문에 가중치의 변동에 대한 민감도가 서로 달라 Zigzag 현상을 통해 학습의 복잡도를 올리는 문제들이 발생한다. 이에 따라 딥러닝 모델의 성능을 크게 좌우할 수 있는 알고리즘 중 하나가 Optimizer이며 경사하강법을 기반으로 하는 알고리즘으로 Optimizer 방법의 기초가 되는 방법 SGD, 손실 함수에 대한 기울기를 단순 누적하지 않고 지수 가중 이동평균법을 통해 최신 기울기를 더 크게 반영하는 방법인 RMSprop, Momentum 방법과 RMSprop를 결합하여 RMSpop와 마찬가지로 가중치마다 크기를 다르게 조정하는 방법 중 하나로 학습률을 줄여나가며 학습의 갱신 강도를 적응적으로 조정하는 방법인 Adam 등의 알고리즘들이 연구되고 등장하고 있으며 [그림 3-8]은 딥러닝 알고리즘의 동작원리를 도식화한 것이다.

일반적인 DNN(Deep Neural Network)은 입력층(Input Layer), 은닉층(Hidden Layer), 출력층(Output Layer)으로 구성된다. 은닉층은 입력층으로부터 입력값을 받아 가중치 합을 계산하고, 이 값을 활성화 함수(Activation Function)에 적용하여 출력층(Output Layer)에 전달한다. 이때 출력층은 소프트맥스(Softmax)와 같은 활성화 함수를 사용하여 분류를 수행할 수 있다. 다음은 손실 함수(Loss Function)

를 이용하여 출력층을 통해서 도출한 예측값과 실제값의 오차를 계산한다. 이러한 과정을 순전파(Forward Propagation)라고 한다. 오차를 계산하고 나면 출력층에서 입력층 방향으로 계산하면서 가중치를 업데이트해가는데 이것이 역전파(Back Propagation)이다. 역전파 수행 중에는 미분의 연쇄 법칙을 통해 가중치를 업데이트한다.

그림 3-8 ▌딥러닝 알고리즘

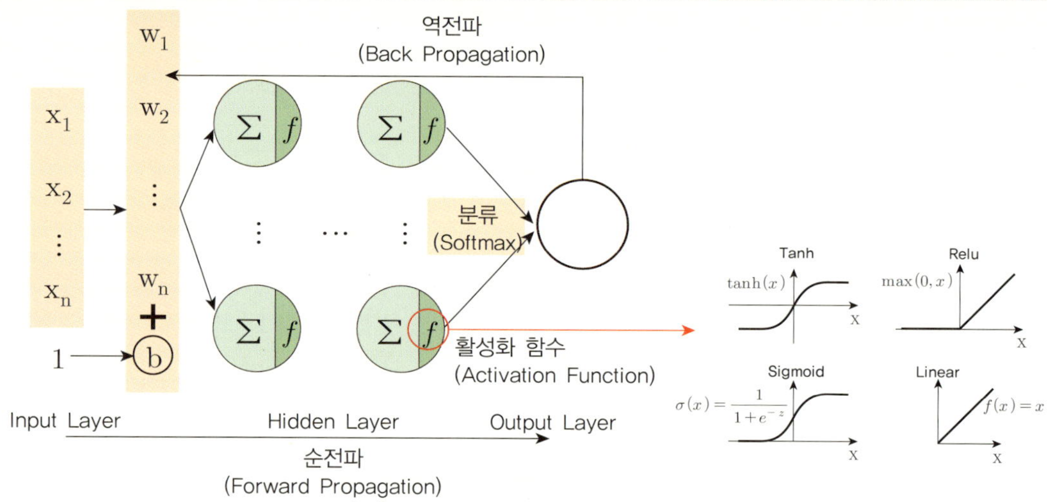

3.1.1.8 CNN(Convolutional Neural Network)

일반적인 딥러닝 모델(DNN)은 입력 데이터를 1차원의 배열 형태로 분석하기 때문에 컬러 이미지의 경우에는 3차원의 데이터를 분석하기 위해 1차원으로 평면화하여 분석해야 했다. 따라서 비효율적일 뿐만 아니라 공간정보가 손실되어 높은 정확도를 보이는데 어려움이 있었다. Convolutional Neural Network(CNN)은 지역적 정보에서 특징을 추출하여 분류할 수 있는 알고리즘으로 CNN 알고리즘을 이해하기 위해 중요한 개념은 channel, filter 또는 kernel layer, pooling layer이다. channel은 차원을 의미하는데, 흑백 사진의 경우에는 1개의 channel로 구성되어 있으며 컬러 이미지의 경우 RGB는 RED channel, GREEN channel, BLUE channel 3개의 channel로 구성되어 있다. filter 또는 kernel layer는 각 channel의 matrix에서 지정된 간격을 규칙적으로 이동하며 feature를 추출하는 가중치와 같은 역할로 한 matrix를 이용하며 여러 개의 feature map을 만들어낸다. pooling layer는 여러 개로 추출된 feature map을 축소하여 크기를 줄이거나 특정 특징을 부각시키기 위한 layer이다. 이때 합성곱된 필터값에서 출력의 최댓값을 추출하여 연산된 필터값들의 크기를 줄여 쓸데없는 parameter 수를 줄임으로써 높은 성능의 값만 남겨 과적합을 줄일 수 있으며 필터값에서 최댓값을 추출하는 max pooling과 평균값을 추출하는 average pooling이 있다.

CNN은 입력층에서의 1개 이상의 channel에서의 입력 데이터 matrix로부터 filter(또는 kernel)로부터의 합성곱과 pooling을 반복적으로 시행하여 이미지를 분석할 수 있는 알고리즘이며 [그림 3-9]는 CNN 알고리즘의 동작원리이다.

그림 3-9 | WiseProphet CNN 알고리즘 이미지

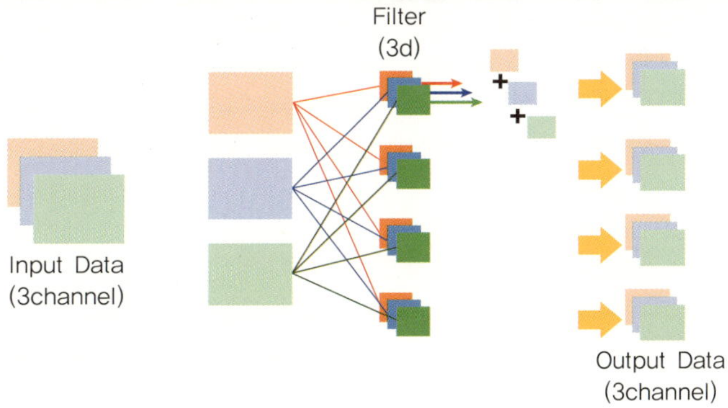

[표 3-6]은 WiseProphet CNN 파라미터와 확인 가능한 결과를 정리한 것이다.

| 표 3-6 | WiseProphet CNN 파라미터와 확인 가능한 결과

하이퍼파라미터	설명
filters	몇 개의 다른 필터를 분석에 사용할 것인지를 나타내며 출력 모양의 깊이를 설정하는 값
kernel_size	연산에 사용되는 필터의 크기를 의미하여 filter(또는 kernel)는 정사각 행렬이기 때문에 설정값의 행과 열로 이루어진 filter를 활용
pool_size	WiseProphet에서는 max pooling을 이용하며 pooling size의 크기를 결정하는 옵션으로 kernel_size와 마찬가지로 정사각 행렬
optimizer	머신러닝과 딥러닝 모델에서 최소의 cost(적은 메모리, 시간 등)를 사용하여 예측값과 실제값의 차이를 최소화하기 위해 가중치를 업데이트하는 알고리즘 SGD/RMSprop/Adam
batch_size	전체 학습 데이터를 작은 그룹으로 나눌 때 한 그룹에 들어가는 데이터 수로 전체 데이터를 넣어 학습시킬 때의 비효율을 방지

epochs	epochs은 전체 학습 데이터를 1회 학습하는 것으로, 1epoch당 batch 작업은 수 회 있을 수 있다. 예) 전체 학습 데이터가 1,000건이고 batch_size가 100인 경우 1epoch당 10회의 학습이 이루어진다(가중치가 업데이트된다). * epoch의 수를 너무 크게 설정하면 과대적합(Overfitting)이 발생하고, epoch의 수를 너무 적게 설정하면 과소적합(Underfitting)이 발생하여 성능저하가 있을 수 있으므로, 모델 생성 시 검증 과정에서 주의하여야 한다.
확인 가능한 결과	결과표

3.1.2 개인 금융 신용 위험 예측 실습(Credit Risk Prediction)

'German Credit Risk'는 1,000건의 개인 신용 위험도('good', 'bad')에 대해서 나이, 성별, 직업, 집소유 유형 등 10개의 변수로 구성된 데이터셋이다. 목표변수인 개인 신용 위험도(Risk)는 범주형 형태의 변수이며 이를 예측하기 위해서는 분류 알고리즘을 사용해야 한다(범주형 데이터는 성별과 같이 불연속 집합으로 나타낼 수 있는 값들의 집합을 말한다).

이번 절에서는 은행의 입장에서 개인 대출에 대한 위험 부담을 줄이기 위하여 개인에게 대출 서비스를 제공하기 전 은행이 보유하고 있는 개인 정보와 신용 정보인 성별, 직업, 집소유 유형, 계좌 금액 등의 정보를 기반으로 개인 신용의 위험 상태를 예측하는 모델을 개발하는 것이 목적이다.

본 실습을 통해 데이터셋에서의 전처리 과정에서의 결측치 처리와 CART 기반의 의사결정나무를 사용하여 범주형 목표변수인 Risk를 예측할 수 있는 머신러닝 모델 개발과 Risk를 분류하기 위한 규칙(패턴)을 Tree 그림을 통해 확인하는 것을 목표로 하였다.

- **데이터셋:** https://www.kaggle.com/kabure/german-credit-data-with-risk
- **변수 설명:** 데이터셋의 변수들에 대한 설명은 [표 3-7]과 같다.

표 3-7 독일 개인 신용 위험 데이터셋 설명

변수	설명
Unamed0	비식별 처리된 이름, 사용하지 않음.
Age	나이, Numeric
Sex	성별, Categorical(male, female)
Job	직업의 전문성을 기준으로 분류, Categorical(0 – unskilled and non-resident, 1 – unskilled and resident, 2 – skilled, 3 – highly skilled)

Housing	집 소유 구분, Categorical(own, rent, or free)
Savingaccounts	적금계좌 금액, Categorical(little, moderate, quite rich, rich)
Checkingaccount	예금계좌 금액, Categorical(little, moderate, rich)
Credit amount	대출 금액, Numeric
Duration	대출 기간, Numeric
Purpose	대출 목적, Categorical(car, education, business, … 8개로 구분)
Risk(종속변수)	위험도, Categorical(good, bad)

3.1.2.1 Kaggle 개인 신용 데이터 탐색 및 전처리

데이터 로딩 후 데이터 탐색 페이지는 아래 그림과 같으며 여기에서 데이터에 대한 기초통계 정보, 즉 최솟값, 최댓값, 유일값, 결측값, 평균, 표준편차에 대한 것과 총 데이터 수 등의 파악이 가능하다.

해당 변수를 기준으로 최솟값은 가장 작은 값이며, 최댓값은 가장 큰 값이다. 각 특징(Feature)에 대한 값의 범위는 4분위수로 나타낼 수 있다. 각 분위는 25%씩의 데이터를 갖고, 2분위수를 중앙값(Median)이라고 한다.

❶ 유일값은 변수가 가진 데이터 중 중복된 데이터를 제거한 후 유일한 값의 개수이고, 결측값은 데이터가 공란으로 비어 있거나 누락된 값의 개수이다.
❷ 평균값은 해당 변수가 가진 값들에 대한 평균 수치이고, 표준편차는 변수의 값들이 얼마나 흩어져 있는지를 표시하는 수치이다.
❸ 목표변수는 우리가 현재 데이터를 기반으로 예측하고자 하는 대상 변수이다. 다만 두 가지 문제가 있다.
❹ Job은 직업 유형에 따른 4개의 범주(0, 1, 2, 3) 형태의 변수, 하지만 Numerical으로 인식되고 있으므로 Categorical로 변경이 필요함.

❺ Savingaccounts, Checkingaccount 결측치 각각 183, 394개 존재하므로 데이터 오류를 피하기 위해 결측치 관리가 필요함.

데이터의 유형들이 다른 변수들은 모두 [표 3-7]의 설명대로 인식되었지만 'Job'은 Numerical로 잘못 인식된 것을 볼 수 있다. Job은 0~3까지 숫자 형태로 구성된 데이터셋의 변수지만 각 숫자는 해당 직군이 얼마나 전문성을 가지는 직업인지를 범주형 데이터로 표시하고 있다(0 - unskilled and non-resident, 1 - unskilled and resident, 2 - skilled, 3 - highly skilled). 따라서 현재 Job이 'Numeric' 타입으로 표시된 것은 분류 실패로 보아야 하며, 범주형 데이터 표시 방식인 'Categorical'로 변경하여야 한다. 따라서 'Numeric'으로 데이터 탐색 페이지에 입력된 'Job' 변수를 'Categorical'로 변경한다.

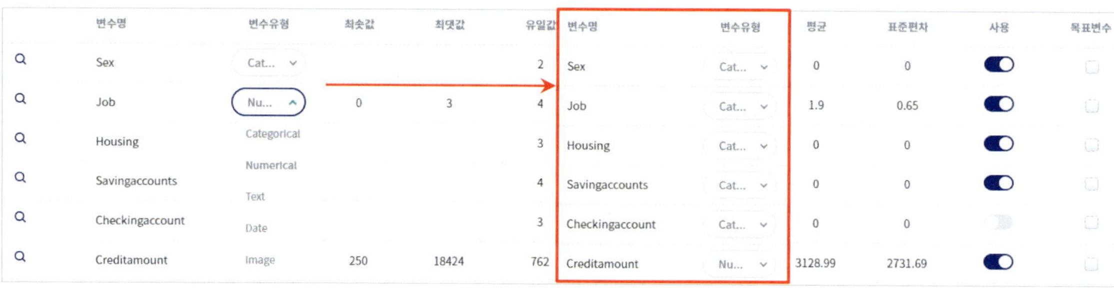

'German Credit Risk' 데이터셋에서 적금을 의미하는 'Savingaccounuts'와 일반 예금을 의미하는 'Checkingaccount'이 있고 각각 183개와 394개의 결측치를 가지고 있다.

결측 데이터를 처리하는 방법은 평균, 중간값, 최빈값 등으로 결측값을 채우거나 해당 인스턴스를 삭제하는 방법이 있다. 이 실험에서는 1,000개의 인스턴스 중에서 결측치가 포함된 183개의 인스턴스들을 삭제하는 방법을 선택한다. 인스턴스(Instance)는 데이터 1건을 의미한다.

01 우선 결측치가 적은 'Savingaccounts'의 데이터 정제를 위해 결측치를 제거하고자 한다.
결측치를 제거한다는 의미는 'Savingaccounts'에 데이터가 없는 항목의 모든 데이터를 삭제한다는 의미이다. 따라서 총 1,000개의 데이터 중 183개의 'Savingaccounts'의 데이터가 결측된 케이스를 모두 삭제한다는 의미이며 그 결과 817개의 데이터만 남게 된다.

❶ 변수명 좌측의 돋보기 모양을 클릭

❷ 데이터 정제 메뉴에서 결측값 '사용'을 클릭하여 활성화 후 '제거'를 클릭하여 활성화

❸ 1,000개의 데이터 중 'Savingaccounts'의 결측값에 해당하는 데이터 183개가 제거되어 총 데이터 817개가 남은 것을 확인

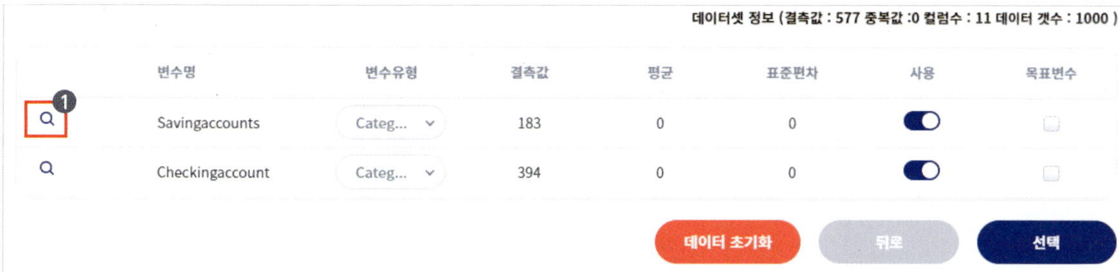

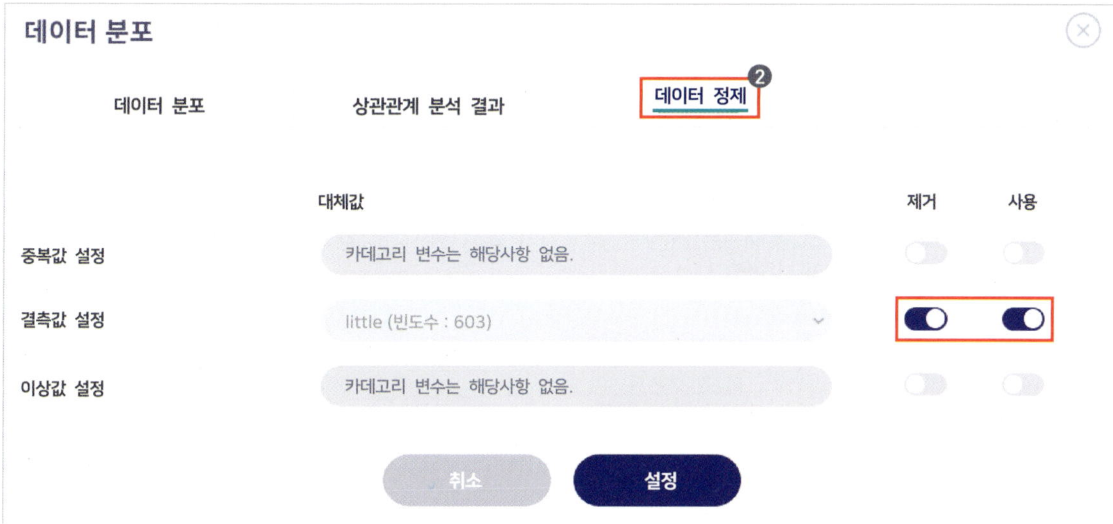

02 1,000개의 데이터 중 'Savingaccounts'의 결측치 183개를 제거하고도 'Checkingaccount'의 결측치가 295개가 존재하였다. 이는 'Savingaccounts'와 'Checkingaccount' 데이터가 동시에 결측된 것이 있기 때문에 일부 'Checkingaccount'의 결측 데이터 역시 삭제되었기 때문이다.

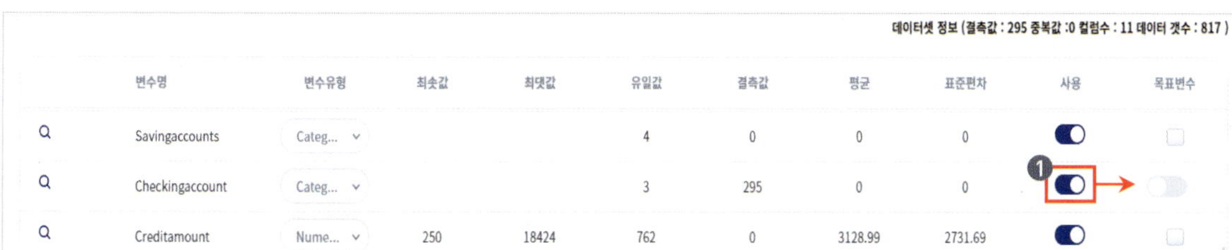

이 시점에서 세 가지 이상의 처리방법이 있다.

- 첫 번째로 'Savingaccounts'의 결측 데이터 183개를 제거하고 남은 데이터 817개 중 'Checkingaccount' 결측 데이터 295개를 삭제하는 방법이다. 이 경우 잔여 데이터의 36% 가량을 추가로 삭제하게 되어 초기 1,000개의 데이터 중 모든 결측치를 삭제한 522개의 데이터만 가지고 모델을 개발하게 된다(총 522개의 데이터).
- 두 번째로 'Checkingaccount' 결측 데이터 295개를 삭제하지 않는 방법이다. WiseProphet에서 결측치에 대한 디폴트는 0으로 대체하는 것이며 사용자는 빈도수가 많은 데이터로 대체하는 등의 방법으로 처리가 가능하다. 결측치가 포함된 데이터가 포함되기는 하지만 1,000개 중 522개의 데이터만 가지고 모델을 개발하는 것보다는 다양한 데이터를 포함하여 모델을 개발하게 된다(총 817개의 데이터, Checkingaccount의 결측치 삭제하지 않음).
- 세 번째로 'Checkingaccount' 데이터 자체가 결측치가 상당히 많으므로 해당 변수를 사용하지 않도록 할 수 있다(총 817개의 데이터, Checkingaccount 데이터 사용 안함).

03 이번 예시의 경우 세 번째 방법으로 처리한 경우이며 첫 번째와 두 번째 방법에 대한 처리 방법 예시 또한 본 절의 후반부에 제시하였다.

❶ 'Unnamed0' 변수는 비식별 처리된 사람 이름 데이터로서 사용자 구분을 위해 작성된 더미 데이터이다. 따라서 분석에 사용되면 안 되므로 '사용'을 클릭하여 비활성화하여야 한다.

❷ 이번 실습의 목적은 은행의 입장에서 개인 신용 상태를 예측하는 모델을 개발하는 것이기 때문에 'Risk'를 예측을 위해 목표변수로 설정한다.

❸ 모든 데이터 탐색 및 데이터 전처리와 사용변수를 정리하였기 때문에 '선택'을 클릭하여 특징 선택의 단계로 넘어간다.

3.1.2.2 Kaggle 개인 신용 데이터 특징 선택과 모델 학습

특징 선택은 목표변수를 분류/예측하고자 할 때 사용할 최적의 특징들을 선택하기 위한 기능이다. 변수들의 연관관계 확인 및 추가, 배제 등의 기능을 지원한다.

특징 선택은 크게 필터(Filter) 기반의 방법과 래퍼(Wrapper) 기반의 방법으로 구분할 수 있다. Filter 기반의 방법은 개별 특징(Feature)이 분류 성능에 어떤 영향을 끼치는지 실험을 통해 각 특징의 중요도를 판단한다.

Wrapper 기반의 방법은 전체 특징의 부분 집합들을 생성하고 그 부분 집합들이 분류 성능에 어떤 영향을 끼치는지 실험을 통해 각 특징의 중요도를 판단한다. Wrapper 기반의 방법이 Filter

기반의 방법보다 주요 특징을 선택하는데 유리하나, 많은 연산 시간을 필요로 한다는 단점이 있다. 그림의 특징 선택은 Filter 기반의 방법으로 빠른 시간 내에 주요 특징들을 파악할 수 있는 장점이 있다.

초기 화면을 보면 우리가 선택한 'Risk' 변수와 중요도가 높은 변수별로 정렬하여 보여주고 있다.

오른쪽 표는 목표변수인 'Risk' 변수와 다른 변수들 사이의 상관관계를 기반으로 중요도를 도출한 표이며, 왼쪽의 그래프는 오른쪽 표를 기반으로 중요도를 Y축으로, 변수를 X축으로 그린 그래프이다.

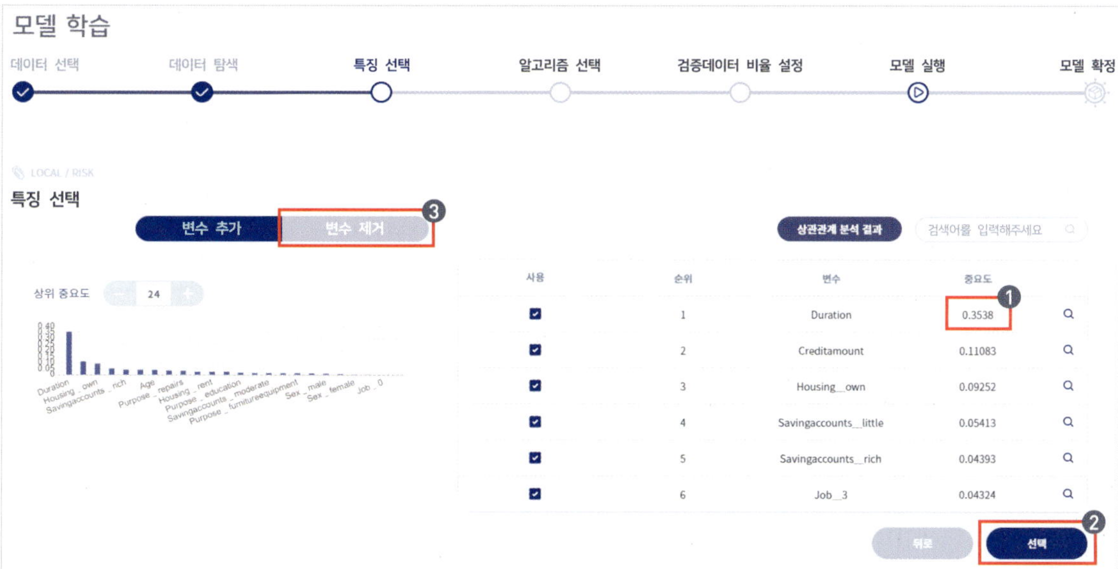

❶ 대출 기간을 의미하는 'Duration'이 0.3538로 목표변수 'Risk'를 예측하는 가장 중요한 변수라는 것을 확인할 수 있다.

❷ 아주 작은 영향을 주고 있는 특징들이 존재하기는 하지만 분석자는 데이터셋 자체가 많은 변수를 가지고 있지 않기 때문에 작은 영향이라도 머신러닝 모델에 포함되어야 한다는 판단으로 특징제거 없이 '선택'을 클릭하여 알고리즘 선택으로 넘어가고자 하였다.
그 외 이전 절차에서 진행한 스탭에 따라 일부 내용이 변경되었으나 'Duration' 변수가 목표변수에 가장 큰 영향을 미치는 것에는 변함이 없다.

❸ 만약 실습자가 판단하여 중요도가 낮은 특징을 제거하는 것이 좋을 것 같다고 판단할 경우 왼편의 특징 선택 혹은 '변수 제거'에서 중요도의 범위를 설정하여 제거하여도 좋다.

목표변수인 'Risk'는 'good', 'bad'로 이루어진 범주형 변수이고 목표변수가 설정되어 있어

WiseProphet은 분류 알고리즘을 활성화하는 것을 확인할 수 있다.

사용자의 분석 목적에 따라 학습 방법(분류/회귀)을 결정하고, 학습 방법에 따라 알고리즘을 선택한다. 알고리즘을 선택할 때에는 예측 정확도, 학습 시간, 사용 편의성을 고려해야 한다.

이번 실습에서는 'Risk' 범주를 예측하기 위한 경우이므로 분류 알고리즘이 작동되는 것이 일반적이며, 분류 알고리즘 중 가장 기초적인 알고리즘인 Decision Tree를 사용하고, 해당 내용을 기반으로 트리 그래프까지 확인하고자 한다. 파라미터값은 모두 디폴트값으로 설정하여 분석을 실시하였다. WiseProphet에서 설정할 수 있는 Decision Tree의 파라미터는 criterion, max_depth, min_samples_leaf이며 초기 디폴트값은 criterion은 gini, max_depth는 5, min_samples_leaf는 1개로 설정되어 있다.

현재 이곳에서 설정할 수 있는 파라미터는 criterion, max_depth, min_samples_leaf이다.

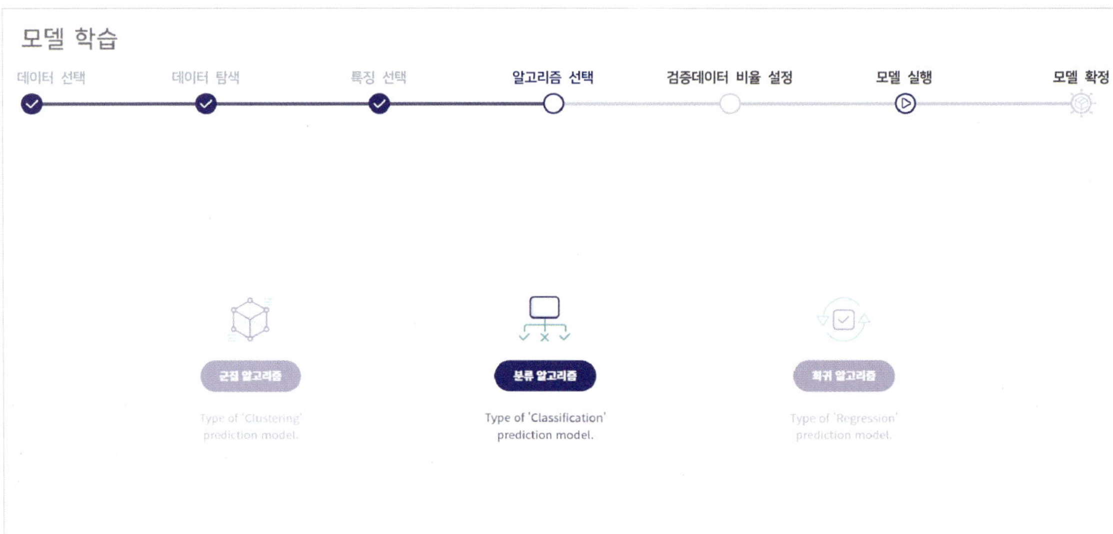

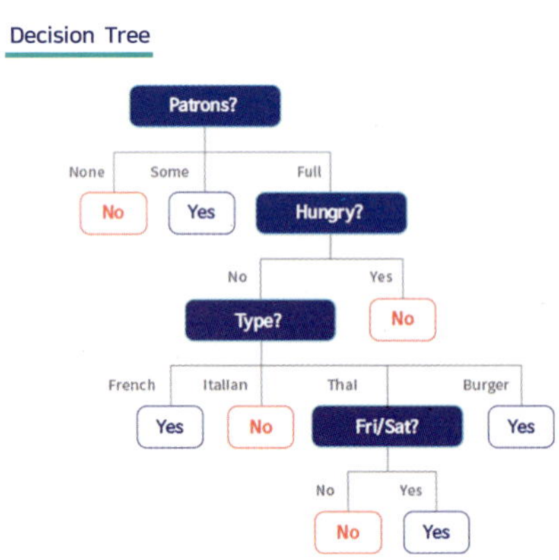

한편 우측의 최적화는 파라미터값의 최적화모드이며 이는 파라미터값 구간을 정해주고 여러 가지 파라미터를 반복실행하여 좋은 성능을 찾아내는 기능을 지원하는 것이다.

WiseProphet에서 파라미터 최적화를 선택하면 모델을 여러 번 실행시키도록 하기 때문에 교차 검증할 필요가 없어 메뉴에 교차 검증은 나타나지 않고 학습 데이터와 평가 데이터 비율만 나타나게 된다.

매개변수명	설명
❶ criterion	트리 분리 기준이다. • 지니계수: 불순도, 집합에 이질적인 것이 얼마나 섞여 있는가를 나타내는 척도이다. • CART(Binary Split): 트리를 분리할 때 무조건 두 개로 나눈다. • 엔트로피: 불확실성의 정도이다.
❷ max_depth	얼마나 깊게 트리를 만들 것인가의 기준이다.
❸ min_samples_leaf	학습에 필요한 최소한의 샘플 수로서 노드가 되려면 가지고 있어야 할 최소의 샘플 수이다.

모델 평가는 학습 모델의 성능을 평가하고 모델을 활용하여 새로운 데이터에 대한 예측을 하는 단계이다. 실험 데이터는 훈련(Train) 데이터, 검증(Validation) 데이터, 테스트(Test) 데이터셋으로 분할하며 훈련 데이터와 검증 데이터셋을 사용하여 모델을 생성하고 하이퍼파라미터 튜닝을 하면서 모델의 성능을 최적화하고 모델의 성능을 평가한다.

모델 평가 방법은 학습과 검증 데이터 분할 방법과 교차 검증 방법이 있다.

① 학습과 검증 데이터 분할

- 학습 데이터와 검증 데이터를 나누어 평가하는 방법으로 가장 많이 쓰이는 방법이다.
- 보통 80(학습 데이터) : 20(평가 데이터)로 나누어 평가한다.

② 교차 검증

- 학습/평가 데이터를 한 번만 나누는 것이 아니라 훈련 데이터 전체를 사용하기 위하여 여러 번 나누는 방식이다.
- 예를 들어, 10-folds cross validation은 데이터셋을 10등분하여 90%는 훈련 데이터셋으로 사용하고, 10%는 테스트 데이터셋으로 사용한다. 이 과정을 10회 반복한 평균을 결과로 도출한다. 단, 매 회차마다 테스트 데이터셋은 다르게 하여야 한다.

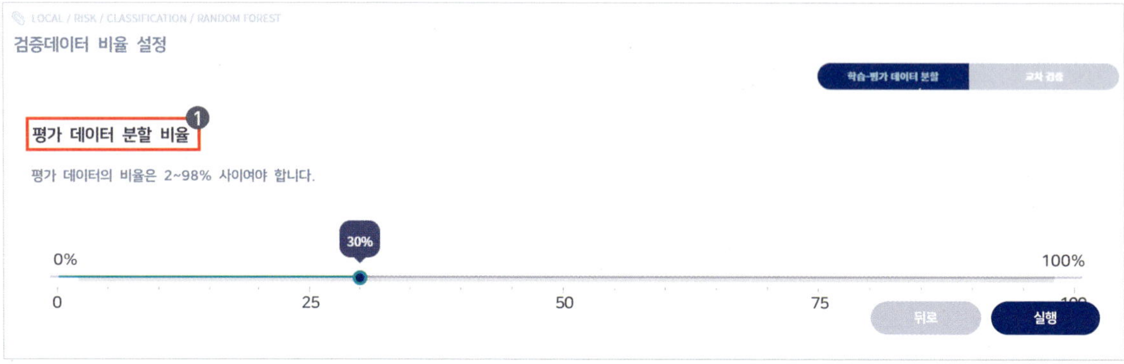

❶ 검증 데이터 분할 비율: 모델 훈련 데이터와 검증용 데이터 비율을 설정하는 것으로 본 예시에서는 검증 데이터 비율을 30%로 설정하였음.
❷ 교차 검증 폴드 수: 남아있는 70%에 해당하는 훈련용 데이터를 무작위로 5개의 집단으로 설정하였음.

이전 페이지들에서 세팅한 대로 설정 후 머신러닝의 결과를 보는 페이지이다.

본 예시에서는 Decision Tree 머신러닝 기법을 이용하여 'German Credit Risk' 기반의 개인 신용 상태를 분석한 결과 분류 매트릭스(Confusion Matrix)와 정밀도, 재현율, F1Score 결과를 확인할 수 있었다.

❶ 정밀도는 개인 신용을 good으로 예측한 데이터들 중 실제로 good인 데이터의 비율을 나타내고, 재현율은 good인 데이터에 대해 good이라고 예측한 비율을 나타낸다.
예를 들면, 정밀도는 주가 예측과 같이 상승이라고 예측했는데 실제로 하락하게 되면 매우 곤란한 경우에 살펴보는 성능지표이고, 재현율은 침입탐지 시스템에서 정상 패킷은 그냥 통과시켜야 하는데 정상 패킷을 자꾸 공격 패킷으로 잘못 판단하여 시스템에 많은 부하를 줄 것으로 예상될 때 살펴보는 성능지표이다.

❷ F1Score는 머신러닝 예측, 분류 모델의 학습 성능 평가를 위한 표현 모델로 정밀도와 재현율이 어느 한 쪽으로 치우치지 않을수록 높은 값을 가진다.

❸ Support는 실제 data의 good, bad 수치로서 Y축 기준 데이터의 합을 의미한다.

❹ 결과 분류 매트릭스에서 X축은 예측치, Y축은 실제값을 의미하며, 위 그래프를 읽는 법은 다음과 같다. 실제 bad를 bad라고 예측한 것은 24, 실제 good을 good으로 예측한 것은 146이다. 실제 bad인데 good으로 예측한 것은 62건이고, 실제 good인데 bad라고 예측한 것은 14건이다.

❺ 신용 상태 'bad' 관점에서 정밀도는 실제 'bad' 중 'bad'로 잘 예측 분류했는지를 의미하며 그 값은 24/(62+24)×100로 63%에 해당한다.

❻ 재현율은 예측한 'bad' 중 실제 'bad'로 잘 분류했는지를 의미하며 그 값은 24/(62+24)×100이다. 약 28%에 해당한다.

본 알고리즘을 통해 Kaggle German Credit Risk Prediction의 Risk 분석을 한 결과치는 bad의 정밀도는 0.63, 재현율은 0.28 F1Score는 0.39, good의 정밀도는 0.70, 재현율은 0.91, F1Score는 0.79로 분석되었다.

Good 데이터 분석은 정밀도와 재현율이 70%를 넘고 있으나 bad에 대한 정밀도가 낮은 편이므로 데이터 정제부터, 파라미터 설정 수정, 그리고 알고리즘 선택 변화 혹은 앙상블 기법을 선택하는 등의 새로운 방법의 시도를 통하여 개선할 필요가 있다.

이와 같은 분류 모델의 성능을 개선하기 위한 방법들은 기본적인 설명이 끝난 이후 뒷부분에서 추가적으로 설명하도록 한다.

Decision Tree를 가장 쉽게 설명하면 스무고개라고 할 수 있다. 트리 그래프를 다운로드하여 risk 변수에 따라 예측하기 위해 어떤 식으로 규칙이 생성되었는지 볼 수 있다. 머신러닝은 학습 데이터를 통해 규칙을 만들고 이 규칙에 따라 실제 데이터를 넣어 분류하는 방식으로 진행되기 때문에 다운로드한 트리 그래프의 경우 분석된 246개의 데이터의 분리 규칙이 아닌 학습에 사용된 70%에 해당하는 571개의 데이터를 분석한 것을 확인할 수 있다.

해석 방법은 아래 그림에서 예를 들어 맨 위에 칸은 'Duration≤0.507, gini=0.434, samples=571, value=[182, 389], class=good'로 분리 정보를 확인할 수 있다. 이는 Duration이 0.507보다 작은 값(Duration≤0.507)을 만족하는지 여부를 기준으로 571개의 데이터(samples=571)를 분리하였을 때 0.507보다 작은 값은 182개, 0507보다 큰 값은 389개로 분리(value=[182, 389])된다는 것이 확인되며 이에 대한 비율은 0.434(gini=0.434)라는 것을 확인할 수 있다. 이렇게 1차 분리 이후 데이터가 라벨링된 종속변수가 good인 데이터는 왼쪽 True로 분리되고 False인 데이터는 오른쪽으로 분리되어 반복적으로 수행되는 것을 확인할 수 있다.

그림을 보면 이진 분류(True, False)로 가지를 내려가는데 이는 CART(Classification And Regression Tree)의 대표적 특징으로 볼 수 있다.

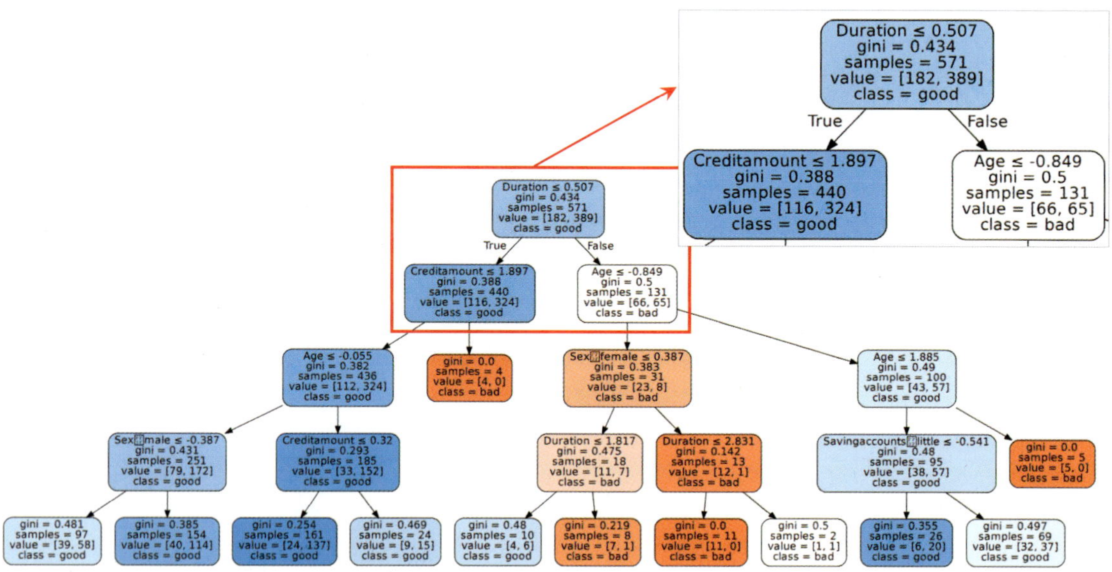

결과를 다운로드받아 엑셀 형태로 살펴보면 데이터별로 신용상태(y: 목표변수)에 대하여 어떻게 분류하였는지를 가장 우측에서 확인할 수 있다.

S	T	U	V	W	X	Y	Z
Savingaccounts_little	Savingaccounts_moderate	Savingaccounts_quiterich	Savingaccounts_rich	Sex_female	Sex_male	predict_y	real_y
1	0	0	0	0	1	good	good
1	0	0	0	1	0	good	good
0	0	1	0	0	1	good	good
1	0	0	0	0	1	bad	good
1	0	0	0	0	1	good	good
1	0	0	0	0	1	good	bad
1	0	0	0	0	1	good	good

모든 분석이 완료되어 모델을 저장하기를 원할 때는 모델 실행 단계에서 '모델 확정'을 클릭한 후 '모델 관리'를 클릭하면 모델명을 작성하여 모델을 저장할 수 있다.

저장한 이후에 이 모델을 사용하는 방법은 앞에서 다루었으니 참고하면 된다.

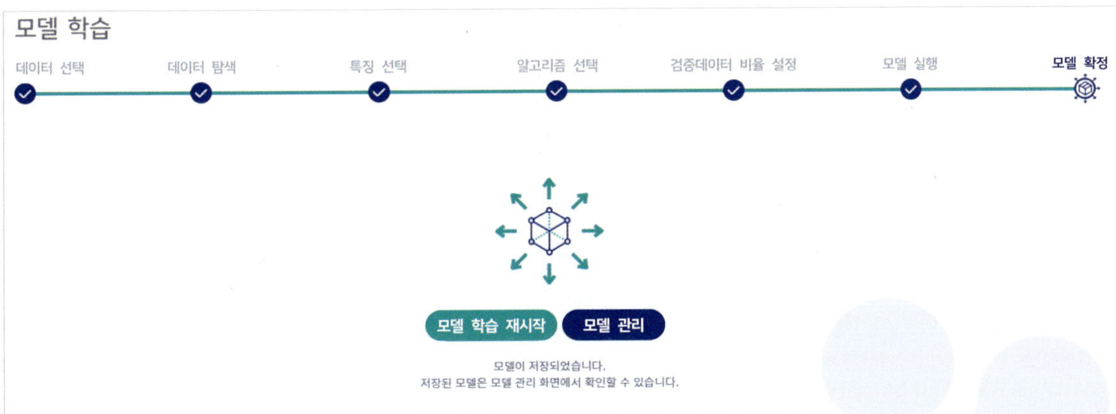

한편, 이번 실습에서 나타난 성능 결과 중 중요한 것으로 추정되는 bad를 bad로 예측하는 성능이 모두 0.5 이하로 만족스럽지 않으므로 사용자는 WiseProphet를 이용하여 성능을 개선하는 방법들을 예시로 제시하고자 한다.

3.1.2.3 Decision Tree 이외의 다른 알고리즘 시도

Decision Tree 알고리즘을 사용한 모델의 실행 결과 성능에서 bad에 대한 정밀도값이 0.48, 재현율값이 0.23으로 매우 낮은 성능을 보이고 있다. Decision Tree 알고리즘이 이 데이터와 궁합이 안맞는 것일 수도 있으므로 우리는 WiseProphet에서 제공하는 다른 알고리즘을 시도하여 성능을 개선시킬 수 있다.

먼저 WiseProphet에서 제공되는 XGBoost 알고리즘을 선택하여 실행해보았다.

(1) XGBoost

- 알고리즘: XGBoost
- 최적화: True

실행 결과	
알고리즘	Classification - XGBoost
정확도 / 스코어	0.7113821138211383
데이터셋	LOCAL - 1.classification_german_credit.csv
목표변수	Risk
최적 파라미터	eta : 0.89922 gamma : 1.43607 max_depth : 2

분석 로그 클릭 시 최적 파라미터를 확인할 수 있다.

〈최적 파라미터값〉

- eta: 0.9
- gamma: 1.4
- max_depth: 2

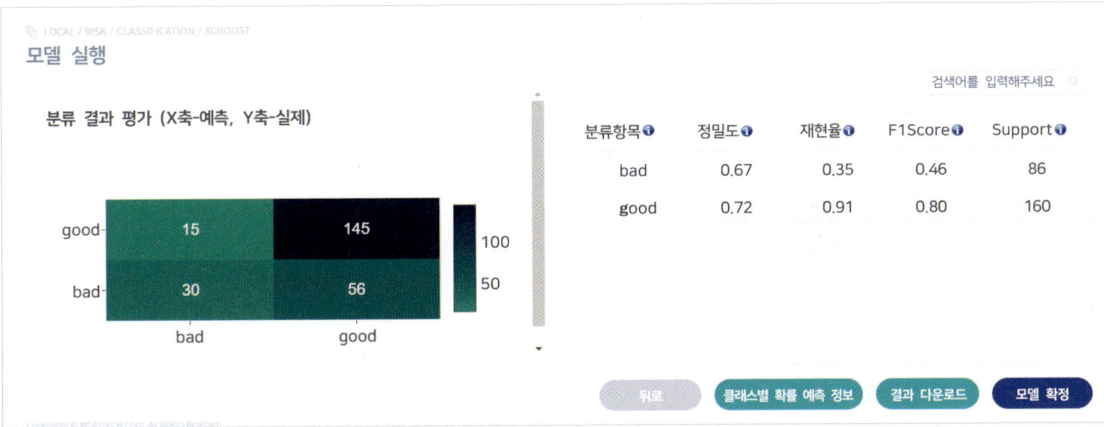

〈결과 분석〉

- bad 정밀도: 0.67
- bad 재현율: 0.35
- good 정밀도: 0.72
- good 재현율: 0.91

(2) CNN

- 알고리즘: CNN
- 파라미터: 디폴트

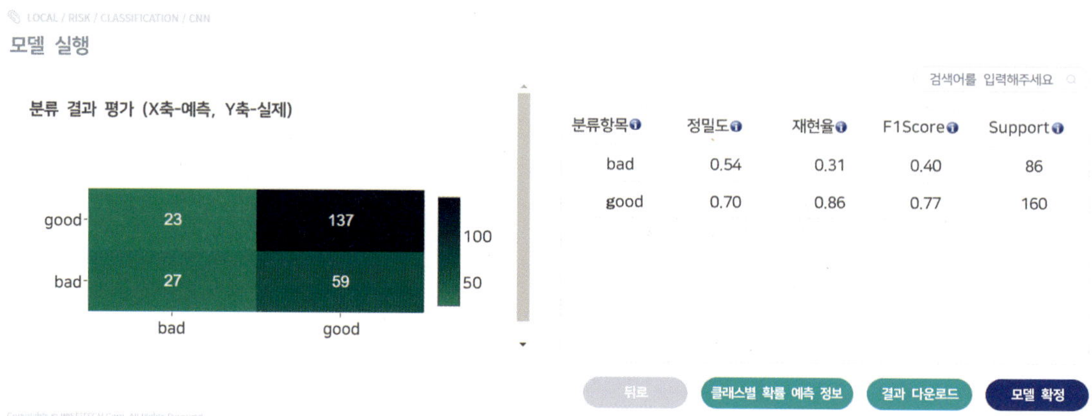

〈결과 분석〉

- bad 정밀도: 0.54
- bad 재현율: 0.31
- good 정밀도: 0.70
- good 재현율: 0.86

XGBoost 알고리즘의 실행 결과도 크게 개선되지 않고 CNN 알고리즘의 실행 결과도 크게 개선되지 않은 것을 볼 수 있다. 특히 bad에 대한 재현율은 0.31이기 때문에 여전히 개선이 필요한 상황이다.

위와 같이 WiseProphet에서 제공되는 다른 모든 알고리즘도 시도를 해보았으나 유의미한 결과는 없었다.

가장 먼저 시행한 Decision Tree, 추가적으로 시도한 XGBoost, CNN 모두 bad는 낮은 예측률, good은 상대적으로 준수한 예측률을 보이고 있다. 이 둘의 차이는 Support 값에서 알 수 있듯이 학습할 데이터 양의 차이라고 추측된다. 그러므로 데이터를 증강시키는 것이 필요해보이는 상황인데 우선 앙상블 기법을 먼저 적용해보고자 한다.

(3) 앙상블 기법

앙상블 기법은 3.1.1.2에서 자세한 설명이 있지만 요약하여 설명하면 여러 머신러닝 모델을 복합적으로 적용시켜 다양한 관점과 학습을 진행하여 조합하는 기법을 말한다.

01 WiseProphet에서 앙상블 모델을 적용하기 위해서는 알고리즘 선택 부분에서 멀티모델(앙상블)을 선택한 후 복합적으로 적용시키고자 하는 알고리즘을 선택하면 된다.

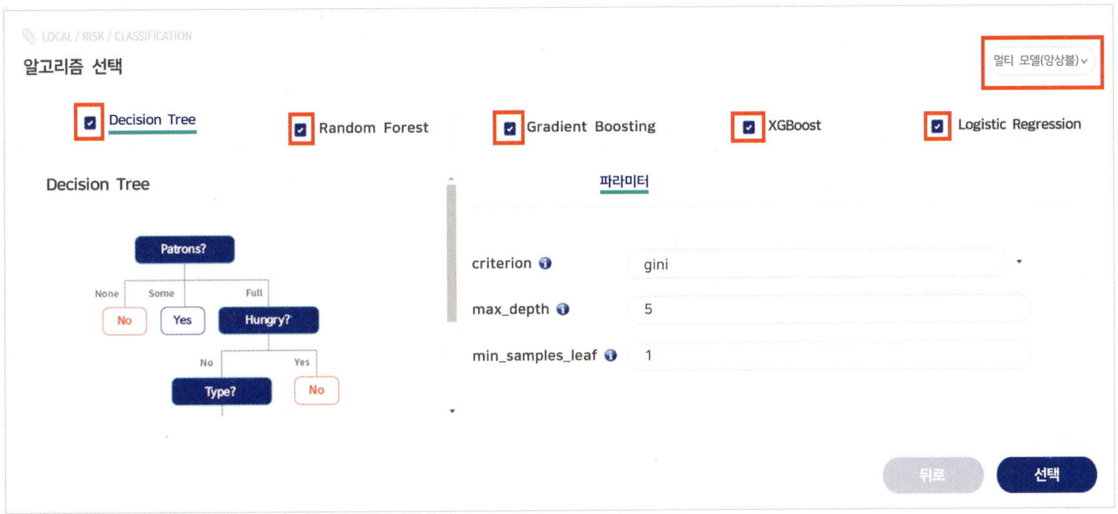

02 이렇게 앙상블 모델을 적용시킨 실행 결과는 아래와 같다.
앙상블 모델의 결과물은 good과 bad 모두 기존 Decision Tree 알고리즘에 비해 높은 정밀도를 보여주고 있으나 여전히 재현율이 낮은 것을 볼 수 있다.

분류 항목	정밀도	재현율	F1Score	Support
bad	0.533	0.313	0.393	86
good	0.697	0.850	0.767	160

03 앙상블 실행 결과에서도 bad에 대한 정밀도, 즉 bad를 bad로 예측한 결과는 0.533으로 Gradient Boosting보다도 현저하게 낮아졌고 재현율은 0.313으로 오히려 낮아진 것을 볼 수 있다.

(4) 앙상블을 위한 알고리즘별 최적화

앙상블 기법에서 최적의 성능을 얻기 위하여 각 알고리즘에 대한 하이퍼파라미터 최적화를 수행한 이후에 앙상블 기법을 처리할 수 있다. WiseProphet는 파라미터 최적화를 지원하고 있으며 아래 그림들은 각 알고리즘들에 대한 최적화 모드 실행 결과이다.

실행 결과	
알고리즘	Classification - Decision Tree
정확도 / 스코어	0.6788617886178862
데이터셋	LOCAL - 1.classification_german_credit.csv
목표변수	Risk
최적 파라미터	criterion : gini max_depth : 4 min_samples_leaf : 2

변수 영향도

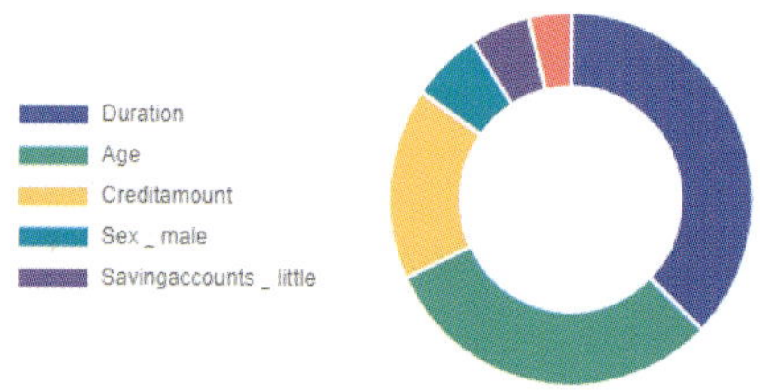

〈Decision Tree〉

실행 결과	
알고리즘	Classification - Random Forest
정확도 / 스코어	0.6869918699186992
데이터셋	LOCAL - 1.classification_german_credit.csv
목표변수	Risk
최적 파라미터	criterion : gini max_depth : 4 min_samples_leaf : 2 n_estimators : 9 random_state : 7

변수 영향도

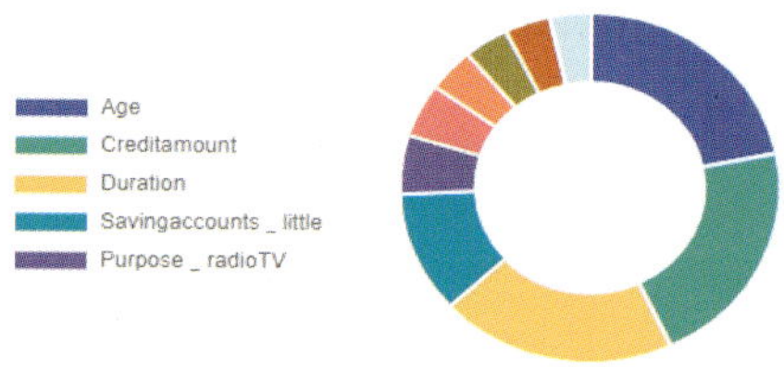

〈Random Forest〉

실행 결과	
알고리즘	Classification - Gradient Boosting
정확도 / 스코어	0.6626016260162602
데이터셋	LOCAL - 1.classification_german_credit.csv
목표변수	Risk
최적 파라미터	learning_rate : 0.25588 max_depth : 4 subsample : 0.75503

변수 영향도

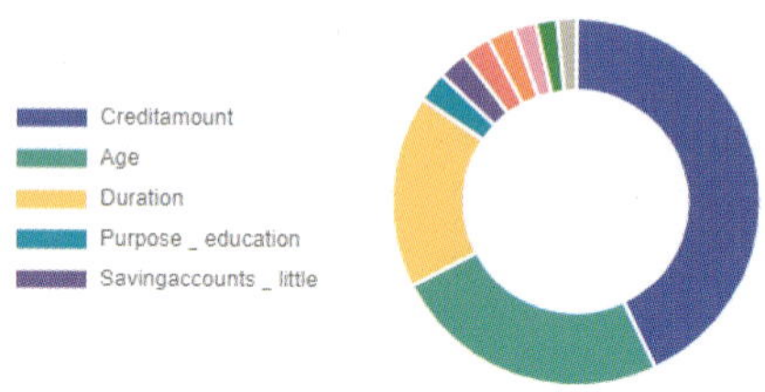

〈Gradient Boosting〉

실행 결과	
알고리즘	Classification - XGBoost
정확도 / 스코어	0.6991869918699187
데이터셋	LOCAL - 1.classification_german_credit.csv
목표변수	Risk
최적 파라미터	eta : 0.36485 gamma : 1.29275 max_depth : 2

변수 영향도

〈XGBoost〉

실행 결과	
알고리즘	Classification - Logistic Regression
정확도 / 스코어	0.7195121951219512
데이터셋	LOCAL - 1.classification_german_credit.csv
목표변수	Risk
최적 파라미터	C : 0.53531 random_state : 5

변수 영향도

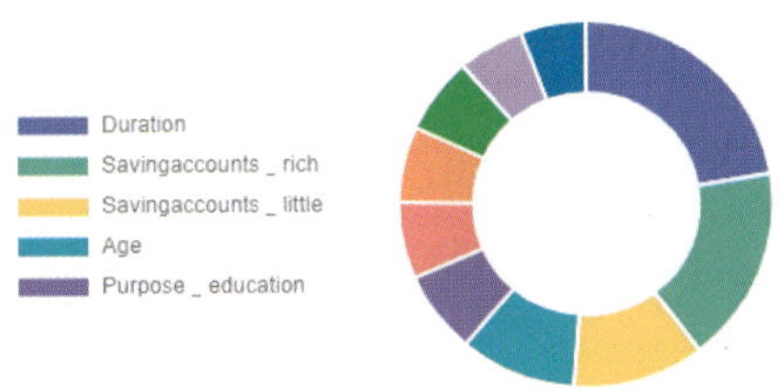

〈Logistic Regression〉

아래 결과는 위와 같이 각 알고리즘별 최적 파라미터값을 입력하여 앙상블을 수행한 결과이다.

LOCAL / RISK / CLASSIFICATION

모델 실행

분류 결과 평가 (X축-예측, Y축-실제)

분류항목	정밀도	재현율	F1Score	Support
bad	0.69	0.23	0.35	86
good	0.70	0.94	0.80	160

뒤로 | 클래스별 확률 예측 정보 | 결과 다운로드 | 모델 확정

실행 결과를 보면 각 최적 파라미터값을 설정한 5개의 알고리즘 모두 앙상블 기법으로 처리한 결과 bad 정밀도 0.69, bad 재현율 0.23으로 앙상블 사용 시 최적의 모델을 많이 사용하더라

도 성능이 향상되지는 않는 것을 확인할 수 있다.

결과적으로 앞에서 Support 결과값에서 나타난 바와 같이 bad 관련 데이터 수가 현저하게 적으므로 이를 해결하는 방법을 찾아야 할 것으로 판단된다.

3.1.2.4 학습 데이터 늘리기

앞서 다양한 알고리즘의 변화로 재현율이 개선되는 것은 한계가 있다는 것을 확인하였다. 데이터 부분을 좀 더 조사해보니 good의 데이터가 bad보다 두 배이므로 현재 1,000개인 자료를 두 배로 늘려보기로 했다.

학습 데이터를 늘리는 방법 중 가장 용이한 방법인 1,000행의 데이터를 단순 복사붙여넣기 방식으로 2,000행으로 늘렸다. 물론 정확한 데이터 증강 방법으로는 적절하지 않지만 데이터 정제과정이 모델의 성능을 개선하는 데 커다란 영향을 미친다는 것을 제시하기 위하여 단순하게 처리하였으며 아래는 이를 실현하기 위한 소스코드이다.

```
import pandas as pd
data=pd.read_csv('1. classification_german credit.csv')
data=data.set_index('Id')
data2=pd.concat([data[:700], data[:700], data[700:], data[700:]], ignore_index=True)
data2.to_csv('german_credit_2times_0.7.csv', index=False)
```

인덱스에 해당하는 id 컬럼을 사용하지 않을 것이므로 위와 같이 작성하였다. 만약 id 컬럼이 필요하다면 위 코드는 사용하면 안 된다.

이와 같이 데이터를 2,000개로 증가시킨 다음 WiseProphet에서 제공되는 알고리즘들을 실행시켜 보았다.

(1) XGBoost 알고리즘 실행 결과(데이터 수 2,000으로 증가인 경우)

- 알고리즘: XGBoost
- 최적화: True
- bad 정밀도: 0.79
- bad 재현율: 0.64

위 결과에서 지금까지 개선되지 못했던 재현율이 0.64까지 상승하였다. 아래 그림은 동일한 조건으로 3회를 실행한 결과들이고 이를 통해 학습 데이터 자체가 적은 것이 모델 성능의 원인이라고 확인할 수 있게 되었다.

분류 항목	정밀도	재현율	F1Score	Support
bad	0.87	0.77	0.82	173
good	0.88	0.94	0.91	318

〈1회차 시도〉

분류 항목	정밀도	재현율	F1Score	Support
bad	0.83	0.74	0.78	173
good	0.87	0.92	0.89	318

〈2회차 시도〉

분류 항목	정밀도	재현율	F1Score	Support
bad	0.77	0.65	0.71	173
good	0.83	0.90	0.86	318

〈3회차 시도〉

(2) CNN

마찬가지로 데이터를 증가시킨 상태에서 CNN을 실행시킨 결과는 다음과 같다.

- 알고리즘: CNN
- 파라미터: 기본값
- bad 정밀도: 0.62
- bad 재현율: 0.47

CNN 처리 결과에서는 재현율이 0.47 정도로 크게 개선되지 않았다.

CNN은 최적화 기능이 제공되지 않으므로 수동으로 파라미터를 조금씩 조정해보는 예시를 통하여 파라미터 변경에 따른 성능의 변화를 살펴보기로 한다. 이때 나머지 조건들, 즉 전처리, 데이터 분할 비율 등은 이전 처리조건과 동일하게 하였다.

- 알고리즘: CNN
- 파라미터: 32, 2, 1, Adam, 300, 32
- bad 정밀도: 0.81
- bad 재현율: 0.75

하이퍼파라미터값을 이것저것 조정해본 결과, 위의 값들에서 bad 재현율이 0.7 이상의 값이 나타나는 것을 확인하였다.

아래는 위 파라미터를 이용하여 추가적으로 더 같은 수행을 시도한 결과이다.

분류 항목	정밀도	재현율	F1Score	Support
bad	0.83	0.75	0.78	173
good	0.87	0.92	0.89	318

〈1회차 시도〉

분류 항목	정밀도	재현율	F1Score	Support
bad	0.87	0.74	0.80	173
good	0.87	0.94	0.90	318

〈2회차 시도〉

분류 항목	정밀도	재현율	F1Score	Support
bad	0.83	0.72	0.77	173
good	0.86	0.92	0.89	318

〈3회차 시도〉

본 실습에서는 WiseProphet를 이용한 분류 기법을 수행하는 방법과 모델 실행 결과에서 원하는 수준의 성능이 도출되지 않았을 경우 학습 데이터 숫자를 증가시키는 방법, 알고리즘을 다른 것을 실행시켜 보는 방법, 하이퍼파라미터를 다양하게 변경시켜 보는 방법들을 예시를 통하여 소개하였다.

물론, 본 예시에서 학습할 데이터를 단순하게 복사 붙여넣기한 수준으로 늘렸기 때문에 이번에 생성한 모델이 실용적이라고 하기 어렵다. 신뢰할 수 있는 학습 데이터를 생성하기 위해서는 데이터 증강과 같은 다소 어려운 방법들을 써야 하는데 이는 길고 복잡한 코드를 사용해야 하므로 데이터 전처리 전문가의 지원을 받는 것이 필요할 것이다.

결론적으로 본 예시에서는 bad 예측률이 낮은 것은 데이터가 부족하기 때문이라고 말할 수 있다는 점이다. 그리고 학습 데이터 부족이 원인이라면 모델의 성능을 향상시키는 방법 중 하나로 데이터 증폭(또는 증강)이라는 방법을 사용하는 것을 고려할 수 있다.

3.1.3 직원 퇴사 여부 예측 실습(HR Attrition Prediction)

'IBM HR Atrrition' 데이터는 샘플 데이터로 1,470명의 가상의 직원의 퇴사 여부(Yes, No)와 직원 정보(나이, 학력, 결혼 여부 등)와 근무 정보(근무연수, 임금, 업무 등)의 정보를 포함한 35개의 열을 가지고 있는 데이터셋이다.

직원의 퇴사는 진행 중인 비즈니스의 중단 혹은 지연을 가져올 수 있을 뿐만 아니라 새직원을 고용하고 교육하는 과정에서 비용 소모가 발생하기 때문에 기업의 입장에서는 퇴사가 예상되는 직원을 관리하고 대비하는 것이 필요하다. 그렇기 때문에 이 절에서는 가상의 HR 샘플 데이터를 통해 1,470명의 직원 정보를 기반으로 퇴사가 예측되는 직원을 예측할 수 있는 머신러닝 모델을 개발하는 것을 목적으로 WiseProphet 실습을 진행한다.

아울러, 본 실습에서는 35개의 많은 변수를 분석에 활용해야 하는 데이터로 전처리 과정에서 범주형 변수와 연속형 변수의 분포를 파악하고 변수에 대한 사전 지식을 기반으로 이상치를 점검해보는 것도 배울 수 있도록 한다.

아래는 데이터셋을 다운로드할 수 있는 사이트와 변수들에 대한 설명이다.

- 데이터셋: https://www.kaggle.com/pavansubhasht/ibm-hr-analytics-attrition-dataset
- 변수 설명

표 3-8 HR 데이터셋 변수 설명

변수	설명
Age	나이, Numeric
Attrition	이직 여부, Categorial(No, Yes)
BusunessTravel	출장 여부, Categorial(Non-Travel, Travel_Frequently, Travel_Rarely)
DailyRate	Numeric
Department	근무 부서, Categorial(Human Resources, Research&Development, Sales)
DistanceFromHome	근무지와 거주지 사이 거리, Numeric
Education	근로자 학력, Categorial(1~5) (1 'Below College', 2 'College', 3 'Bachelor', 4 'Master', 5 'Doctor)
EducationField	전공, Categorial(Human Resources, Life Sciences, Marketing, Medical, Other, Technical Degree)
EmployeeCount	only 1
EmployeeNumber	직원 넘버, 개별 상이
Enviorment Satisfaction	환경 만족도, Numeric(1~4)(1 'Low', 2 'Medium', 3 'High', 4 'Very High')
Gender	성별, Categorical(Female, Male)
HourlyRate	시간당 임금, Numeric, 30~100
JobInvolvement	직무수행 수준, Numeric(1~4)(1 'Low', 2 'Medium', 3 'High', 4 'Very High')
JobLevel	직무 수준, Numeric(1~5)
JobRole	직무 역할, Categorial(Healthcare Representative/Human Resources, LaboatoryTechnician/Manager/ManufacturingDirector, Research Director/Research Scientist/Sales Executive, Sales Representative
JobSatisfaction	직무 만족도, Numeric(1~4)(1 'Low', 2 'Medium', 3 'High', 4 'Very High')
MaritalStatus	결혼 상태, Categorial(Divorced, Married, Single)
MonthlyIncome	월평균 임금, Numeric
MonthlyRate	월세, Numeric

NumCompainesWorked	일했던 회사 수, 0~9
Over18	only Y
OverTime	초과근무 여부, Categical(No, Yes)
PercentSalaryHike	임금상승 비율, Numeric(11~25)
PerformanceRating	직무 평가 Numeric(3, 4)(3 'Excellent', 4 'Outstanding')
RelationshipSatisfaction	직장 내 관계 만족도, Numeric(1~4)(1 'Low', 2 'Medium', 3 'High', 4 'Very High')
StandardHours	only 80
StockOptionLevel	스톡옵션 수준, Numeric(0~3)
TotalWorkingYears	총 근무연수, Numeric(0~40)
TrainingTimesLastYears	전년도 훈련 시간, Numeric(0~6)
WorkLifeBalance	직장과 외부 사이 소비시간 수준, Numeric(1~4) (1 'Bad', 2 'Good', 3 'Better', 4 'Best')
YearsAtCompany	총 근무연도, Numeric(0~40)
YearsInCurrentRole	현재 직무에서 근무연도, Numeric(0~18)
YearsSinceLastPromotion	지난 승진 이후 지난 연도, Numeric(0~15)
YearsWithCurrManager	현재 매니저와 근무한 기간, Numeric(0~17)

3.1.3.1 Kaggle HR 데이터 탐색 및 전처리

01 HR Attrition 데이터셋을 WiseProphet에 로딩하였다.
변수가 35개나 되기 때문에 가장 먼저 변수 중 퇴사 여부를 예측할 때 불필요한 변수라고 판단한 변수인 'EmployeeCount', 'EmployeeNumber', 'Over18', 'StandardHours'의 '사용'을 클릭하여 비활성화하였다. 아래는 불필요한 변수라고 판단한 이유를 설명한 것이다.

❶ EmployeeCount: 오직 1만을 갖고 있는 변수로 분석에서 분별력이 없기에 불필요 삭제
❷ EmployeeNumber: 직원별로 모두 상이하기 때문에 분석에서 분별력이 없기에 불필요하여 삭제
❸ Over18: 모든 직원이 18세 이상이므로 분별력이 없어 삭제
❹ StandardHours: 모든 직원의 표준 업무시간은 80으로 분석에서 변별력이 없어 불필요하여 삭제

02 'Education'은 해당 직원의 학력 정도를 나타내는 변수로 (1 'Below College', 2 'College', 3 'Bachelor', 4 'Master', 5 'Doctor) 의미한다. [표 3-8]의 변수에 대한 설명에서 Education은 Categorical이었으나 WiseProphet에서 로딩할 때 Numeric의 형태로 초기 입력되었기 때문에 분석자의 판단으로 Categorical로 변경하고자 하였다.

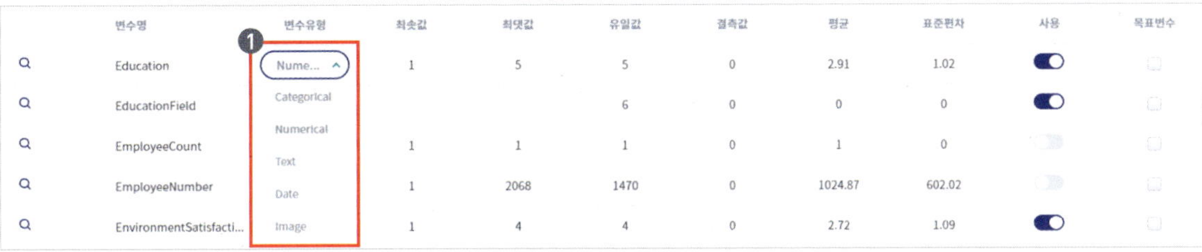

변수명	변수유형	최솟값	최댓값	유일값	결측값	평균	표준편차	사용	목표변수
Education	Nume...	1	5	5	0	2.91	1.02		
EducationField				6	0	0	0		
EmployeeCount		1	1	1	0	1	0		
EmployeeNumber		1	2068	1470	0	1024.87	602.02		
EnvironmentSatisfacti...		1	4	4	0	2.72	1.09		

❶ 변수 유형 열의 Numeric을 클릭한 후 Categorical을 클릭하여 선택함으로써 'Education'의 변수 유형을 변경한다.

03 이전 단계들에서는 사전에 알고 있던 데이터셋에 대한 이해를 기반으로 변수를 정리하였으며 지금은 통계적 방법을 통해 데이터셋을 정리하고자 하였다.

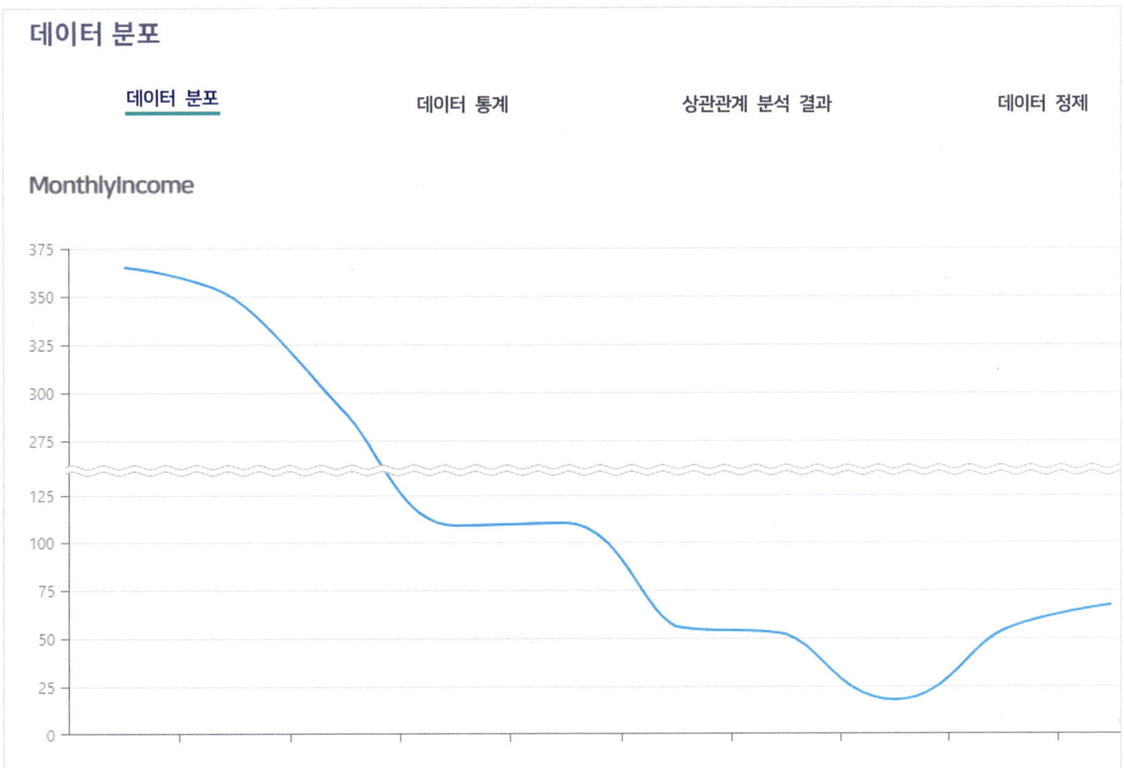

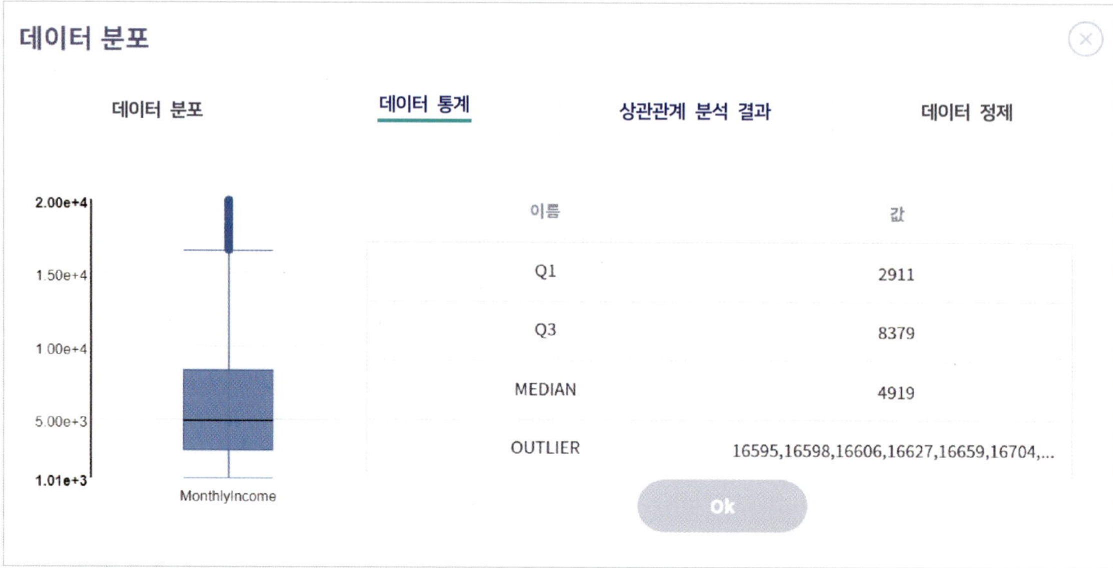

• 가장 먼저 연속형 변수의 왼편의 돋보기 기능을 클릭하여 변수의 분포와 사분위수를 기반으로 데이터 통계를 확인하였다.

• 사분위수 기반의 데이터 통계에서 'MonthlyIncome', 'TotalWorkingYears', 'YearsAtCompany', 'YearsInCurrentRole', 'YearsWithCurrManager'은 알고리즘이 판단하기에 이상치(outlier)가 존재하였으나, 실제로 가능한 케이스라고 사용자가 판단할 경우 데이터 정제를 하지 않고 그대로 사용하도록 별다른 처리를 하지 않아도 된다.

04 이전 단계에서 연속형 변수의 분포와 데이터 통계를 확인하였다면 지금은 범주형 단계의 히스토그램 기반의 분포 시각화 결과와 범주형 변수 간의 연관성을 파악할 수 있는 교차 분석 결과를 확인하고자 하였다.

• 연속형 변수와 마찬가지로 변수명의 왼편에 있는 돋보기 기능을 클릭하여 확인할 수 있다.

• 범주형 변수의 교차 분석을 통해 0.95 이상의 유의도를 가지면 유의미한 연관관계가 있다고 할 수 있으며 목표변수인 'Attrition'과 출장 빈도, 부서, 전공 분야, 직무 역할, 결혼 여부, 초과근무 여부는 연관관계가 존재하였다.

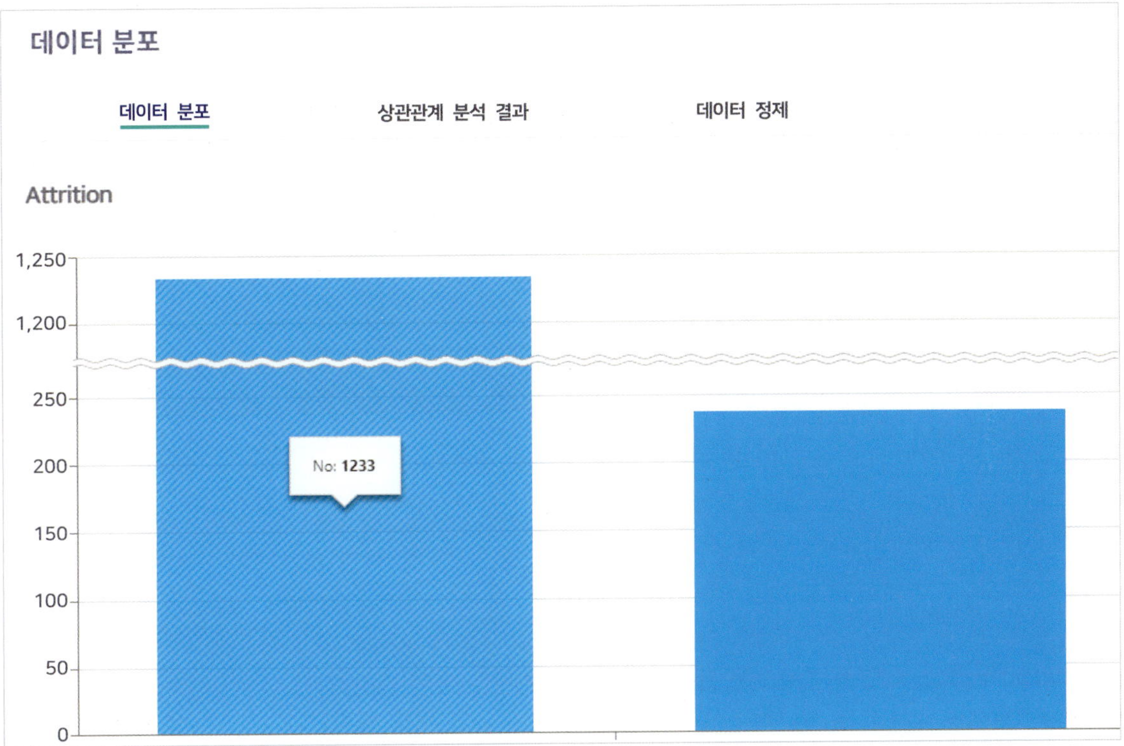
데이터 분포
데이터 분포
상관관계 분석 결과
데이터 정제
Attrition
1,250
1,200
250
200
150
100
50
0
No: 1233

데이터 분포
데이터 분포
상관관계 분석 결과
데이터 정제
* 0.95 이상: Attrition 변수와 유의미한 연관이 있음
1.0
0.9
0.8
0.7
0.6
0.5
0.4
0
1-pvalue
BusinessTravel
Department
Education
EducationField
Gender
JobRole
MaritalStatus
Over18
OverTime
확인

이와 같은 통계를 이용해서 전처리 과정에서 이상치 제거, 상관관계가 낮은 속성의 존재유무를 파악하고 이에 대한 적절한 처리를 수행할지 여부를 결정하게 된다.

05 데이터셋에 대한 사전 지식을 기반으로 사용 데이터에 대한 정리와 연속형의 이상치 점검과 처리에 대한 의사결정, 범주형 데이터에 대한 연관성 파악 등의 데이터 탐색과 데이터 전처리를 완료한 후 특징을 선택하고 알고리즘을 선택하기 위해 목표변수를 설정하고 다음 단계로 진행한다.

	변수명	변수유형	최솟값	최댓값	유일값	중복값	결측값	평균	표준편차	사용	목표변수
Q	Age	Nu...	18	60	43	1427	0	36.92	9.14		
Q	Attrition	Cat...			2	1468	0	0	0		❶ ☑
Q	BusinessTravel	Cat...			3	1467	0	0	0		
Q	DailyRate	Nu...	102	1499	886	584	0	802.49	403.51		
Q	Department	Cat...			3	1467	0	0	0		
Q	DistanceFromHome	Nu...	1	29	29	1441	0	9.19	8.11		

데이터 초기화 | 뒤로 | ❷ 선택

❶ Attrition '목표변수' 열을 클릭하여 활성하였다.
❷ 데이터 탐색을 마무리 한 후 특징 선택으로 넘어가기 위해 선택을 클릭한다.

3.1.3.2 Kaggle HR 데이터 특징 선택과 모델 학습

특징 선택 단계는 머신러닝 알고리즘을 선택 전 Extra Tree 기반의 변수 중요도 추출된 결과를 토대로 머신러닝 알고리즘에 사용할 특징을 선별적으로 사용할 수 있는 단계이다.

이 단계에서는 모든 범주형 변수는 더미(dummy)변수로 정리되는 것을 확인할 수 있다.

01 변수를 선택하는 데에 있어 분석자가 특징을 고려하여 직접 사용을 클릭함으로써 활성화 또는 비활성화를 선택할 수 있다. 예를 들어, 상관 분석 결과에서 목표변수와 상관관계가 높은 변수들과 상대적으로 상관관계가 낮지만 분석자가 중요한 변수하고 생각되는 변수를 선택하고 나머지 변수를 제거하는 방법이다. 또한 중요도 숫자범위를 설정하여 일정 중요도보다 작은 특징들을 제거할 수도 있다.

❶ 변수 추가를 클릭하여 분석자가 임의로 중요하다고 판단하는 변수들을 수작업으로 설정할 수도 있지만 본 예제에서는 '변수 제거'를 클릭하여 중요도 범위를 설정하여 제외하기로 하고
❷ 본 예제에서는 '0.001'보다 작은 중요도를 가졌을 경우는 제외되도록 입력하였고
❸ 중요도가 0.001 이하인 특징들이 제거된 것을 확인할 수 있다.
❹ 특징 선택을 완료 후 '선택'을 클릭하여 알고리즘 선택 단계로 넘어간다.

02 실습의 목표변수인 'Attrition'은 직원 이탈 여부를 의미하는 범주형 변수이기 때문에 WiseProphet에서는 분류 알고리즘을 활성화시켜주는 것을 확인할 수 있다.

직원의 'Attrition'을 예측하는 머신러닝 모델 실습에서는 WiseProphet에서 제공하는 여러 가지 알고리즘 중에서 둘 이상의 범주(집단)로 선형 결합에서 자연로그의 비선형성을 이용하여 0과 1의 분류의 문제를 확률적으로 예측하는 방법인 로지스틱 방법을 선택하였고 세부적인 파라미터값은 디폴트값으로 진행하였다.

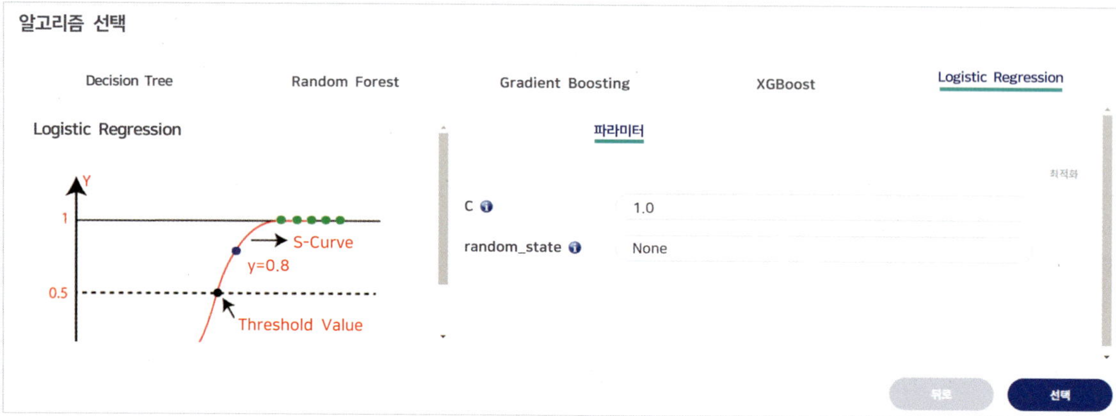

이후 최종적인 모델의 실행 결과에서 재현율 등 성능이 원하는 수준으로 나오지 않으면 파라미터를 최적화하는 시도와 다른 알고리즘들을 선택하여 동일한 절차로 실행해볼 수 있고 앙상블 기법 또한 시도하면 된다. 이에 대한 자세한 예시는 3.1.2에서 제시하였다.

03 예측 모델 알고리즘을 선택한 후 모델 구축을 위한 훈련/검증 데이터 비율 설정과 교차 검증 방법을 설정하였다.

검증 데이터 분할 비율은 모델 훈련 데이터와 검증용 데이터 비율을 설정하는 것으로 가장 일반적인 검증 데이터 비율을 30%로 설정하였고 교차 검증 폴드를 통해 70%에 해당하는 훈련용 데이터를 무작위로 5개의 집단으로 설정하여 모델 학습하여 종합하도록 하였다.

04 알고리즘과 학습 방법에 대해 설정이 완료된 후 모델이 학습되면 학습된 모델에 대하여 분석 결과를 확인할 수 있다.

HR Attrition을 로지스틱 회귀 분석을 통해 예측 분석한 결과 직원 퇴사를 의미하는 'Attrition=Yes'를 기준으로 실제 퇴사자 중 퇴사로 예측한 비율을 의미하는 정밀도는 0.7, 퇴사를 예측한 데이터 중 실제 퇴사인 비율을 의미하는 재현율은 0.42였다.

1,470명의 데이터 중 퇴사한 직원은 257명으로 약 18%의 비율에서 퇴사자 예측 정밀도 0.7, 재현율 0.42로 어느 정도의 좋은 예측력을 가진 예측 모델이라고 볼 수 있다. 하지만 재현율은 0.5 이하이므로 WiseProphet에서 제공하는 앙상블 기법이나 다른 알고리즘으로 재시도 해볼 필요가 있고, 이외에도 이상치 처리나 변수 선택 혹은 파라미터 재설정과 같은 3.1.2의 다양한 시도를 통하여 성능 개선을 시도할 수 있다.

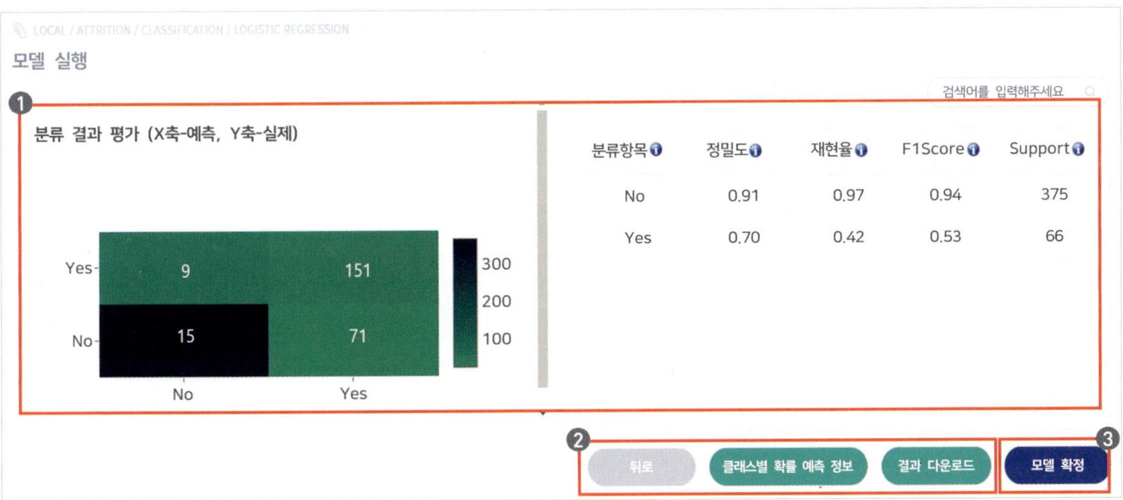

위 그림의 번호 부분에 대한 설명은 아래와 같다.

❶ 분류 결과를 시각적 혼동행렬(Confusionmatrix), 지표(정밀도, 재현율, F1Score) 등으로 확인 가능

❷ 산출된 결과를 다운로드하여 확인 가능

❸ 분석된 모델을 반복 사용 및 관리를 위해 확정

05 로지스틱 회귀 분석을 통해 데이터(직원별로)를 예측한 결과를 엑셀 파일로 다운로드받아 확인할 수 있다.

AU3

	AE	AF	AG	AH	AI	AJ	AK	AL	AM	AN	AO	AP	AQ	AR	AS	AT
1	MonthlyR	NumComp	OverTime	OverTime	PercentSal	Relationsh	StockOpti	TotalWork	TrainingTi	WorkLifeB	YearsAtCo	YearsInCu	YearsSince	YearsWith	predict_y	real_y ❶
2	7551	0	0	1	16	4	0	3	5	3	2	2	2	2	No	No
3	3687	2	1	0	19	2	2	10	2	3	0	0	0	0	No	No
4	12853	2	0	1	11	4	1	29	2	2	8	1	7	7	No	No
5	18115	1	0	1	16	3	1	20	3	3	20	11	0	7	No	No
6	22495	3	0	1	13	3	1	10	3	3	7	7	1	7	No	No
7	14630	1	1	0	13	3	0	2	3	3	2	2	2	2	Yes	Yes
8	4051	9	0	1	13	4	1	8	4	3	4	3	0	2	No	No
9	4605	1	0	1	15	2	1	7	3	4	7	7	5	6	No	Yes
10	6527	8	1	0	14	2	1	5	4	3	1	0	0	0	No	No
11	11135	9	1	0	12	2	0	10	2	3	8	7	7	7	No	No
12	13888	5	1	0	20	2	3	15	0	3	12	11	11	8	No	No
13	15480	0	1	0	13	1	1	8	2	4	7	7	0	7	No	No

❶ 행(직원 데이터)별로 예측(predict)값과 실제(real)값 결과를 확인할 수 있다.

3.1.4 유효수명을 이용한 엔진 고장 유무 예측 실습 (NASA Turbofan Engine RUL Prediction Maintenance)

'NASA Turbofan Jet Engine RUL' 데이터는 엔진 장치 번호, 주기 단위 시간, 작동 설정, 센서 판독값 등의 정보를 포함하는 다변수 시계열로 구성된 데이터셋이다.

3.1.5에서는 터보팬 엔진의 Run-to-Failure 데이터셋을 기준으로 엔진의 남은 유효 수명(RUL)을 통한 고장을 분류 예측할 수 있는 머신러닝 모델을 구축하는 것을 목적으로 WiseProphet 실습을 진행한다.

아래 사이트는 데이터셋을 다운로드할 수 있는 곳이며 아래 표는 데이터에 대한 설명이다.

- 데이터셋: https://www.kaggle.com/behrad3d/nasa-cmaps
- 변수 설명

▌표 3-9▐ NASA Turbofan Engine 데이터셋 설명

변수	설명
id	엔진 장치 번호, Numeric
cycle	주기 단위 시간, Numeric
op1	작동 설정(operational setting 1), Numeric
op2	작동 설정(operational setting 2), Numeric
op3	작동 설정(operational setting 3), Numeric
sensor1	1번센서 판독값(sensor measurement 1), Numeric
sensor2	2번센서 판독값(sensor measurement 2), Numeric
sensor3	3번센서 판독값(sensor measurement 3), Numeric
sensor4	4번센서 판독값(sensor measurement 4), Numeric
sensor5	5번센서 판독값(sensor measurement 5), Numeric
sensor6	6번센서 판독값(sensor measurement 6), Numeric
sensor7	7번센서 판독값(sensor measurement 7), Numeric
sensor8	8번센서 판독값(sensor measurement 8), Numeric
sensor9	9번센서 판독값(sensor measurement 9), Numeric
sensor10	10번센서 판독값(sensor measurement 10), Numeric
sensor11	11번센서 판독값(sensor measurement 11), Numeric
sensor12	12번센서 판독값(sensor measurement 12), Numeric
sensor13	13번센서 판독값(sensor measurement 13), Numeric
sensor14	14번센서 판독값(sensor measurement 14), Numeric
sensor15	15번센서 판독값(sensor measurement 15), Numeric
sensor16	16번센서 판독값(sensor measurement 16), Numeric
sensor17	17번센서 판독값(sensor measurement 17), Numeric
sensor18	18번센서 판독값(sensor measurement 18), Numeric
sensor19	19번센서 판독값(sensor measurement 19), Numeric
sensor20	20번센서 판독값(sensor measurement 20), Numeric
sensor21	21번센서 판독값(sensor measurement 21), Numeric
remaining_cycle	유효 수명(RUL)과 cycle을 이용한 파생변수로 잔존하는 유효한 사이클의 횟수를 의미, Numeric
label(종속변수)	엔진의 고장 유무, Categorical (0 – 정상, 1 – 고장)

3.1.4.1 Kaggle 엔진 RUL 예측 데이터 탐색 및 전처리

01 'NASA Turbofan Jet Engine RUL' 예측 데이터를 WiseProphet에 로딩하였다. 데이터에 대한 기본적인 정보는 아래 그림의 ❶에서 확인할 수 있고 결측값과 중복값은 없었으며 28개 변수에 대해 20,631개의 데이터가 존재한다.

❷ 'id'는 엔진을 구별하기 위한 변수로 실제 분석에서 사용될 필요가 없어 사용을 비활성화하기 위해 ❸과 같이 사용을 클릭하여 비활성화하였다.

02 연속형 변수의 데이터 분포와 데이터 통계를 확인하기 위하여 'remaining_cycle' 변수명의 돋보기 기능을 클릭하여 데이터 분포를 확인하였다.

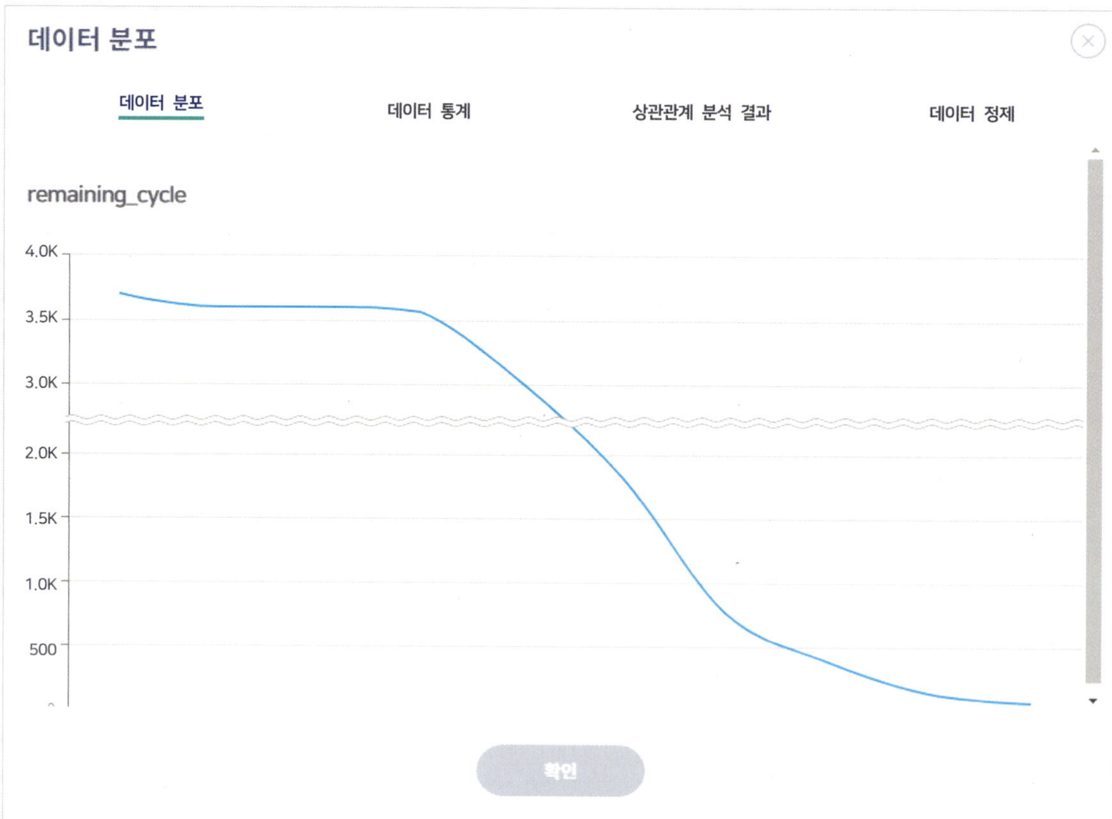

위 그림에서 이상치들이 있기는 하지만 엔진의 수명을 예측함에 있어 이상치로 보여지는 값들도 모두 의미가 있다고 판단되기 때문에 이상값 설정 없이 분석을 진행하기로 하였다.

03 물론 중복값, 결측값, 이상값에 대해 정제가 필요할 경우 앞의 예제에서 제시한 바와 같은 방법으로 ❶, ❷와 같이 사용과 제거를 클릭하여 활성화한다.

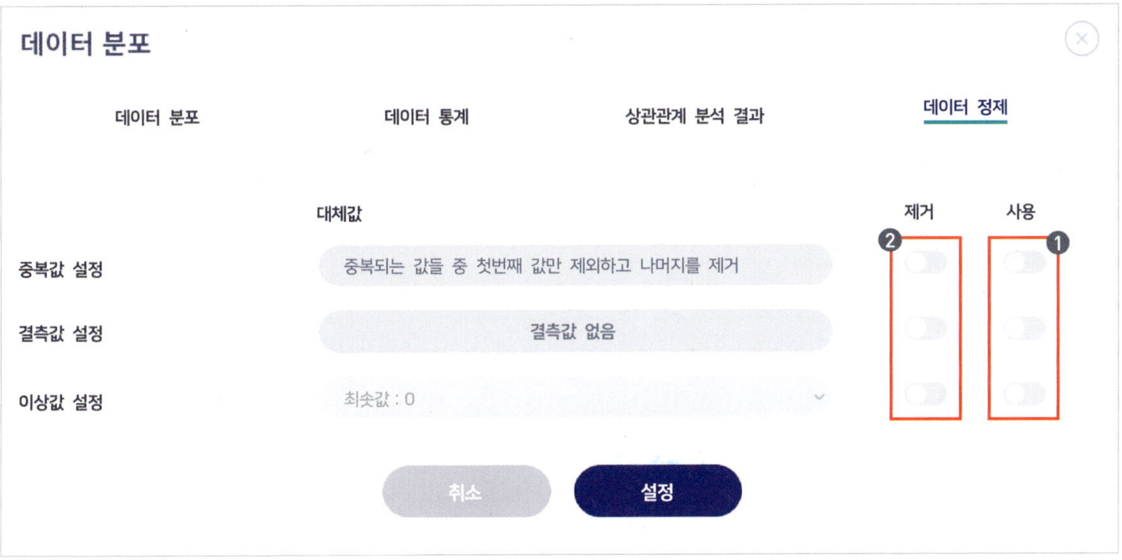

04 본 예제의 'NASA Turbofan Jet Engine RUL' 예측 데이터의 경우 목표변수를 제외한 모든 변수가 연속형 변수이면서 그 범위가 상이하기 때문에 범위를 맞추고자 MinMax Scale을 선택하여 최솟값과 최댓값을 기준으로 정규화하는 작업을 실시하였다. 나머지 스케일에 대한 설명은 앞절의 설명을 참고하면 된다.
엔진 데이터 예제에서 종속변수로써 사용되는 label은 고장 유무를 의미하는 'Categorical' 변수이지만 'Numeric'으로 초기 입력되어 다음과 같이 변수의 형태를 'Categorical'로 변경하였다.

05 데이터 탐색 및 사용변수에 대한 정리, 이상치에 대한 점검이 완료되어 ❶번과 같이 목표변수인 'label'을 선택하였다. 그 후 ❷ '선택'을 클릭하여 특징 선택 단계로 진입하였다.

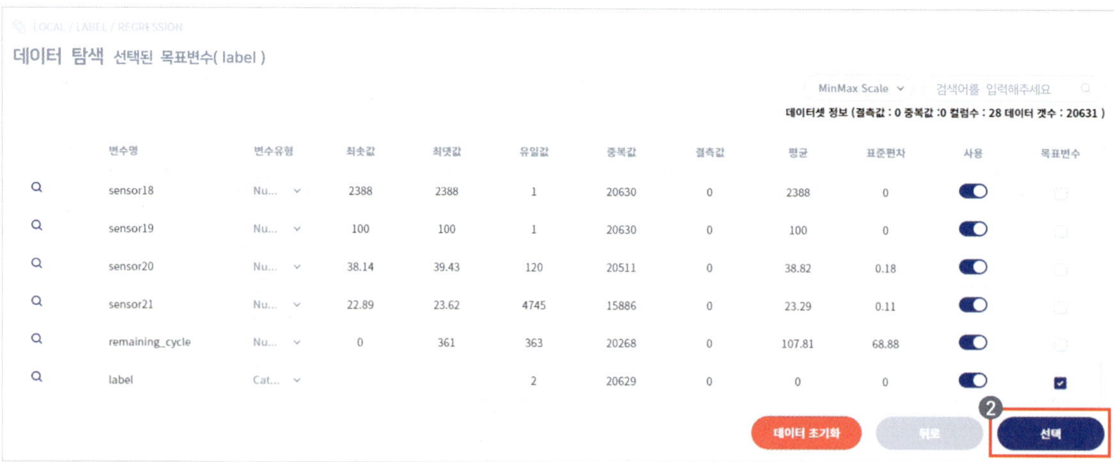

3.1.4.2 Kaggle 엔진 RUL 예측 데이터 특징 선택과 모델 학습

특징 선택에서는 초기 입력되었던 28개의 변수 중에서 불필요한 변수와 목표변수가 제거된 후 26개의 연속형 변수들이 목표변수인 'label'을 예측하는데 얼마나 역할을 하고 있는지를 설명하고 있는 것으로 가장 큰 영향을 미치는 것은 'remaining_cycle4' 변수였으며 sensor11, sensor15, sensor4 등의 변수가 목표변수를 예측하는데 중요한 변수로 역할하고 있었다.

01 ❶은 연속형 변수에 대한 상관관계를 확인할 수 있는 것으로 목표변수를 제외한 모든 변수가 연속형 변수이기 때문에 상관관계를 확인하고자 하였다. 이때 상관관계는 앞서 데이터 탐색 단계에서 정리된 변수들을 기준으로 분석된다.

02 상관관계 분석을 화면을 보면 변수 간의 상관관계가 높을수록 붉은색으로, 낮을수록 파란색으로 표시되며 상관관계 분석을 통해 변수 간에 상관도가 높은 변수들이 있고 해당 변수들이 Extra Tree를 통해 분석한 중요도가 높은 변수들임을 확인할 수 있다. 해당 데이터의 경우 센서별로 데이터가 모두 0인 부분은 상관관계가 표시되지 않는 것을 확인할 수 있었다.

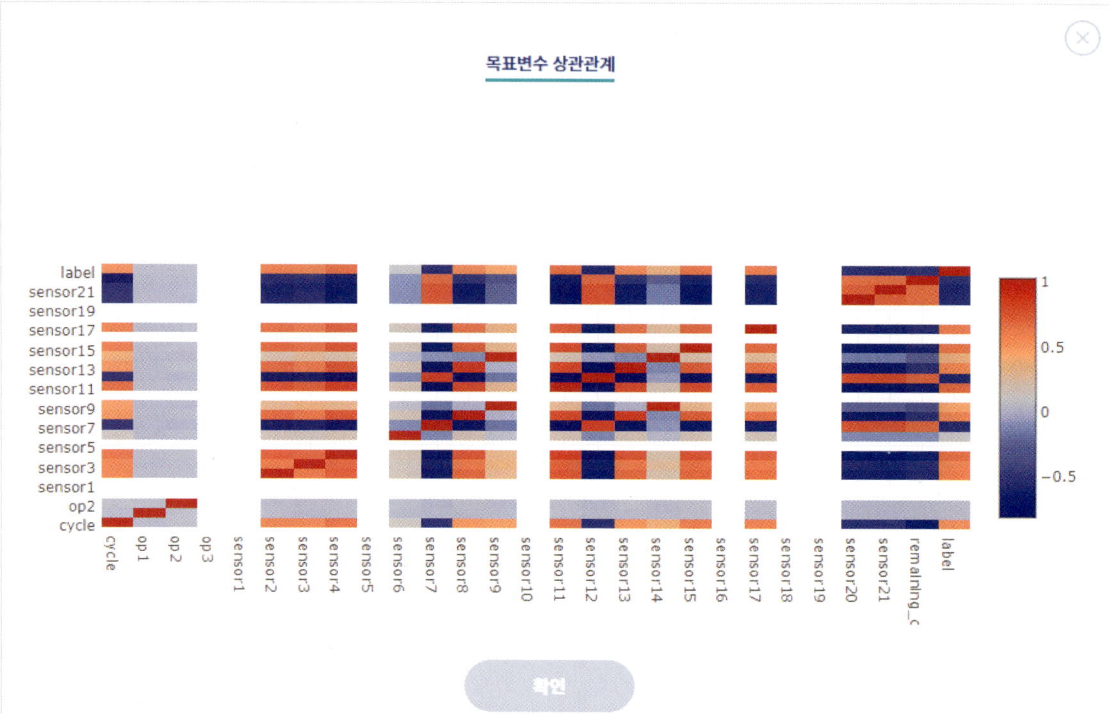

03 특징 선택을 완료한 후 목표변수인 'label'에 맞춰 WiseProphet은 분류 모델을 자동적으로 활성화시킨 것을 확인할 수 있다.

이번 실습에서는 고장예측 여부를 판단하고자 하는 것이므로 로지스틱 회귀 분석(Logistic Regression)을 선택하였다. 로지스틱 회귀 분석은 둘 이상의 범주(집단)로 선형 결합에서 자연로그의 비선형성을 이용하여 0과 1의 분류의 문제를 확률적으로 예측하는 방법으로 본 예제에서 파라미터는 디폴트값이 아닌 최적화 방법을 선택하여 실행하였다.

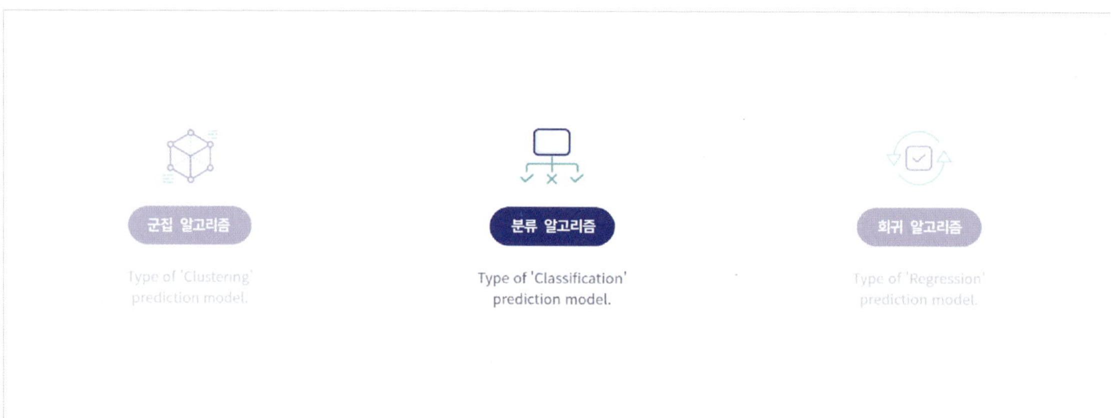

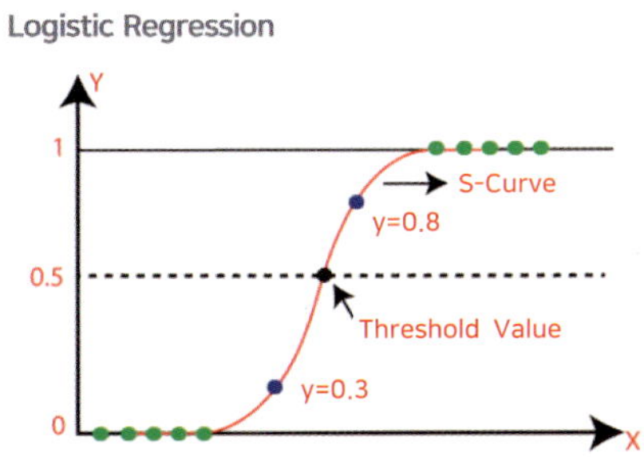

❶ 파라미터 최적화는 파라미터값 구간을 정해 여러 번 시행해보는 방법으로 모델 실행 시간은 증가하겠지만 반복적 실행을 통해 자동적으로 가장 좋은 성능을 가진 모델을 개발하는 것을 지원할 수 있다.

04 알고리즘과 파라미터 설정 후 검증 데이터 비율 설정으로 넘어가면 기존과 다른 것을 확인할 수 있다. 이는 전 단계에서 파라미터를 최적화 방법으로 모델을 여러 번 실행시키기 때문에 교차 검증을 하지 못하기 때문에 학습-평가 데이터 분할만이 가능한 것을 확인할 수 있다.

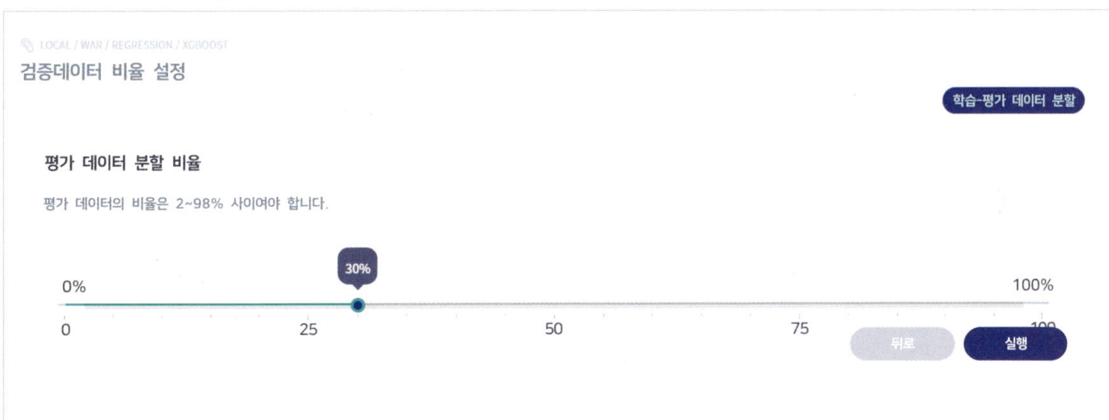

이번 실습에서도 마찬가지로 학습과 검증 데이터 비율을 70:30으로 설정하기 위해 평가 데이터 분할 비율을 30으로 설정하였다.

05 알고리즘과 학습 방법에 대해 설정이 완료된 후 모델이 학습되면 학습된 모델에 대하여 분석 결과를 확인할 수 있다. 예측 분석한 결과 고장의 유무를 의미하는 label을 기준으로 실제 고장 중 고장으로 예측한 비율을 의미하는 정밀도는 0.93, 고장을 예측한 데이터 중 실제 고장 비율을 의미하는 재현율은 0.89로 우수한 성능을 보이고 있다.

❶ 분류 결과를 시각적 혼동행렬(Confusionmatrix), 지표(정밀도, 재현율, F1Score) 등으로 확인 가능
❷ 산출된 결과를 다운로드하여 확인 가능
❸ 분석된 모델을 반복 사용 및 관리를 위해 확정

06 예측 결과를 CSV 파일을 다운로드받아 확인하여 예측값과 실제값을 확인할 수 있었다.

	L	M	N	O	P	Q	R	S	T	U	V	W	X	Y	Z	AA	AB
r14	sensor15	sensor16	sensor17	sensor18	sensor19	sensor2	sensor20	sensor21	sensor3	sensor4	sensor5	sensor6	sensor7	sensor8	sensor9	predict_y	real_y
6.44	8.45	0.03	395	2388	100	642.84	38.76	23.2	1597.16	1419.2	14.62	21.61	552.3	2388.17	9073.47	0	0
4.95	8.42	0.03	393	2388	100	642.58	38.86	23.34	1583.31	1409.23	14.62	21.61	553.89	2388.06	9063.08	0	0
4.49	8.47	0.03	396	2388	100	644.07	38.37	23.11	1598.2	1431.62	14.62	21.61	551.45	2388.32	9060.28	1	1
2.24	8.45	0.03	392	2388	100	642.21	38.87	23.16	1583.26	1404.96	14.62	21.61	553.73	2388.06	9057.14	0	0
5.59	8.44	0.03	392	2388	100	642.78	38.73	23.32	1595.17	1407.74	14.62	21.61	552.67	2388.04	9064.99	0	0
0.32	8.39	0.03	391	2388	100	641.94	39.1	23.46	1581.31	1393.91	14.62	21.61	554.58	2388	9057.31	0	0
7.22	8.47	0.03	393	2388	100	642.61	38.85	23.27	1592.31	1406.91	14.62	21.61	553.12	2388.14	9065.68	0	0
5.68	8.45	0.03	391	2388	100	642.32	38.98	23.35	1585.56	1401.31	14.62	21.61	553.46	2388.07	9053.06	0	0
9.68	8.42	0.03	392	2388	100	643.05	38.76	23.34	1596.45	1402.53	14.62	21.61	553.77	2388.08	9122.91	0	0
1.68	8.45	0.03	394	2388	100	643.3	38.94	23.38	1601.08	1406.85	14.62	21.61	553.68	2388.1	9056.81	0	0
2.83	8.47	0.03	393	2388	100	642.66	38.89	23.34	1590.75	1415.82	14.62	21.61	553.65	2388.11	9044.88	0	0

3.1.5 MNIST 숫자 손글씨 인식 실습

MNIST는 인공지능 연구의 권위자 중 한 명인 LeCun 교수가 만든 데이터셋으로 딥러닝 학습 과정에서 보편적으로 많이 사용되고 있는 데이터셋 중의 하나이다. MNIST 데이터셋의 구성은 28×28pixel에서 숫자 0~9까지의 손글씨가 0~255(0에 가까울수록 하얀색, 255에 가까울수록 검은색)까지의 잉크값을 나타내고 있는 훈련용은 60,000개, 검증용은 10,000개의 데이터셋이다.

본 실습에서는 WiseProphet이 제공하고 있는 CNN 알고리즘을 활용하여 MNIST test 데이터를 분석하고자 한다.

- 데이터셋: https://www.kaggle.com/oddrationale/mnist-in-csv(실습에서는 10,000개의 row를 가진 test 데이터를 이용하여 실습)

3.1.5.1 MNIST 데이터 확인, 탐색 및 전처리

01 MNIST 데이터 Kaggle 주소에서 test 데이터를 다운로드받아 확인하면 맨 왼편에는 손글씨 숫자를 확인할 수 있고 1~28X1~28pixel의 0~255까지의 잉크값을 확인할 수 있다.

	A	B	C	AB	AC	AD	AE	CQ	CR	CS	CT	CU	ADB	ADC	ADD	ADE
1	label	1x1	1x2	1x27	1x28	2x1	2x2	4x10	4x11	4x12	4x13	4x14	28x25	28x26	28x27	28x28
2	7	0	0	0	0	0	0	0	0	0	0	0	0	0	0	0
3	2	0	0	0	0	0	0	0	116	125	171	255	0	0	0	0
4	1	0	0	0	0	0	0	0	0	0	0	0	0	0	0	0
13	6	0	0	0	0	0	0	0	7	204	253	176	0	0	0	0
23	6	0	0	0	0	0	0	0	0	0	49	180	0	0	0	0
24	6	0	0	0	0	0	0	114	255	57	0	0	0	0	0	0
48	1	0	0	0	0	0	0	0	0	0	0	0	0	0	0	0
49	2	0	0	0	0	0	0	222	83	68	74	186	0	0	0	0
50	4	0	0	0	0	0	0	0	0	0	0	0	0	0	0	0

실습에 앞서 이미지 정보가 CSV, XLSX 형식으로 저장된 것에 익숙하지 않을 수 있는 실습자들을 고려하여 Python을 이용하여 MNIST의 한 부분을 이미지 형식으로 출력하도록 하겠다.[2)]

02 수치화된 이미지 데이터가 익숙하지 않은 실습자들을 위해 Python을 활용하여 첫 행의 손글씨를 시각화하면 다음과 같이 7이라는 숫자를 확인할 수 있다.

전체 Python 코드:
https://colab.research.google.com/drive/1oNtJzPGPteddhZNjpMaYTFM1ENG_tuCy?usp=sharing
(WiseProphet 클라우드를 통해 확인 가능)

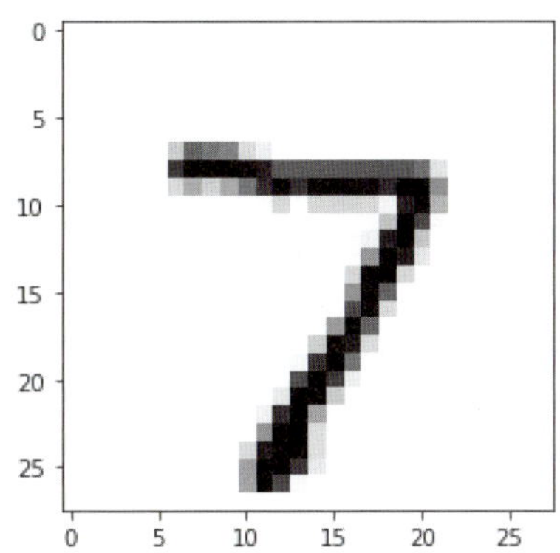

03 ❶ MNIST 데이터셋을 로딩하면 785개의 열(1 label, 784 pixel), 10,000개의 숫자 데이터로 이루어진 데이터셋 정보를 확인할 수 있다.

❷ label 데이터의 경우 예측을 위한 목표변수로 0~9까지의 Categorial 형태여야 하지만 연속형으로 증·감소가 의미를 갖고 있는 형태이기 때문에 Numeric 형태로 변수 타입을 변경해야 한다.

---

2) MNIST 데이터셋 첫 번째 손글씨 데이터를 Python을 활용하여 시각화한 전체 코드:
https://colab.research.google.com/drive/1oNtJzPGPteddhZNjpMaYTFM1ENG_tuCy?usp=sharing

04 label의 Numeric 형태를 Categorial 형태로 변경한다.

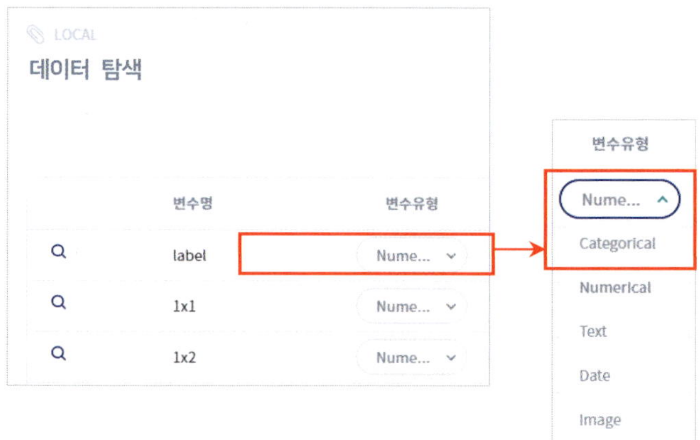

05 각 pixel의 데이터는 0~255로 결측값 없이 이루어져 있으며 분포가 크게 의미있는 데이터셋이 아니기 때문에 별도의 전처리 없이 'label'만 목표변수로 설정하여 데이터 탐색을 마무리한다.

3.1.5.2 MNIST 데이터 특징 선택과 모델 학습

01 데이터 탐색 이후 특징 선택에서는 목표변수인 'label'의 예측 중요도가 분석되어 있으며 0~255 정보가 숫자마다 다르게 나타나는 pixel일수록 중요도는 올라가지만 모든 pixel이 예측을 위해 의미가 있다고 판단하여 변수의 처리없이 특징 선택 단계를 마무리하였다.

02 알고리즘 선택에서 목표변수가 범주형 형태이기 때문에 분류 알고리즘을 자동적으로 선택할 수 있으며 세부 알고리즘으로는 CNN 알고리즘을 선택하였다.

- CNN 알고리즘은 이미지의 특징을 유지한 상태로 데이터 처리가 되어 이미지의 전체적인 특징 정보를 분석하는데 장점이 있어 pixel 단위 이미지 데이터를 분석하는데 보편적으로 이용되고 있는 알고리즘으로서, 실습 데이터인 손글씨 이미지 데이터 역시 pixel 단위 이미지 데이터이기 때문에 선택하였다.
- 파라미터는 모두 디폴트값으로 설정하여 그대로 분석하였다.

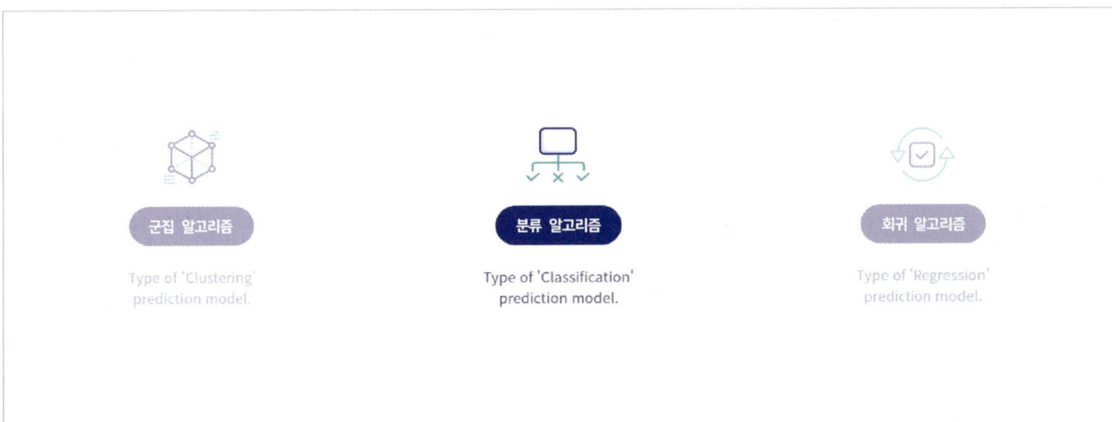

03 학습 데이터와 검증 데이터 비율은 70:30으로 설정하여 실행하였다.

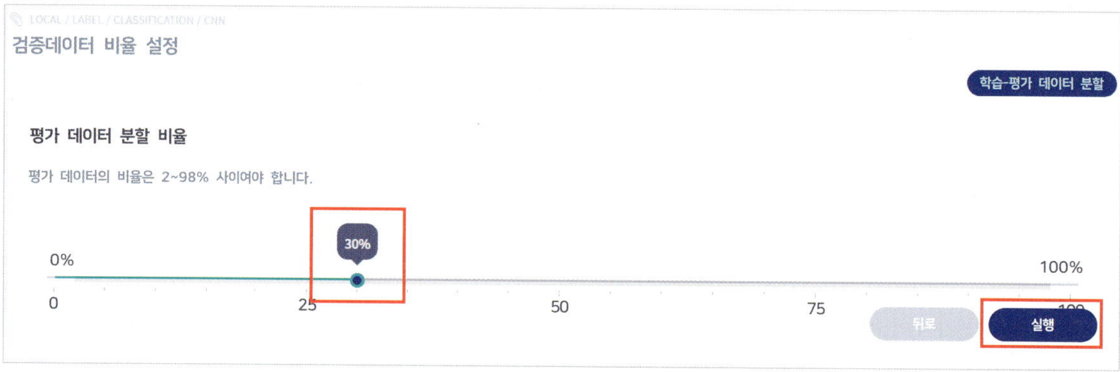

04 딥러닝일 뿐만 아니라 784개의 Pixel 데이터값을 분석하기 때문에 많은 시간이 소요된다.

❶과 같이 0~9까지의 분류된 결과를 확인할 수 있다.

❷에서는 수치적으로 분류 모델의 정확도를 확인할 수 있는데 모두 예측 정확도가 90%가 넘는 좋은 예측 모델이었다.

❸, ❹는 각 클래스를 예측한 확률 정보와 결과로 다운로드받아 확인하였다.

05 클래스별 예측 정보를 통해 0~9까지 예측 확률을 확인할 수 있다.
예시로 225번째 데이터의 경우 5로 86% 예측하고 3으로는 13% 예측한 것을 확인할 수 있다.

	A	B	C	D	E	F	G	H	I	J
1	0	1	2	3	4	5	6	7	8	9
225	0	0	0	0.14	0	0.86	0	0	0	0
226	1	0	0	0	0	0	0	0	0	0
227	0	0	0	1	0	0	0	0	0	0
245	0	0	0	0	0	0	0	0	0	1
246	0	0	0.99	0	0	0	0	0	0.01	0
247	0	1	0	0	0	0	0	0	0	0
248	0	0	0	0	0	0	0	1	0	0
249	0	0	0	0	0	0	0	1	0	0
250	1	0	0	0	0	0	0	0	0	0
251	0	0	0	0	0	0	0	0	0	1
252	0	0	1	0	0	0	0	0	0	0
253	0	0	0	0	0	0	0	0	0	1
254	0	0	0	0	0	0	0	0	1	0
255	0	0	1	0	0	0	0	0	0	0

06 다운로드받은 결과를 살펴보면 pixel 데이터값과 실제 예측된 값이 거의 모두 일치하는 것을 확인할 수 있다.

ACW	ACX	ACY	ACZ	ADA	ADB	ADC	ADD	ADE	ADF
9x28	9x3	9x4	9x5	9x6	9x7	9x8	9x9	predict_y	real_y
0	0	0	0	0	0	0	0	4	4
0	0	0	0	0	0	0	0	4	4
0	0	0	0	0	0	0	0	5	5
0	0	0	0	0	0	0	0	0	0
0	0	0	0	0	0	0	145	8	8
0	0	0	0	0	137	227	253	8	8
0	0	0	0	0	0	0	182	8	8
0	0	0	0	0	0	0	0	1	1
0	0	0	0	0	0	44	254	4	4
0	0	0	0	0	0	0	11	3	3
0	0	0	0	0	0	0	0	1	1
0	0	0	0	0	0	0	0	6	6
0	0	0	0	0	0	0	0	8	8
0	0	0	0	0	0	0	0	8	8
0	0	0	0	0	0	0	0	6	6
0	0	0	0	0	0	0	243	8	8

3.2 WiseProphet 회귀 모델 활용

3.1절에서는 퇴사 여부, 개인 신용 상태 등의 목표변수가 범주형인 데이터셋에서의 예측 모델 머신러닝을 실습하였다. 이 절에서는 목표변수가 가격, 고객생애가치 등과 같이 연속형인 경우에 이를 예측할 수 있는 회귀 모델(Regression)을 실습한다. 분류의 문제에 있어서는 목표변수가 범주형(Categorical)으로 존재하기 때문에 연속성을 갖지 않는다. 따라서 목표변수를 예측하는데 있어 확률의 개념을 통해 이를 예측하고자 하였다. 하지만 회귀는 시계열 정보 같이 연속성을 가지는 변수에 대해 변수들과의 관계를 점을 찍으며 이를 가장 잘 설명할 수 있는 오차가 작은 관계를 만들어가는 알고리즘이다.

3.2.1 WiseProphet 회귀 알고리즘

회귀 알고리즘은 연속형 목표변수에 대해서 주어진 데이터의 예측치를 추정하고 실제값과의 오차를 기반으로 오차합을 최소화하기 위한 학습을 진행하는 알고리즘을 의미한다. WiseProphet에서는 Decision Tree, Random Forest, Gradient Boosting, XGBoost, Elastic Net 그리고 LSTM을 제공하고 있다. 범주형 목표변수를 가진 데이터의 분류 문제를 해결하기 위해 사용한 알고리즘이 연속형의 목표변수의 회귀 문제를 해결하기 위해 이 절에서 등장한 것에 궁금증이 있을 수 있다.

3.1절에서 Decision Tree를 설명하면서 WiseProphet에서는 CART(Classification And Regression Tree) 방법을 사용한다고 하였다. 이름에서 알 수 있듯이 오차항을 기반으로 Tree 방법의 가지치기를 하면서 규칙을 형성하기 때문에 범주형의 데이터뿐만 아니라 연속형 형태의 데이터 또한 분석이 가능하다. Random Forest, Gradient Boosting, XGBoost 또한 Decision Tree 중 CART 방법을 기반으로 부스팅과 배깅이 이루어진 것이기 때문에 CART와 마찬가지로 범주형 데이터와 연속형 데이터 모두 분석이 가능한 것이다.

이번 절에서 회귀 알고리즘에 대해서 설명할 때 3.1절 분류 알고리즘과 중복되는 Decision Tree, Random Forest, XGBoost, Gradient Boosting의 경우에는 3.1.1.1~3.1.1.4의 설명과 중복되기 때문에 이번 회귀 알고리즘에서는 Elastic Net과 LSTM(Long Short Time Memory)만을 소개한다.

3.2.1에서는 WiseProphet의 회귀 알고리즘 실습에 앞서 제공되고 있는 회귀 알고리즘에 대해 간단히 이해하고 어떠한 파라미터값을 설정하고 있는지, 어떤 결과를 확인할 수 있는지를 확인한다.

3.2.1.1 Elastic Net

Elastic Net은 회귀 모델에서 각 독립변수의 영향력을 의미하는 가중치(Weight)가 몇 개의 중요 변수에서만 커지게 되면 학습 데이터에서만 정확하고 실제 데이터 문제에 대해서는 정확도가 떨어지는 과적합(Overfitting)이 발생한다. 이와 같이 가중치가 과도하게 설정되지 않도록 규칙을 추가하는 방법이며 앞서 설명한 분류 모델의 XGBoost와 유사한 알고리즘이다.

선형 회귀 모델에서 L1 규제를 주는 것을 Lasso regression이라고 부르며 오차 함수에 더해진 가중치 절대값의 합이 미분되는 과정에서 가중치가 작은 변수의 가중치를 0에 가깝게 만들면서 중요하지 않은 변수를 우선적으로 줄인다는 특징을 가지고 있다. 따라서 변수 축소의 기능을 가지고 있다. 선형 회귀 모델에서 L2 규제를 주는 것을 Ridge regression이라고 부르며 오차 함수에 더해진 가중치 제곱의 합이 커지면 오차 또한 커지기 때문에 오차와 가중치를 모두 크기를 줄여 특정 변수의 가중치가 커지는 것을 방지할 수 있다.

Elastic Net은 Lasso와 Ridge 모델의 하이브리드 모형으로 변수 축소와 변수 정규화를 통해 변수 선택과 변수의 다중공선성을 가지고 있는 변수를 활용할 수 있다는 장점을 가진 머신러닝 모델이다. 여기서 다중공선성(Multicollinearity)은 통계학의 회귀 분석에서 독립변수들 간에 강한 상관관계가 나타나 분석에 나쁜 영향을 미치는 문제이다.

[그림 3-10]에서 왼쪽 그림은 실제값을 선으로 연결하고 예측치를 점으로 표현하여 실제값과 오차값의 차이를 표현한 것이고, 오른쪽은 변수들의 회귀계수를 표현한 것으로 회귀계수의 변

그림 3-10 ▌ WiseProphet Elastic Net 이미지

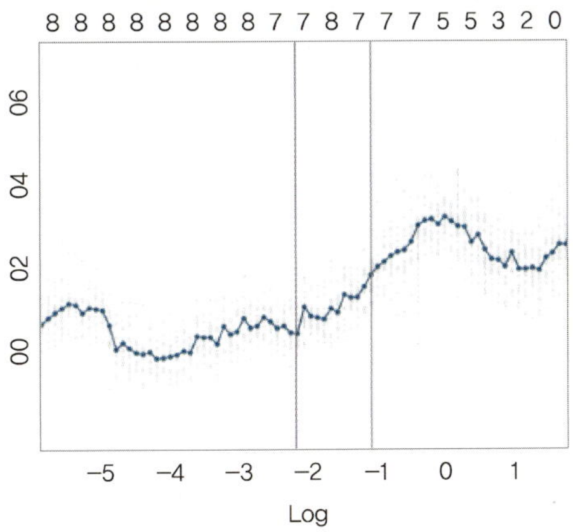

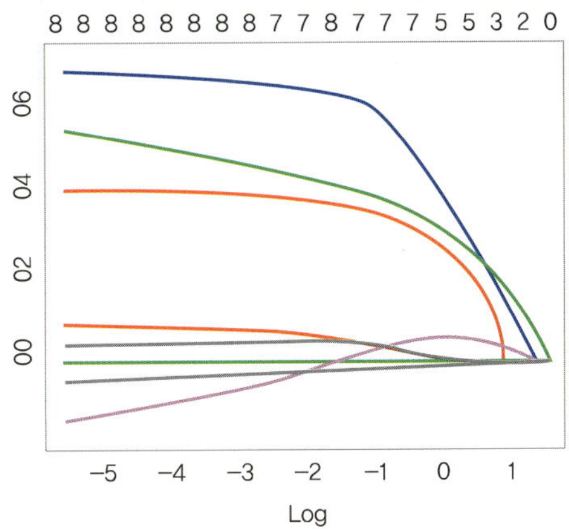

– Finally, lets assess a regression model by utilizing an elastic net.
– We built the elastic net model using the R packgage glmnet by establishing the alpha parameter=0.2.

화(영향도)를 나타내고 있다.

[표 3-10]은 WiseProphet의 Elastic Net에의 파라미터값들과 확인 가능한 결과를 정리한 것이다.

표 3-10 WiseProphet Elastic Net 파라미터와 확인 가능한 결과

하이퍼파라미터	설명
alpha	regulation의 강도 조절, alpha 값을 변경한다는 것은 패널티를 제어하게 됨을 뜻한다. alpha 값이 크면 클수록 패널티 또한 커지게 되면서 계수의 크기가 줄어든다. * 패널티: 두 개의 모델이 합쳐진 방법으로 하나의 모델이 다른 모델에 큰 영향을 미치지 못하도록 하는 방법이다.
L1_ratio	L1 규칙의 비율로 L2 regulation은 1-L1_ratio L1_정규화: 가중치 절대값 합에 비례하여 가중치에 패널티를 주는 정규화 유형이다.
random_state	초기 난수값 설정
* L1 regulation: 오차 함수(Loss Function)에 가중치 절대값 합을 더하는 방식 * L2 regulation: 오차 함수(Loss Function)에 가중치 제곱의 합을 더하는 방식	
확인 가능한 결과	예측 결과표, SHAP

3.2.1.2 시계열 데이터를 위한 딥러닝 알고리즘(LSTM)

시계열 데이터는 관측값들이 시간에 따라 변하는 데이터를 의미하는 것으로 현재는 과거 결과에 종속적이기 때문에 상호 종속적인 데이터라고 할 수 있다. 이러한 데이터를 분석하는 것을 시계열 분석이라고 말하며 크게 추세 변동, 계절 변동, 순환 변동, 불규칙 변동 4개의 변동 요인에서 패턴을 찾음으로써 분석할 수 있다.

추세 변동은 점진적인 시간 변동에 따른 같은 방향 안에서 상승 또는 하강의 경향을 의미하는 것으로 시간 흐름에 따라 지속적인 일정한 패턴을 보이는지를 의미한다. 계절 변동은 일, 월, 절기나 분기, 계절 등 시간적 구분의 변화에서 반복적인 패턴을 보이는지를 분석한다. 순환 변동은 경기 변동이라고도 하며 시간 간격을 두고 주기적으로 상승과 하락의 변동을 의미하며 계절 변동으로는 설명되지 않는 장기적인 변동을 의미한다. 불규칙 변동은 사전에 예측할 수 없는 특수 사건(자연재해, 전쟁, 파업 등)에 의해 변동을 의미하는 것으로 명확히 설명할 수 없는 요인에 의한 우연 변동이다.

분류 알고리즘에서 설명하였던 CNN 알고리즘은 이미지의 지역적 정보의 특성이 존재하여 일반적인 딥러닝 알고리즘을 사용하는 것에 어려움이 있다. 마찬가지로 시계열 데이터에도 시간의 흐름에 따른 순서가 존재한다는 특수한 형태로 인해 일반적인 딥러닝 모델을 이용하여 분석하기에는 어려움이 있다. 따라서 시간의 흐름에 따라 추세, 순환, 계절 등의 변동 패턴을 학습할 수 있는 알고리즘이 필요하며 대표적으로 RNN(Recurrent Neurak Network)과 RNN의 장기 메모리에 대한 한계를 극복하기 위해 개발된 LSTM(Long Short Time Memory) 알고리즘이 있다.

그림 3-11 ▌WiseProphet RNN 알고리즘 이미지

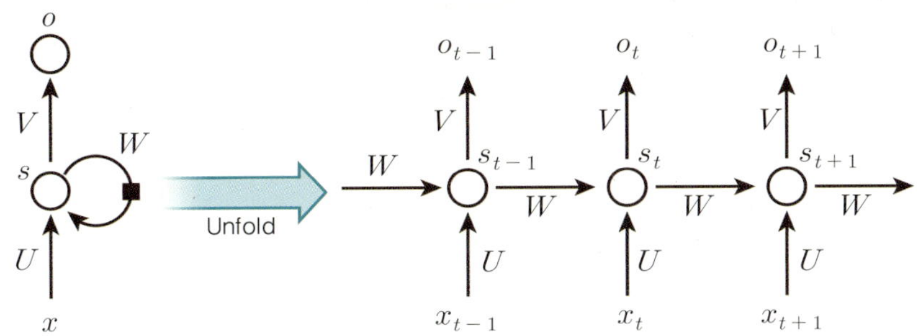

[그림 3-11]은 RNN의 동작을 설명하는 개념도이다. 그림에서 U, V, W는 모두 가중치를 의미하며 x는 입력층, s는 은닉층, o는 출력층을 의미한다. 그림에서처럼 x에서 은닉층 s로의 흐름을 의미하며, V는 은닉층 s에서 출력층 o로의 흐름을 의미한다. W는 t시점의 은닉층 출력을 $t+1$시점의 은닉층으로 전달하는 것을 말한다. 그림에서 볼 수 있듯이 t시점의 RNN 계층은 그 계층으로의 입력 벡터 x_t와 $t-1$시점의 은닉층의 s_{t-1}을 입력으로 받는다. 입력된 두 벡터를 바탕으로 해당 시점에서의 출력을 계산한다. 이처럼 RNN은 출력 벡터가 다시 입력되는 특성으로 인해 순환 신경망이라 한다.

RNN은 이전 단계에서 학습을 통해 출련된 출력값이 다음 단계의 학습에서 입력값 중 하나로 순서에 의해 연결되는 신경망으로 순서가 존재하는 시계열 데이터 또는 자연어 처리 분야에서 사용되는 알고리즘이다. 같은 네트워크를 반복적(순환)으로 사용하지만 학습 가중치 정보와 시간의 흐름이 다음 스텝으로 넘어가며 학습을 진행한다. 이때 이전의 학습 정보를 현재의 학습에서 사용하지만 점차 단계가 지나면서 현재와 멀어진 과거에 대한 학습 정보는 약해지면서 학습에 잘 반영되지 못한다는 단점을 가지고 있다.

LSTM은 기존 RNN의 단점을 보완하기 위하여 RNN에 Cell state를 통해 과거의 학습된 결과가 지속적으로 현재 학습 단계에 영향을 미칠 수 있도록 하며 forget gate를 통해 이전의 학습 정보가 점차적으로 약해지도록 설정할 수 있는 알고리즘이다.

[표 3-11]은 WP의 RNN, LSTM의 파라미터와 확인 가능한 결과를 정리한 것이다.

표 3-11 WiseProphet RNN, LSTM 파라미터와 확인 가능한 결과

하이퍼파라미터	설명
batch_size	전체 학습 데이터를 작은 그룹으로 나누어 학습
epochs	학습을 통해 가중치를 업데이트하는 횟수를 의미
loss	손실 함수에서의 실제값과 예측값을 비교하는 지표 설정 • mse(Mean Squared Error): 예측값과 실제값 차이에 제곱 평균 • mae(Mean Absolute Error): 평균 절대값 오차 • mape(Mean of Absolute Perentage Errors): error를 0~100까지의 퍼센트로 표현한 오차
metrics	훈련된 데이터를 검증 데이터를 통해 성능을 평가할 때의 평가지표 • acc(Accuracy) • mae(Mean Absolute Error) • mse(Mean Squared Error)
optimizer	머신러닝과 딥러닝 모델에서 가중치를 업데이트하는 알고리즘 SGD/RMSprop/Adam
window_size	입력 데이터의 sequence로 이전 몇 개의 데이터를 묶어 예측할 것인가를 의미한다. 과거 며칠을 묶어 다음날을 예측할 것인가를 의미
확인 가능한 결과	결과표

3.2.2 차량 보험 고객의 생애가치 예측 실습(Cusomer Lifetime Value Anlysis)

'Car Insurance Customer Lifetime Value' 데이터는 IBM의 인공지능 시스템인 Waston 샘플 데이터로 9,134명의 차량 보험 고객의 개인 정보와 차량 보험 가입 정보를 포함하고 있다.

고객생애가치(Customer Lifetime Value)는 '고객 한 명이 일생 동안 기업에게 얼마만큼의 이익을 가져다 줄 수 있는가'를 환산한 개념으로, 기업의 서비스에 불만이 있는 고객 중 다수는 기업에게 직접적으로 불만을 표출하지 않고 다른 경쟁사로 떠나는 경향이 있다. 따라서 고객생애가치를 예측하고 장기적인 관점에서 고객에게 만족을 가져올 수 있는 서비스를 제공하는 것은 기업에게 있어 중요한 활동이다. 그렇기 때문에 Kaggle의 자동차 보험 고객 데이터를 기반으로 고객생애가치를 회귀 기법을 기반으로 예측해보는 것은 기업의 입장에서 유의미한 분석이다.

3.2.2의 실습에서는 회귀 머신러닝 기반으로 고객생애가치, 즉 고객생애가치에 영향을 많이 주는 변수를 찾는 것을 목표로 한다.

- 데이터셋: https://www.kaggle.com/pankajjsh06/ibm-watson-marketing-customer-value-data
- 변수 설명

표 3-12 자동차 보험 고객생애가치 관련 데이터 변수 설명

변수 이름	변수 상세
Customer	고객ID, 고객별로 다르게 부여받음
State	미국 주, Categorical
Customer Lifetime Value	고객생애가치, Numeric
Response	응답 여부, Categorical(No, Yes)
Coverage	담보 범위, Categorical
Education	교육 수준, Categorical
Effective To Date	보험 유효 날짜, Date
EmploymentStatus	고용 상태, Categorical
Gender	성별, Categorical
Income	소득, Numeric
Location Code	위치 코드, Categorical
Marital Status	결혼 여부, Categorical
Monthly Premium Auto	월간 자동차 보험료, Numeric
Months Since Last Claim	마지막 청구 이후 경과월, Numeric
Months Since Policy Inception	보험 가입 이후 경과월, Numeric
Number of Open Complaints	미해결 불만 사항 수, Numeric
Number of Policies	증권(구좌) 가입 수, Numeric
Policy Type	증권 유형, Categorical
Policy	증권, Categorical
Renew Offer Type	갱신 청약 타입, Categorical
Sales Channel	판매 채널, Categorical
Total Claim Amount	총 보험금 지급 청구 금액, Numeric
Vehicle Class	차량 클래스, Categorical
Vehicle Size	차량 크기, Categorical

3.2.2.1 Kaggle 차량 보험 고객생애가치 데이터 탐색 및 전처리

01 Customer 변수의 경우 사용자 ID로서 구분을 위해 랜덤하게 부여된 번호이므로 머신러닝에 사용할 필요가 없는 데이터로서 사용할 필요가 없을 뿐만 아니라, 100개 이상의 Categorical 타입 데이터는 분석에 한계가 있어 WiseProphet에서 자동적으로 분석에서 제외된 것을 확인할 수 있다. 또한 본 예제 프로젝트의 목적이 SHAP를 기반으로 고객생애가치를 예측하는(영향을 많이 주는) 변수를 찾는 것이므로 가능한 한 다양한 변수를 포함하여 진행하는 것으로 한다.

02 데이터 분포 중 데이터 통계 항목은 다음과 같은 특징을 가진다.

- Q1은 제1사분위수라고 부르며 상위 25%에 해당하는 값이다.
- MEDIAN은 중앙값 또는 Q2라고 부르며 전체 데이터셋의 50%, 즉 말 그대로 정중앙에 있는 값을 의미한다. Q3는 제3사분위수라고 부르며 상위 75%에 해당하는 값을 말한다. OUTLIER는 이상치로서 다른 데이터들과는 다른 패턴을 가지는 데이터이다.

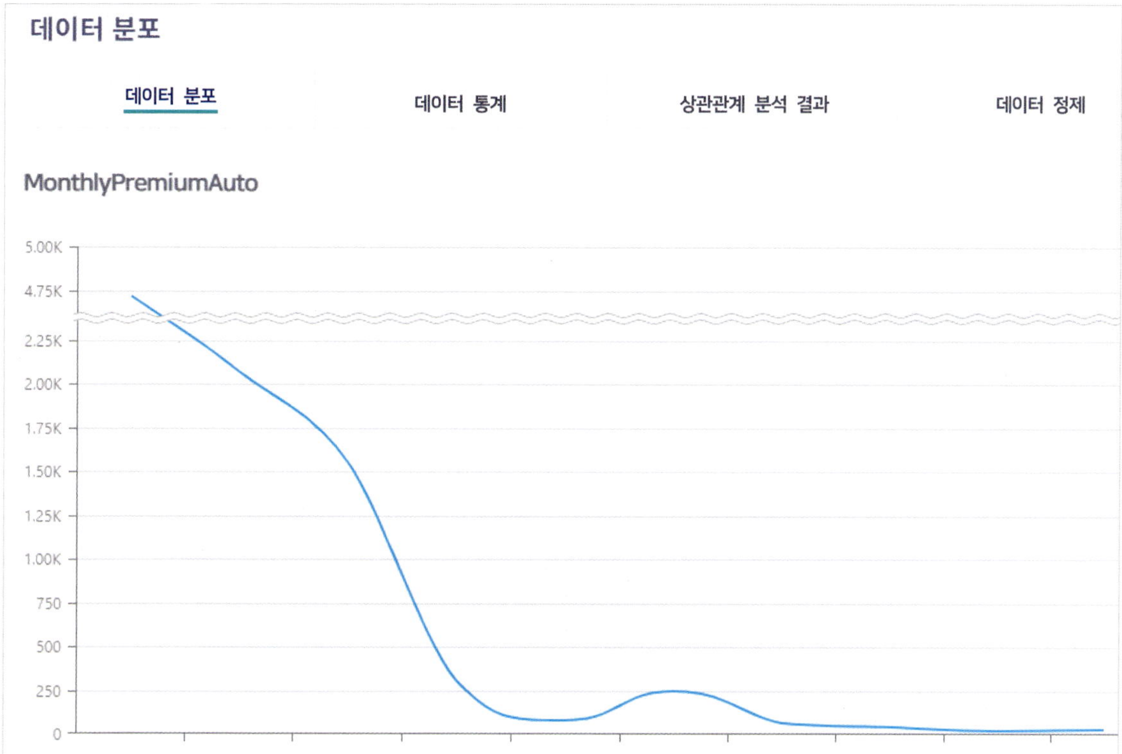

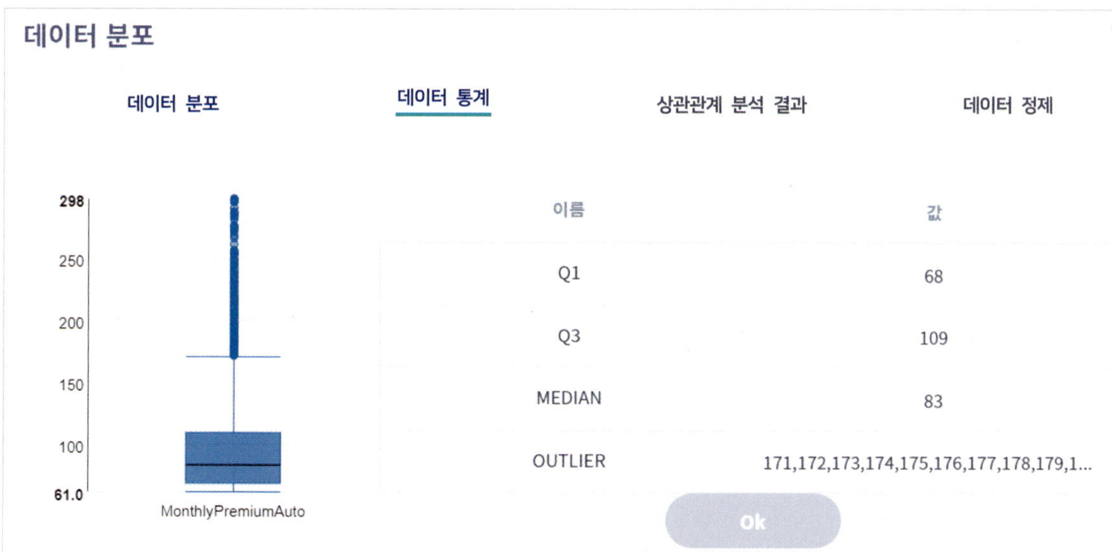

이름	값
Q1	68
Q3	109
MEDIAN	83
OUTLIER	171,172,173,174,175,176,177,178,179,1...

살펴보면 대체로 보험료 지출 비용이 커질수록 고객이 감소하는 것을 확인할 수 있으며 데이터 통계에서는 중앙값은 $83, 월 $170 이상의 비용은 이상치로 판단되고 있다.

다만 실제 지출되고 있는 비용으로 고객생애가치 분석에 필요한 데이터로 판단하여 별도의 처리는 하지 않는 것으로 결정하였다.

03 데이터 분포 중 상관관계 분석 결과를 살펴보았다.

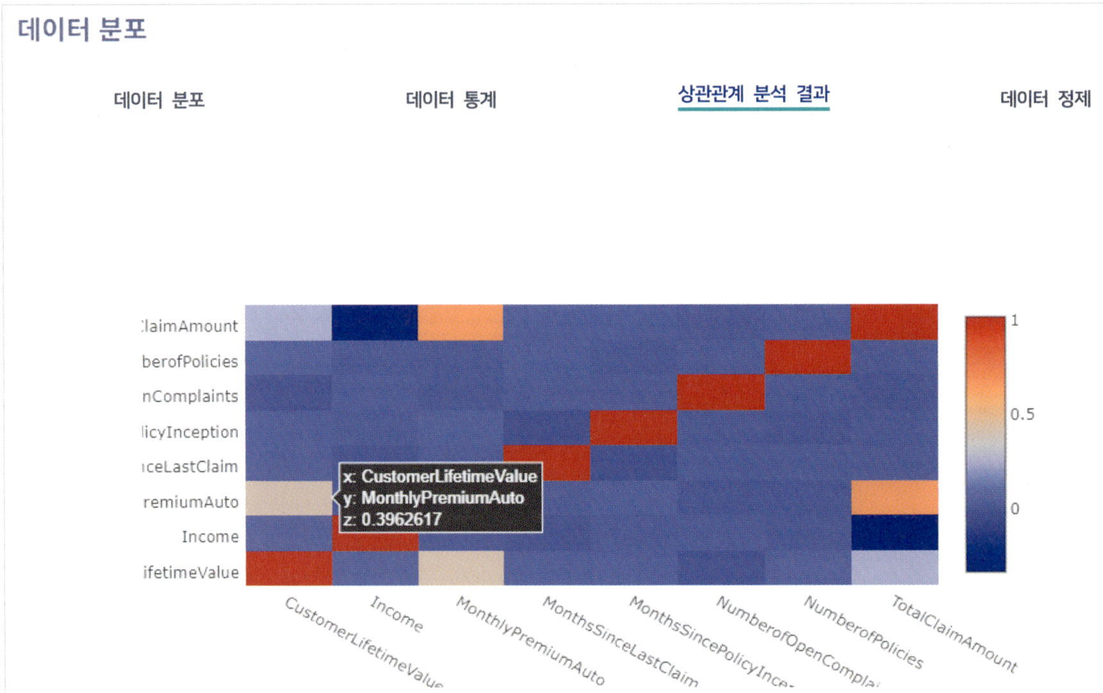

- 'MonthlyPremiumAuto'는 목표변수로 고려하고 있는 'CustomerLifetimeValue'와 상관관계 0.396으로 목표변수와의 관계 중 가장 강한 상관관계를 가지고 있다는 것을 확인하였다.
- 'MonthlyPremiumAuto'와의 상관관계 중에서는 총 보험금 지급 청구 금액을 의미하는 'TotalClaimAmount'가 가장 강한 상관관계가 있었다. 이는 당연하게도 보험료를 더 많이 낼수록 많은 보험료를 청구한다는 것을 의미한다. 이러한 점 때문에 보험료를 많이 낸다고 하여 꼭 고객생애가치가 높지 않을 수 있다는 것을 설명한다.

04 범주형 변수(Categorical)의 데이터 분포를 확인하기 위해 'PolicyType' 변수명 왼편의 돋보기 기능을 클릭하여 데이터 분포를 확인하였다. 그래프 위에 마우스를 올려 놓으면 해당 데이터에 대한 정보가 표시된다.

PolicyType 데이터 분포에 의하면 6,788개가 개인 차량에 대한 보험 유형, 약 1,968여 개는 법인용 차량에 대한 보험, 스페셜 타입은 약 378개로 나타난다.

이들 데이터값을 모두 더해서 총 9,134개의 데이터인 것을 알 수 있다.

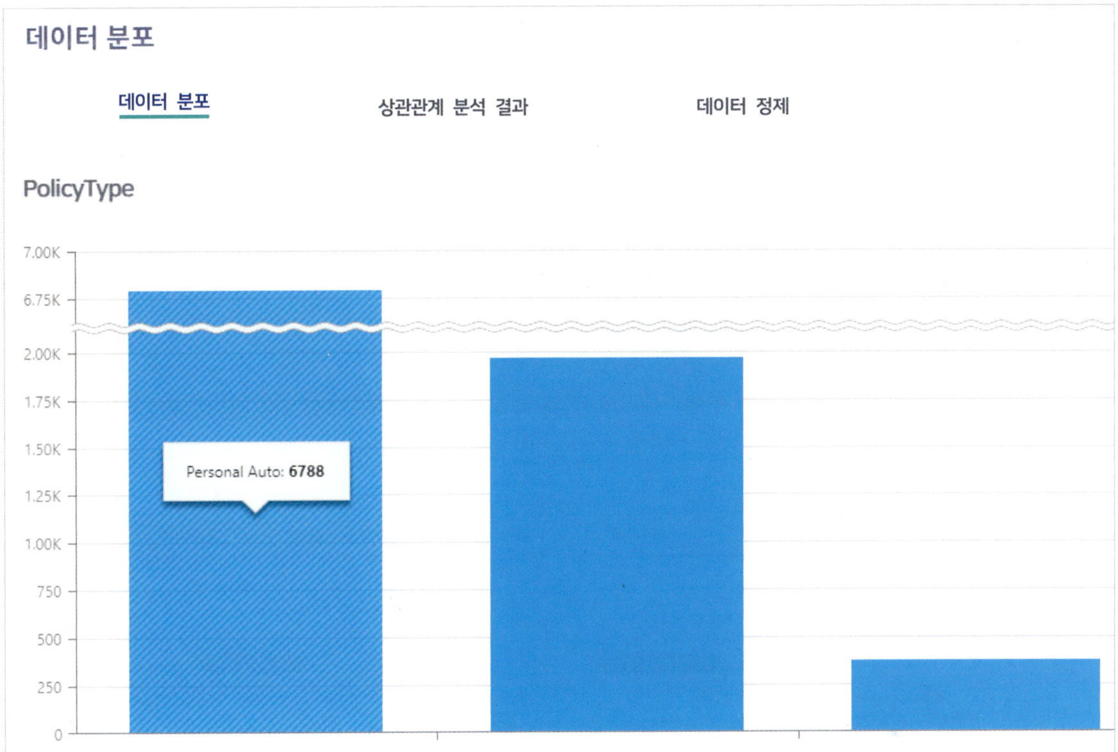

05 머신러닝 분석을 위한 알고리즘 선택을 위하여 변수에 대한 설정을 해야 한다.

변수명	변수유형	최솟값	최댓값	유일값	결측값	평균	표준편차	사용	목표변수
CustomerLifetimeValue	Nume...	1898.01	83325.38	8041	0	8004.94	6870.97		
Response	Categ...			2	0	0	0		
Coverage	Categ...			3	0	0	0		
Education	Categ...			5	0	0	0		
EffectiveToDate	Date	2011-01-01 00:00:00	2011-02-28 00:00:00	59	0	0	0		
EmploymentStatus	Categ...			5	0	0	0		

❶ 'EfffectiveToDate'는 보험 유효 날짜로써 고객의 일생 데이터 분석에 필요하지 않기 때문에 사용하지 않도록 비활성화한다.

❷ 이번 예제의 목적은 고객생애가치 예측이며 이를 위해 다양한 데이터를 기반으로 회귀 모델을 구축하는 것이므로 목표변수로써 'CustomerLifetimeValue'를 선택하였다.

❸ 마지막으로 모든 데이터 탐색과 설정을 마무리하였기에 선택을 클릭하여 특징 선택으로 넘어간다.

3.2.2.2 Kaggle 차량 보험 고객생애가치 데이터 특징 선택과 모델 학습

특징 선택에서 변수들의 특성을 볼 수 있다.

01 현재 더미변수화된 변수까지 하여 총 64개의 특징이 존재하고 있다.
다만 이때 'CustomerLifetimeValue'와의 관계가 없는 변수는 삭제하는 것이 오히려 정확한 정보를 예측해 낼 수 있다. 따라서 중요도의 범위에 따라 특징을 제거할 필요가 있다. 이를 위해 '변수 제거'를 클릭한다.
❶과 같이 '0.0 이하 제거'에서 0.001을 입력하여 이보다 중요도가 작은 변수를 제거한다. 그 결과 오른쪽 표에서 24~64까지의 변수들이 제거된 것을 확인할 수 있다.
(WiseProphet은 앞에서 설명한 Extra Tree 기법을 사용하여 목표변수 추정을 위한 영향도를 추정하는 것이기 때문에 실습하는 과정에서 세부적인 수치에 차이가 존재할 수 있다)

02 만약, 이와 같은 설정으로 개발된 모델의 성능이 좋지 않으면 모델의 성능을 개선하기 위한 파라미터 변경 등의 처리과정은 3.1.2 예시와 같이 추가로 시도할 수 있다.

03 알고리즘 선택 절차에서 연속형 형태의 변수인 'CustomerLifetimeValue'의 분석을 위해 회귀 모델이 선정된 것을 볼 수 있다.

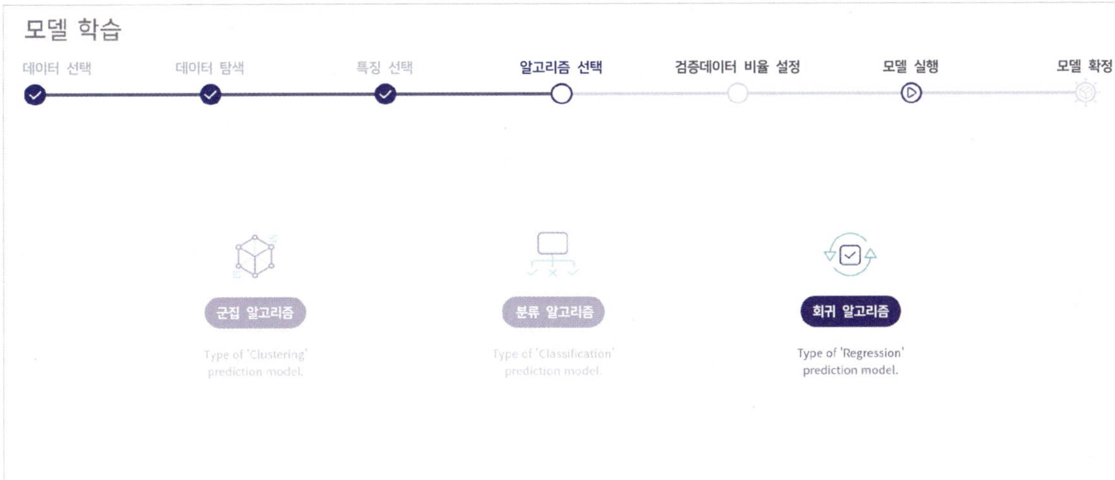

04 WiseProphet의 회귀 분석은 Decision Tree, Random Forest, Elastic Net, Gradient Boosting, XGBoost, RNN, CNN, LSTM을 제공하며, Decision Tree, Random Forest, Gradient Boosting, XGBoost, CNN은 이미 분류 모델에서 원리를 설명하고 실습을 하였다.

- RNN(순환신경망: Recurrent Neural Network)은 반복적이고 순차적인 데이터(Sequential Data) 학습에 특화된 인공신경망의 한 종류로써 내부의 순환구조가 들어 있다. 이와 같은 순환구조를 이용하여 과거의 학습에 가중치를 주고 해당 내용을 현재 학습에 반영한 모델이고, LSTM은 Long Short-Term Memory으로서 RNN을 사용하는 것이 일반적이지만, RNN은 긴 시퀀스 데이터에 대한 학습이 어려운 단점이 있어 이 단점을 보완한 모델이다.
- 이번 실습에서는 Elastic Net을 사용하고자 한다. Elastic Net을 선택한 이유는 특징 선택 단계에서 많은 특징들이 제거되었기 때문에 Elastic Net의 원리인 비중요한 변수를 우선적으로 줄이는 L1 규제와 크기가 큰 변수의 정규화 특성이 있는 L2 규제를 동시에 사용하여 더욱 정교한 회귀 모델을 구축할 수 있기 때문이다.
- alpha 파라미터는 규제 계수(alpha) 또는 패널티 항의 계수라 불리며 alpha 값이 커질수록 패널티를 높게 부여한다.
- l1_ratio는 L1, L2 규제 중 어느 것을 사용할지에 대한 파라미터로서 l1_ratio의 값이 0이면 L2 규제만 사용하고, l1_ratio 값이 1이면 L1 규제만 사용한다는 의미이다.
- l1_ratio의 값이 0부터 1 사이일 경우 L1 and L2 규제를 혼합사용한다는 의미이다.
- random_state 파라미터는 난수 발생을 위한 seed의 인자값으로 범위는 1 이상의 정수이다.
- 파라미터는 모두 디폴트값으로 사용하였다.

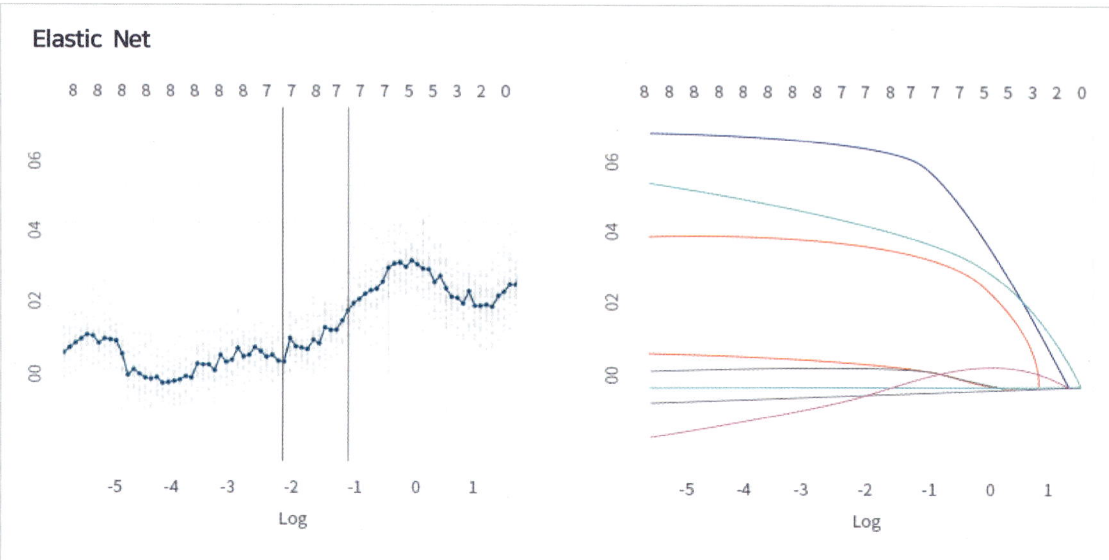

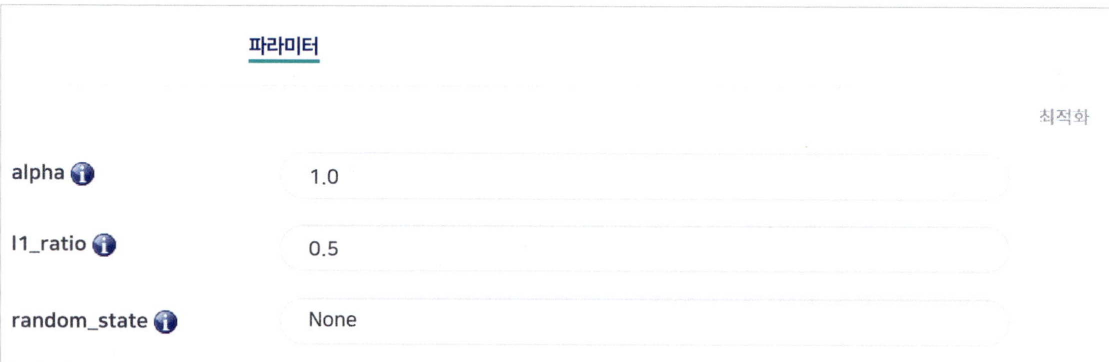

05 훈련과 검증 데이터 비율은 일반적으로 많이 적용하는 70:30으로 하기 위해 검증 데이터 분할 비율을 30으로 설정하였으며 교차 검증 또한 많이 사용하는 5로 설정하여 5번의 교차 검증한 결과를 종합하는 설정을 진행하였다.

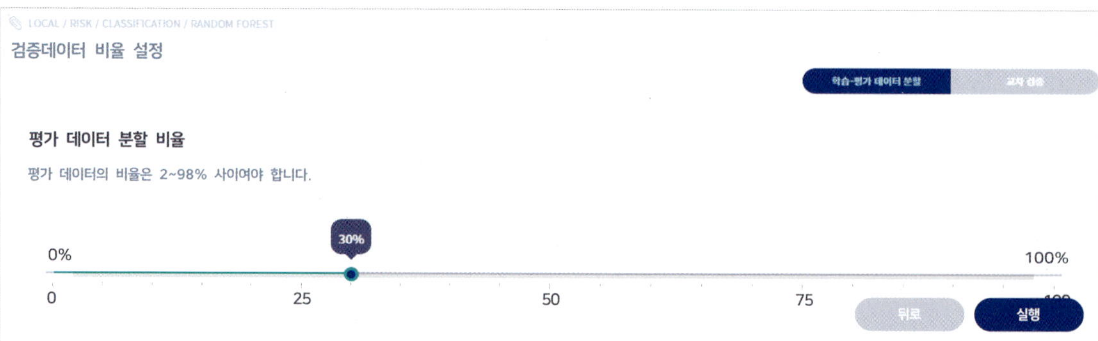

06 Elastic Net 기반으로 회귀 모델 학습을 마친 후 도출되는 평가 항목은 다음과 같다.

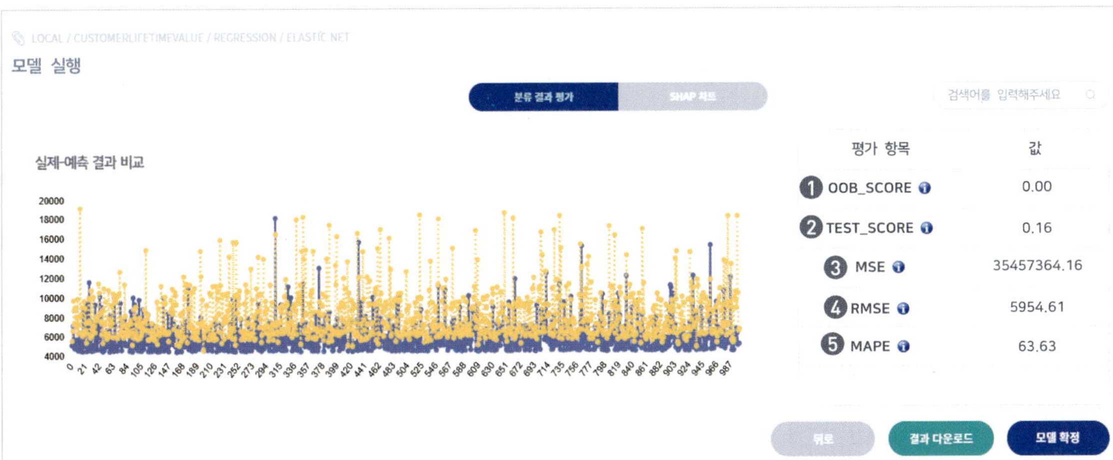

❶ OOB_SCORE: 특정 샘플은 중복 적용되거나 적용되지 않을 수 있다. 이때 선택되지 않은 데이터 샘플을 기준으로 학습한 결과치이다.

❷ TEST_SCORE: 결정계수로 0~1까지 범위의 회귀 모델의 유효성 성능을 의미한다. 본 예시에서 개발된 회귀 모델은 TEST_SCORE가 0.16이므로 목표변수에 대하여 다른 변수들의 관계를 잘 설명하지 못하는 좋지 않은 모델임을 의미한다.

❸ MSE(Mean Squared Error): 예측값과 실제값 차이에 제곱한 것의 평균 오차로 작을수록 좋은 모델이다.

❹ RMSE: MSE 절대값으로 역시 작을수록 좋은 모델이다.

❺ MAPE(Mean of Absolute Perentage Errors): 다른 회귀 모델의 평가 지표들은 합을 기준으로 하기 때문에 범위가 0~무한대까지로 전체적인 오차의 크기를 판단하는데 문제가 존재하였다. MAPE는 0~100까지의 범위로, 즉 백분율로 표시하여 쉽게 오차에 대한 크기를 이해할 수 있다.

본 예시에서 도출된 MAPE는 63.63이며 오차가 매우 크다는 것을 의미하고 있다.

그러므로 본 모델을 그대로 사용하는 것은 불가능하며 모델의 성능을 개선하기 위하여 특징을 늘리거나 다른 변수를 탐색할 필요가 있으며, 이 예제 후반부에 변수를 변경하는 등 추가적인 예제를 다루기로 한다.

WiseProphet는 Elastic Net을 통해서 회귀 모델에 대한 예측 정확도를 판단할 뿐만 아니라 SHAP(SHapley Additive exPlanation) 방법으로 독립변수들이 목표변수 예측에 미치는 기여도를 시각적으로 확인할 수 있도록 해준다.

기존의 목표변수 예측의 중요도를 파악하기 위한 Feature Important는 독립변수의 특성값을 섞고 모델 오차의 증감을 측정하여 변수의 중요도를 파악하고자 하였기 때문에 Feature 간의 의존성(공선성이 존재할 때)을 간과하여 결과를 왜곡할 수 있었다. 사실 변수 간의 독립성을 전제하지만 현실에서의 변수 간의 완전한 독립성을 확보하는 것은 어려운 일이기 때문이다. 또한 모델 학습 시 변수가 모델에 미칠 수 있는 영향을 의도적으로 무시하기 때문에 특징의 영향도가 제대로 반영되지 못하였다.

01 SHAP는 게임이론 기반으로 특징 간의 조합을 반복하면서 해당 특성의 유무에 따른 평균적 변화를 얻은 값(Shapley values)을 통해 중요도를 계산하는 방법이다.

❶ MonthlyPremiumAuto(월 차량 보험료) 상승
'Feature value 붉은색'은 종속변수 고객생애가치 상승
MonthlyPremiumAuto(월 차량 보험료) 하락
'Feature value 파란색'은 종속변수 고객생애가치 하락

❷ TwoDoorCar가 아닌 경우
'파란색'은 종속변수 고객생애가치 상승에 영향
TwoDoorCar인 경우 '붉은색'이면 종속변수인 고객생애가치 하락에 영향

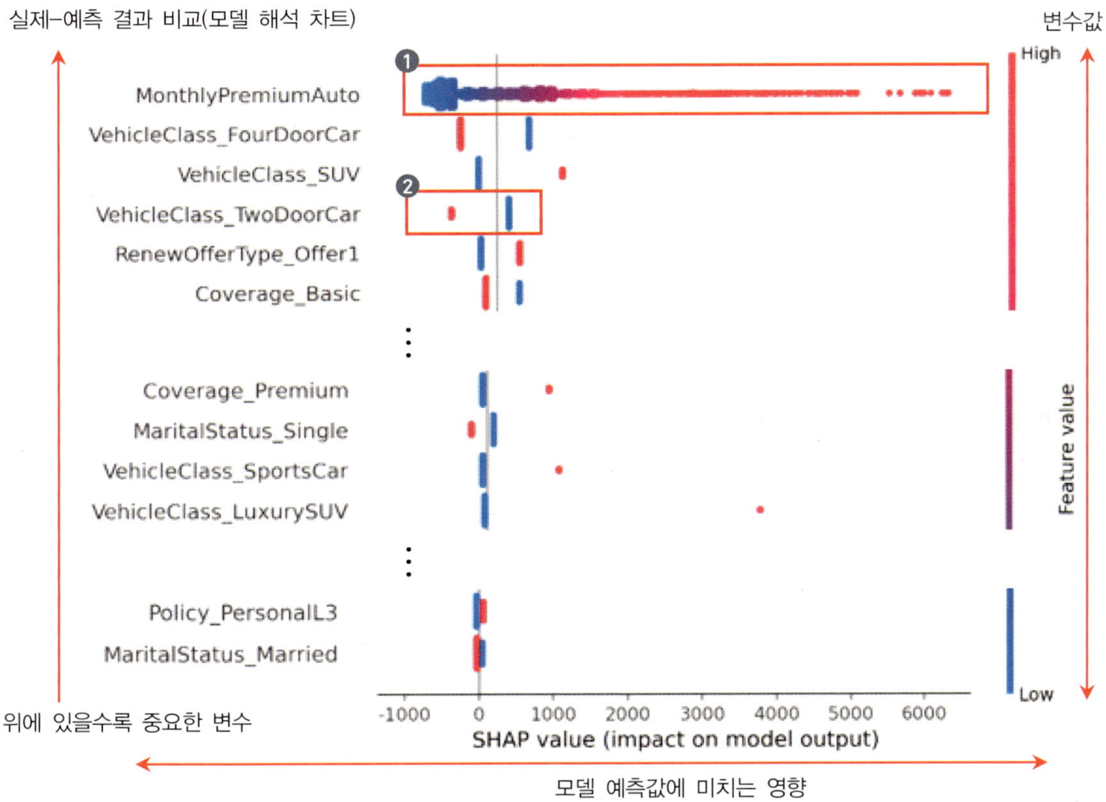

02 분류 모델과 마찬가지로 결과에 대하여 다운로드받아 'CustomerLifrtimeValue' 값의 실제값과 예측값을 비교하여 확인할 수 있다.

VehicleClass_SUV	VehicleClass_SportsCar	VehicleClass_TwoDoorCar	VehicleSize_Small	predict_y	real_y
0	0	0	1	5660.51	5129.74
0	0	0	0	6701.89	5503.92
0	0	0	0	9782.3	14031.7
0	0	1	0	8806.43	7807.22
0	0	0	1	7440.33	3829.28
1	0	0	0	9100.4	4016.54
0	0	0	0	8142	6446.92
0	0	0	1	7077.08	5638.26
1	0	0	0	9954.25	8026.05
0	0	1	1	6460.16	2866.78
0	0	0	0	7368.88	3708.81
0	0	0	1	8094.73	6563.64
0	0	0	0	19176.57	10963.96
0	0	1	0	8262.46	3837.36
0	0	1	0	6480.33	2682.7

3.2.2.3 회귀 모델의 성능개선 방법

분류 모델에 대한 성능을 개선하기 위하여 다양한 시도를 해보았던 것처럼 회귀 모델에 대해서도 사용자가 선택할 수 있는 다양한 방법을 수행해보도록 한다.

바로 앞절에서 디폴트값들로 처리한 회귀 모델의 경우 MAPE가 63.63으로 매우 높게 나타났으므로 이를 낮추기 위한 다양한 방법을 시도해야 한다.

(1) 특징 선택 단계

회귀 모델의 성능을 개선하기 위하여 우선 특징 선택을 변경해볼 수 있다. 본 예시의 특징 선택은 총 64개의 특징이 존재하고 있었으며 중요도의 범위에 따라 특징을 제거할 필요가 있다. 기존의 실습의 경우 '0.001 이하 제거'를 선택하였으나 해당 범위를 조정할 수 있다.

0.001 이하를 제거할 경우 결과는 다음과 같으며 MAPE가 일부 개선된 것을 볼 수 있다

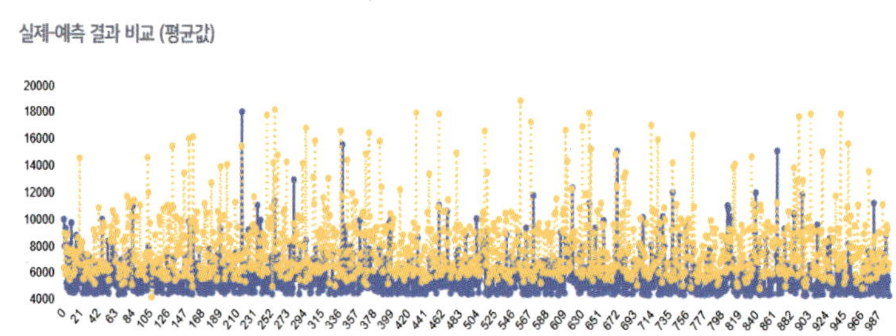

평가 항목	값
OOB_SCORE	0.00
TEST_SCORE	0.16
MSE	39795551.64
RMSE	6308.37
MAPE	61.40

만약, 0.01 이하를 제거할 경우 모델 실행 결과는 다음과 같다.

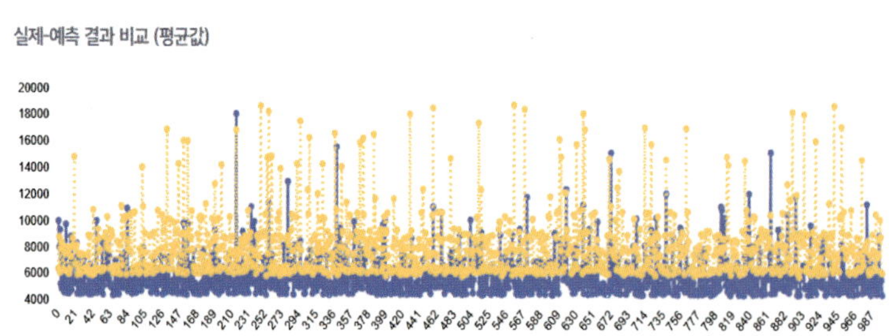

평가 항목	값
OOB_SCORE	0.00
TEST_SCORE	0.15
MSE	40243666.77
RMSE	6343.79
MAPE	62.80

0.0 이하 제거, 즉 모든 변수를 넣을 경우 결과를 종합하면 결과는 0.0, 0.001, 0.01 순으로 성능이 좋다고 볼 수 있다.

(2) 파라미터 설정

두 번째 개선하는 방법으로 Elastic Net의 변수를 조정해볼 수 있다.

알고리즘 선택 부분에서 Elastic Net의 파라미터를 수정할 수 있으며 기본 파라미터는 다음과 같다. 최적화 기능을 사용하여 아래와 같은 범위에서 파라미터가 자동적으로 선택된다.

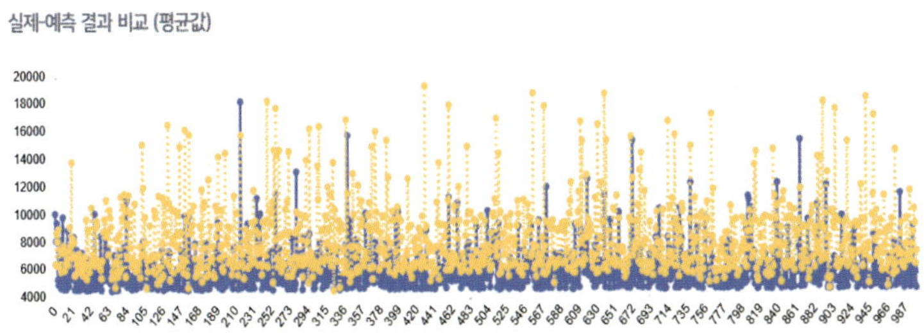

평가 항목	값
OOB_SCORE	0.00
TEST_SCORE	0.16
MSE	39872983.62
RMSE	6314.51
MAPE	61.30

파라미터

☑ 최적화

alpha	0	~	3
l1_ratio	0	~	1
random_state	3	~	7

최적화 이전 디폴트 파라미터와 그 파라미터로 수행한 결과는 다음과 같다.

파라미터

최적화

alpha	1.0
l1_ratio	0.5
random_state	None

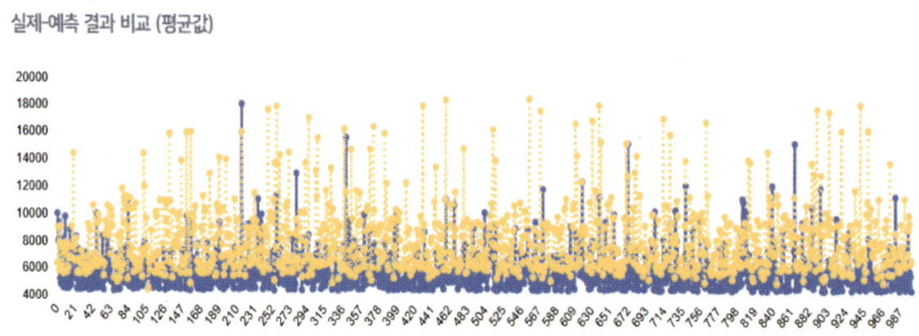

평가 항목	값
OOB_SCORE	0.00
TEST_SCORE	0.16
MSE	39796213.79
RMSE	6308.42
MAPE	61.40

최적화를 진행한 경우 alpha: 0.05780, l1_ratio: 0.01512, random_state: 4에서 최상의 학습이 진행된 것으로 나타나며 그 결과는 아래와 같이 MAPE가 61 정도로 여전히 높아 Elastic Net 알고리즘으로는 한계가 있다고 판단할 수 있다.

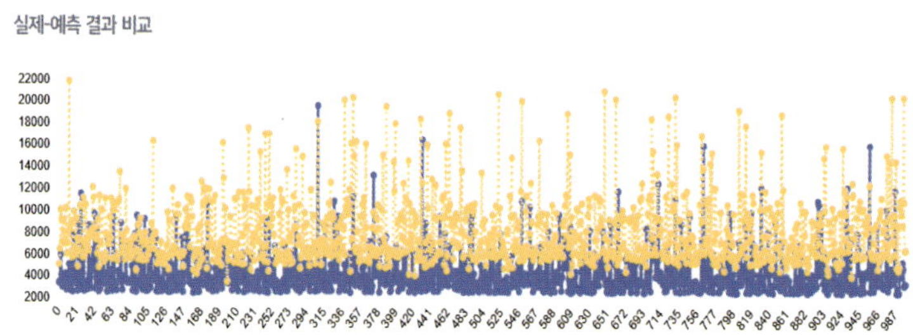

평가 항목	값
OOB_SCORE	0.00
TEST_SCORE	0.16
MSE	35521126.39
RMSE	5959.96
MAPE	61.60

(3) 다른 알고리즘 선택

세 번째로 성능개선을 위하여 시도해볼 수 있는 방법은 회귀 알고리즘 선택 부분에서 Elastic Net를 제외한 Decision Tree, Random Forest, Gradient Boosting, XGBoost, RNN, CNN, LSTM을 선택하여 실행해보는 것이다. 본 실습에서는 아래와 같은 알고리즘들을 진행하였으며 실행한 결과를 정리하면 다음과 같다.

	TEST_SCORE	MSE	RMSE	MAPE
Decision Tree	0.69	13254149	3640.62	14.1
Gradient Boosting	0.68	15160305	3893.62	13.4
XGBoost	0.66	14450072	3801.33	15.8
CNN	0.15	35586516	5965.44	63.2

MAPE는 예측값의 벡터와 실제값의 벡터의 거리 차이의 백분율이므로 값이 작을수록 정확히 예측하였다고 볼 수 있다. 실습 결과에서 가장 정확한 예측은 Gradient Boosting이라고 볼 수 있으며, 가장 부정확한 예측은 CNN과 Elastic Net이라고 볼 수 있다.

(4) 앙상블 기법 활용

네 번째로 성능개선을 위하여 시도해볼 수 있는 것은 멀티모델(앙상블 기법)을 적용해보는 것이다.

WiseProphet 알고리즘 선택 절차에서 멀티모델(앙상블)을 선택 후 체크박스를 클릭하면 해당 알고리즘들을 적용하여 결과를 도출한다.

동일한 데이터에 대하여 앙상블 기법으로 처리한 결과는 다음과 같다.

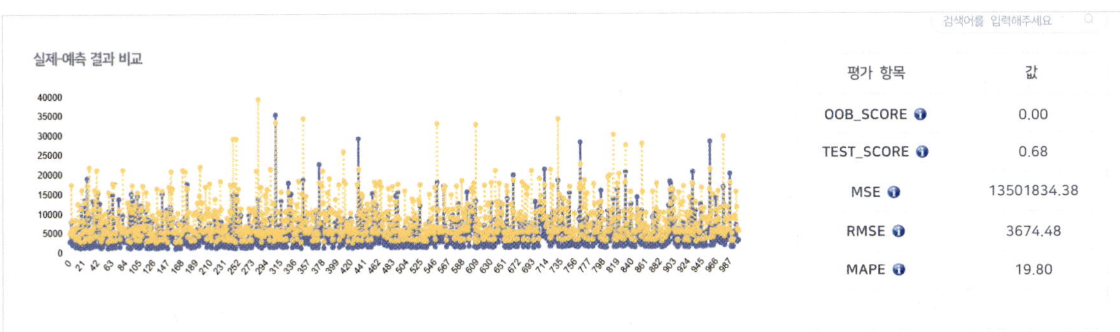

앙상블 모델을 적용한 결과 MAPE 결과값이 Elastic Net 등의 61.60에서 19.80으로 현저하게 감소하는 것을 볼 수 있다.

3.2.3 부동산 가격 예측 실습(Real-state Price Analysis)

'King county real-state' 데이터는 시애틀 'King county'의 2014년 5월에서 2015년 5월 1년 사이에 판매된 주택 판매가격에 대한 데이터셋이다. 주택의 크기, 방 수, 위치 등에 대한 주택 정보와 가격을 포함한 21개의 변수에 대한 21,613건의 거래 데이터가 존재한다. 목표변수인 가격(price)을 예측하기 회귀 방법을 사용하여 실습을 진행한다.

그렇기 때문에 이번 절에서는 부동산 판매 정보에 대한 데이터로 목적에 따라 부동산 정책을 위한 데이터, 부동산 업자의 입장에서는 기존의 부동산 판매 데이터를 기반으로 머신러닝 예측 모델을 개발하여 실제 거래될 수 있는 판매 가격 설정의 근거로써 사용할 수 있을 것이다.

- 데이터셋: https://www.kaggle.com/harlfoxem/housesalesprediction
- 변수 설명

변수	설명
id	주택의 고유 ID
date	주택 판매 날짜
price	주택의 가격
bedrooms	침실 수
bathrooms	화장실 수(0.5는 화장실은 있지만 샤워시설은 없는 방을 의미)
sqft_living	주택면적(건물면적, 평방피트)
sqft_lot	대지면적(토지면적, 평방피트)
floors	주택의 층수
waterfront	주택의 해안가 전경 여부
view	주택의 전경에 대한 변수로 0~4 사이의 지수로 표현
condition	주택의 상태를 나타내는 변수로 1~5 사이의 지수로 표현
grade	주택의 등급을 1~13 사이의 지수로 표현
sqft_above	주택의 지상면적
sqft_basement	주택의 지하면적
yr_built	건축연도
yr_renovated	건물 리모델링 연도
zipcode	우편번호
lat	위도(latitude)
long	경도(longitude)
sqft_living15	가장 가까운 15개 이웃의 주택면적
sqft_lot15	가장 가까운 15개 이웃의 토지면적

3.2.3.1 Kaggle 부동산 가격 예측 데이터 탐색 및 전처리

01 'King county real-state price' 데이터를 WiseProphet에 로딩하였다. 데이터에 대한 기본적인 정보는 ❶에서 확인할 수 있으며 결측값과 중복값은 없었으며 21개 변수에 대해 21,613개의 데이터가 데이터셋에 존재한다.

❷ 'id'는 King county에서 거래된 주택을 구별하기 위한 id로 실제 분석에서 사용될 필요가 없으며 'date' 또한 분석에서 사용되지 않은 변수이기 때문에 사용을 비활성화하기 위해 ❸과 같이 사용을 클릭하여 비활성화하였다.

02 연속형 변수의 데이터 분포와 데이터 통계를 확인하기 위하여 'price' 변수명의 돋보기 기능을 클릭하여 데이터 분포를 확인하였다. 가격이 상승할수록 거래된 주택의 수는 감소하였다.

부동산 거래에 있어 가격이 비싼 주택의 거래는 일반적 사항이 아니기 때문에 주택 가격 예측을 하여 거래를 위해 가격 측정을 위한 참고자료로 부적격하다고 판단하여 이를 분석에서 제거하였다.

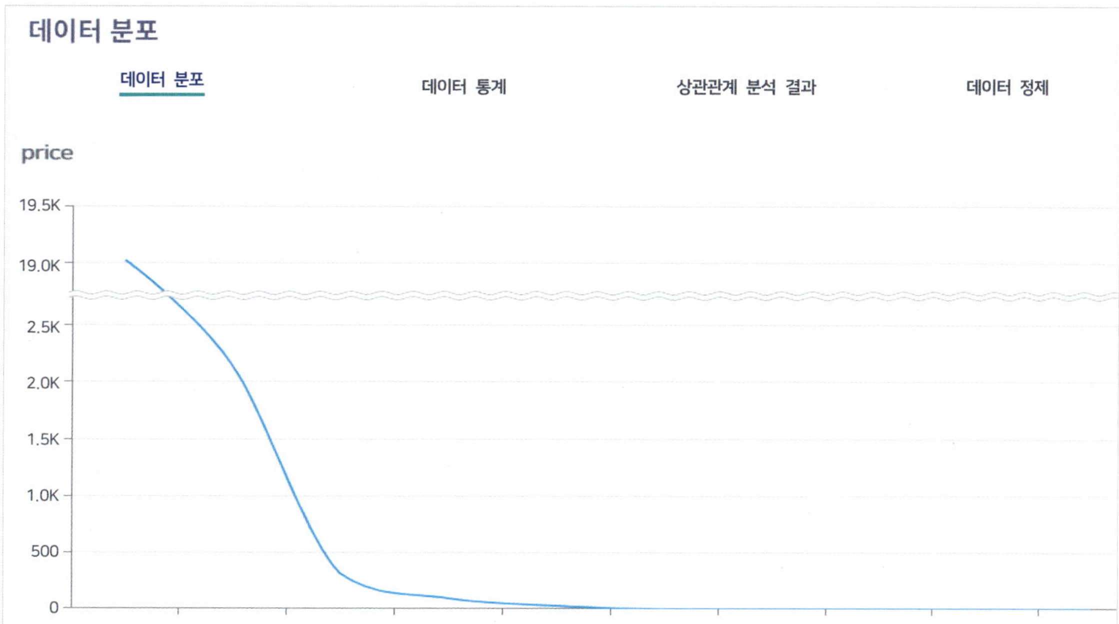

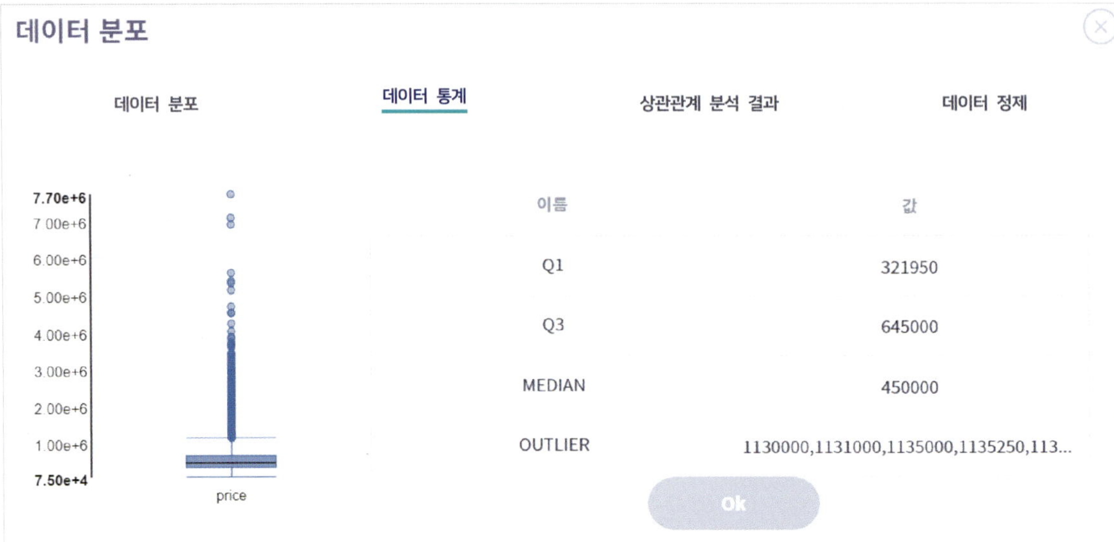

03 이상치를 제거하기 위해 'price'의 데이터 분포, 데이터 정제를 클릭하였다.
이상치를 제거하기 위해 ❶, ❷와 같이 사용과 제거를 클릭하여 활성화하였다. 이상치를 처리하는 방법에는 이상치를 제거하는 방법을 포함하여 빈도수가 많은 데이터로 대체하거나 평균값으로 대체하는 등의 다양한 방법이 있으므로 모델의 성능을 보면서 재시도해볼 수 있다.

04 'price'에 대한 이상치가 제거되어 처음 21,613개의 데이터는 1,146개가 삭제되어 20,467개가 된 것을 확인하였다.

05 King county 부동산 거래 가격 데이터의 경우 모두 연속형 변수이면서 그 범위가 상이하기 때문에 범위를 맞추고자 MinMax Scale을 선택하여 최솟값과 최댓값을 기준으로 정규화하는 작업을 실시하였다.

06 데이터 탐색 및 사용 변수에 대한 정리, 이상치에 대한 점검이 완료되어 ❶과 같이 목표변수인 'price'를 선택하였다. 그 후 ❷와 같이 선택을 클릭하여 특징 선택 단계로 진입하였다.

3.2.3.2 Kaggle 부동산 가격 예측 데이터 특징 선택과 모델 학습

특징 선택에서는 초기 입력되었던 21개의 변수 중에서 불필요한 변수가 제거된 후 18개의 연속형 변수들이 목표변수인 'price'를 예측하는데 얼마나 역할을 하고 있는지를 설명하고 있는 것으로 가장 큰 영향을 미치는 것은 'grade' 변수였으며 거실 크기 등의 변수가 가격을 예측하는데 중요한 변수로 역할하고 있었다.

01 ❶은 연속형 변수에 대한 상관관계를 확인할 수 있는 것으로 목표변수가 연속형 변수일 뿐만 아니라 모든 변수가 연속형 변수이기 때문에 상관관계를 확인하고자 하였다. 이때 상관관계는 앞서 데이터 탐색 단계에서 정리된 변수들을 기준으로 분석된다.

02 상관관계 분석을 살펴본 결과 상관관계가 높을수록 양의 관계에서는 붉은색으로, 음의 관계에서는 파란색으로 가는데 Extra Tree를 통해 분석한 목표변수 예측에 영향을 주는 정도와 목표변수와의 상관관계 결과와 약간의 차이가 있는 것을 확인할 수 있었다.

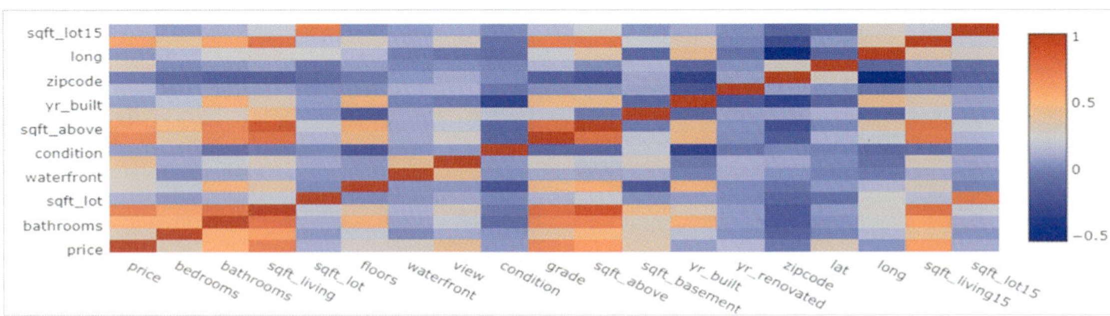

상관관계 분석 결과에서는 'grade'보다 'sqft_living'이 더 높은 상관관계를 보이는 것을 확인할 수 있었지만 특징 선택에서는 'grade'이 'sqft_living'보다 더 중요한 변수였다.
이를 통해서 상관관계와 특징 선택 등 다양한 방법을 통해 목표변수에 미치는 영향을 고려하여 머신러닝 변수를 선택해야 한다는 것을 알 수 있다.

또한 이번 데이터의 경우 앞서 살펴봤던 데이터셋인 고객생애가치 데이터셋과 차이가 존재하는 것이 하나 있었는데 이는 목표변수와 독립변수 사이의 상관관계에서 King county 부동산과의 상관관계가 있는 변수들이 더 많이 존재한다는 것이었다.

03 특징 선택을 완료한 후 목표변수인 'Price'에 맞춰 WiseProphet은 회귀 모델을 자동적으로 활성화시킨 것을 확인할 수 있다.

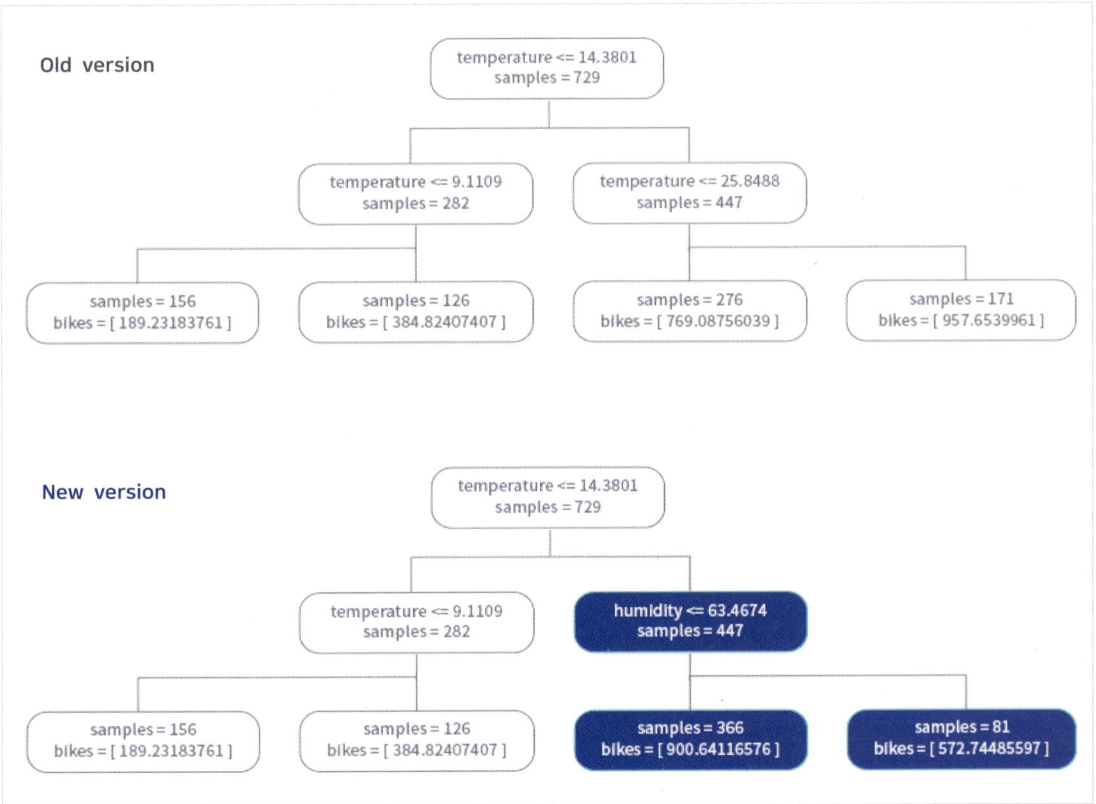

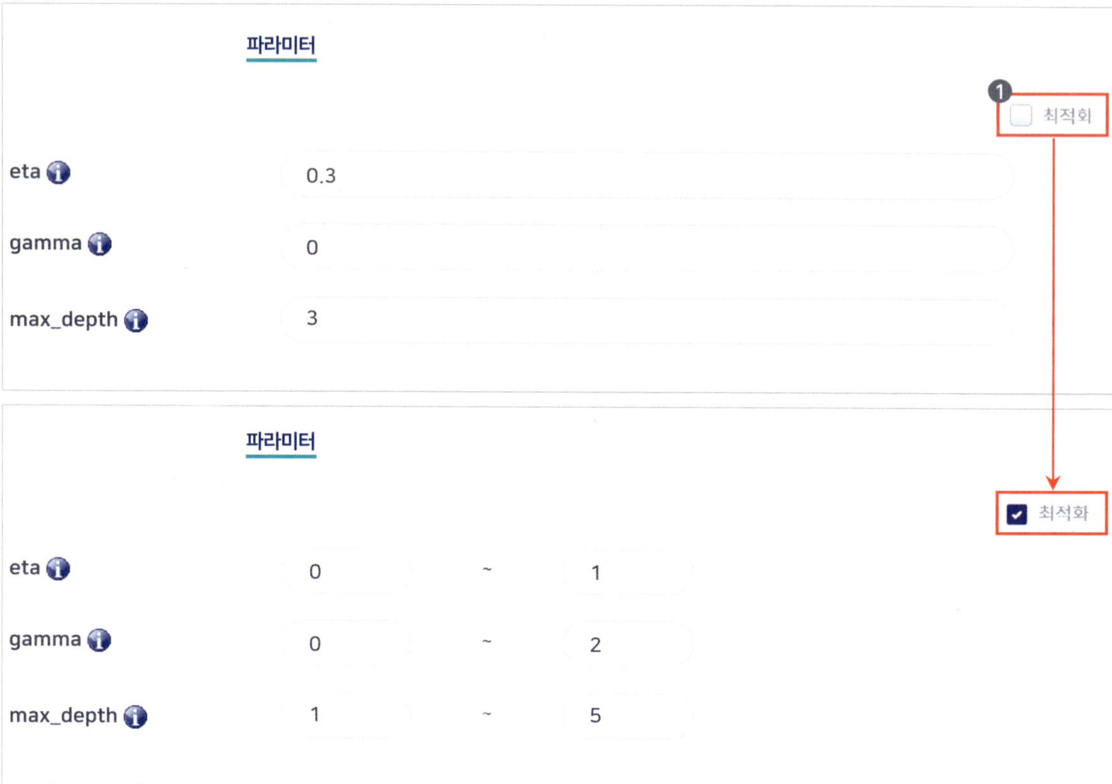

이번 실습에서는 XGBoost 알고리즘을 선택하여 활용하였다. 이것은 동일한 부스팅 방법인 Gradient Boosting mode보다 효율적으로 알려져 있고 XGBoost를 사용하면서 하이퍼파라미터를 디폴트값이 아닌 최적화 방법을 사용하는 예시를 보이고자 하였다. 최적화 메뉴를 선택하면 모델 실행 시간은 증가하겠지만 반복적 실행을 통해 좋은 성능을 가진 모델이 개발되는 과정을 제시하고자 하였다.
이 또한 3.1.2에서 제시한 다양한 성능개선 방법으로 재시도할 수 있으니 일차적으로 제시하는 조건으로 모델을 실행해보고 원하는 수준의 성능이 나오지 않으면 다양한 재시도를 해보길 바란다.

04 알고리즘과 파라미터 설정 후 검증 데이터 비율 설정 단계로 넘어가면 기존과 다른 화면이 나타나는 것을 확인할 수 있다. 이는 최적화가 전 단계에서 파라미터를 최적화 방법으로 모델을 여러 번 실행시키는 것이므로 교차 검증을 하지 않기 때문에 학습-검증 데이터 비율분할만이 가능한 것을 확인할 수 있다. 이번 실습에서도 마찬가지로 학습과 검증 데이터 비율을 70:30으로 설정하기 위해 검증 데이터 분할 비율을 30으로 설정하였다.

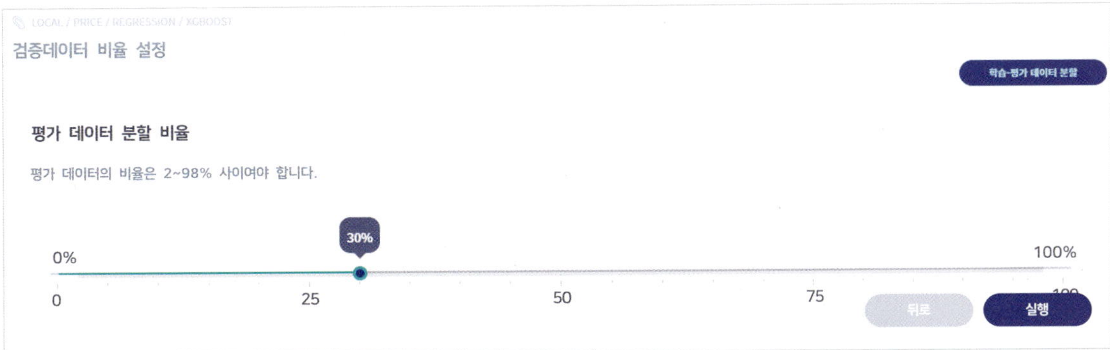

05 아래 그림은 회귀 모델로써 XGBoost를 실행한 결과이다.

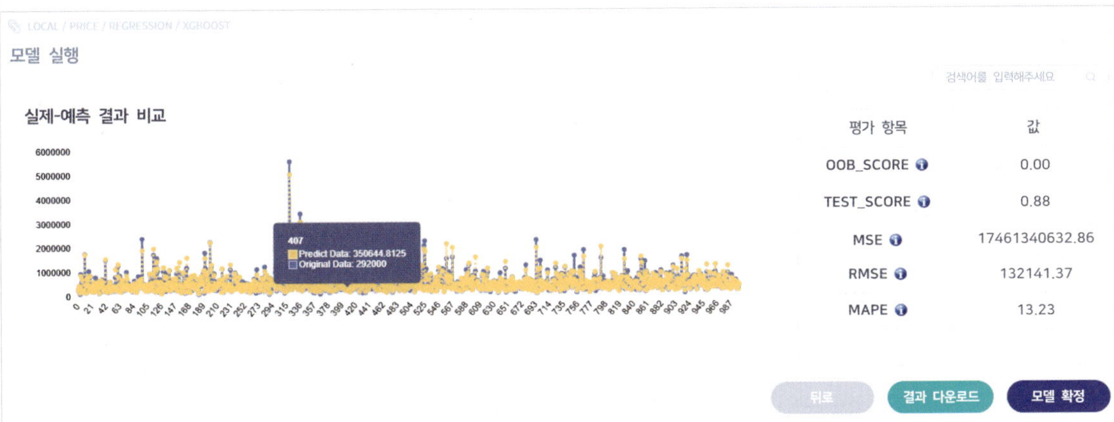

앞서 실습했던 'CustomerLifetimeValue'와 결과를 비교하였을 때 시각화 결과에서도 예측을 의미하는 노란색 점들이 실제값인 파란색을 잘 쫓아가고 있는 것을 확인할 수 있으며 이는 좋은 성능을 보이고 있다는 것을 의미한다.
결정계수를 의미하는 TES_SCROE 또한 0.88로 높은 성능을 보이고 있고 MAPE 또한 13.23으로 오차가 작다는 것을 확인할 수 있었다.
그럼에도 불구하고 앞절에서 성능개선을 위한 다양한 방법, 즉 앙상블 알고리즘 처리를 비롯한 추가적인 시도를 해볼 수 있을 것이다.

06 예측 결과를 CSV 파일을 다운로드받아 확인하면 예측값과 실제값을 확인할 수 있다.

F	G	H	I	J	K	L	M	N	O	P	Q	R	S	T
lat	long	sqft_above	sqft_basen	sqft_living	sqft_living	sqft_lot	sqft_lot15	view	waterfront	yr_built	yr_renovat	zipcode	predict_y	real_y
47.57	-122.02	1140	0	1140	1150	3104	2981	0	0	1988	0	98029	337380.5	310000
47.74	-121.98	1720	0	1720	1410	5000	8300	0	0	1932	2009	98019	472546.3	420000
47.48	-122.18	720	0	720	970	7200	8027	0	0	1943	0	98058	204011.5	199000
47.3	-122.27	1100	0	1100	1530	17334	18694	0	0	1978	0	98001	209013	139000
47.69	-122.02	3830	0	3830	3830	6765	6507	0	0	2014	0	98053	884709	963990
47.37	-122.13	2200	0	2200	2200	4240	4311	0	0	2003	0	98042	301221.6	290000
47.73	-122.29	1590	480	2070	2050	8127	8131	0	0	1924	2003	98125	738731.6	600000

3.2.4 K-야구 데이터를 이용한 선수 성적 예측

K-야구 데이터는 한국야구위원회(https://www.koreabaseball.com) 사이트의 기록실 데이터와 스탯티즈(http://www.statiz.co.kr) 사이트의 기록실 데이터를 이용해 2000년도부터 2020년도까지 한국 야구 선수들의 타석, 득점, 타율 등에 대한 선수별 타격 지표 데이터와 경기 기여도를 포함한 33개의 변수에 대한 4,707건의 데이터가 존재한다. 목표변수인 WAR(Wins Above Replacement, 대체 수준 대비 승리 기여)를 예측하기 위해 회귀 방법을 사용하여 실습을 진행하고자 한다.

- 데이터셋: https://www.koreabaseball.com, http://www.statiz.co.kr에서 수집
- 변수 설명

변수	설명
년도	년도
이름	선수 이름
팀 ID	팀 ID
포지션 ID	야구의 포지션은 9명, 각각의 포지션은 1부터 9까지 선수 번호를 가지고 있다
경기수	경기 수, 현 프로야구에서 각 팀은 144게임씩 총 720경기를 가짐
타석	야구에서 타자가 공을 치도록 정해 놓은 구역
타수	타자가 타석에 들어서서 타격을 완료한 횟수
득점	야구의 안타나 볼넷 등으로 출루하였거나 루상에 교체된 주자가 본루를 밟음으로써 기록되는 공격측의 점수
안타	수비수의 실책 없이 1루 베이스에 도착한 것
2타	2루타수
3타	3루타수
홈런	타자가 타격을 한 뒤 한번에 모든 루를 통과하여 홈으로 돌아와 득점하는 것
루타	안타로 출루한 베이스 개수. 1루타+2×2루타+3×3루타+4×홈런
타점	자신의 타석에서 타구를 쳐 인플레이가 발생했을 때 주자가 득점에 성공
도루	베이스에 있는 주자가 공과 상관없이 다음 베이스로 가는 것
도실	도루 실패수
볼넷	타자가 타석에서 4개의 볼 카운트를 얻어내 1루로 나가는 것
사구	타자의 몸에 맞는 공
고4	야구에서 고의적인 볼넷으로 타자를 1루로 출루시키는 것
삼진	야구에서 스트라이크를 세 번 당하는 것

병살	타자의 타격 후 수비수가 그 타구를 잡아 2명의 주자를 아웃시키는 것
희생타	타자 자신은 아웃되지만 자기편의 주자가 진루하거나 득점할 수 있게 치는 타격
희비	야구의 뜬공에 대한 규칙 또는 그것을 이용한 플레이의 일종
타율	타율=안타/타수
출루	타석에 나왔을 때 아웃을 당하지 않고 주자로 살아남는 확률
장타	단타를 제외한 2루타, 3루타, 홈런을 총칭해서 이르는 말
OPS	피출루율+피장타율
wOBA	가중 출루율(Weighted On-Base Average)
WRC	조정 득점 창출력(Weighted Runs Created)
WAR	대체 수준 대비 승리 기여(Wins Above Replacement)
WPA	승리 확률 기여도(Win Probability Added)
WAA	평균 수준 대비 승리 기여(Wins Above Average)

3.2.4.1 K-야구 데이터 선수별 승률 데이터 탐색 및 전처리

01 K-야구 데이터를 WiseProphet에 로딩하였다. 데이터에 대한 기본적인 정보는 ❶에서 확인할 수 있으며 중복값은 없었고 32개 변수에 대해 전체 4,707데이터 중 4,416개의 데이터가 학습 데이터셋에 존재한다.

❷ '이름'은 선수를 구별하기 위한 변수로 실제 분석에서 사용될 필요가 없으며 '년도' 또한 분석에서 사용되지 않은 변수이기 때문에 사용을 비활성화하기 위해 ❸과 같이 사용을 클릭하여 비활성화하였다.

02 연속형 변수의 데이터 분포와 데이터 통계를 확인하기 위하여 'WAR' 변수명의 돋보기 기능을 클릭하여 데이터 분포를 확인하였다.

선수의 승률을 예측함에 있어 음수인 값과 이상치로 보여지는 값들도 모두 의미가 있기 때문에 이상값 설정이 없이 분석을 진행하였다.

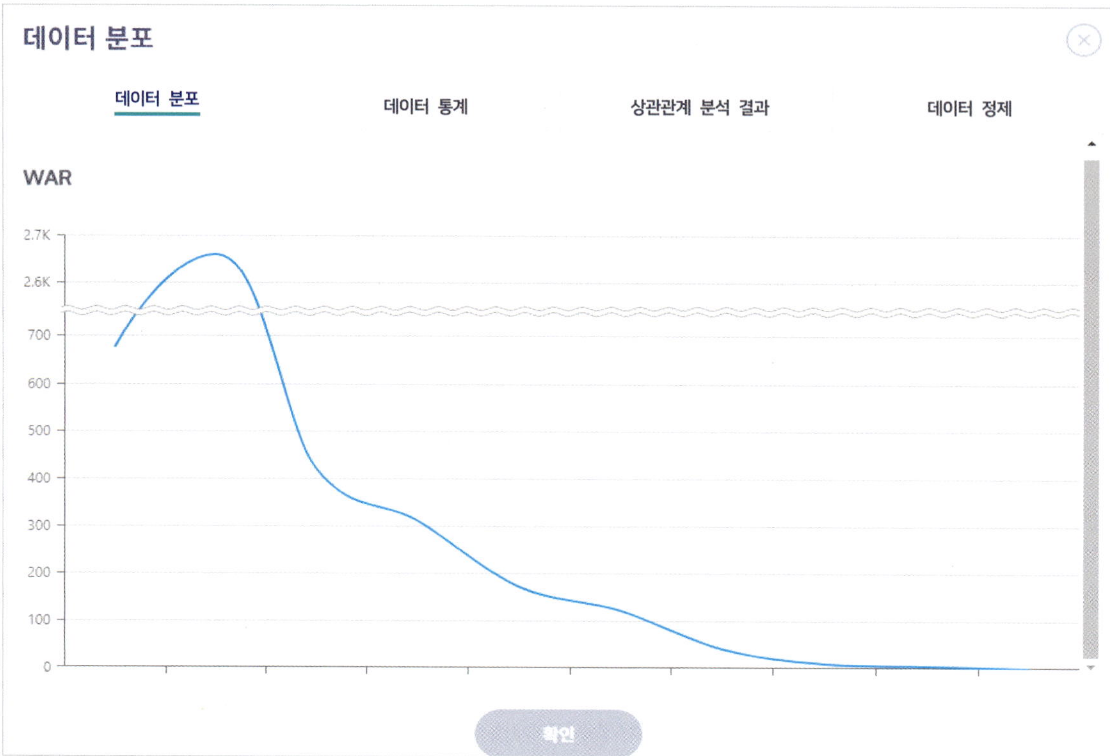
데이터 분포
데이터 분포
데이터 통계
상관관계 분석 결과
데이터 정제
WAR
2.7K
2.6K
700
600
500
400
300
200
100
0
확인

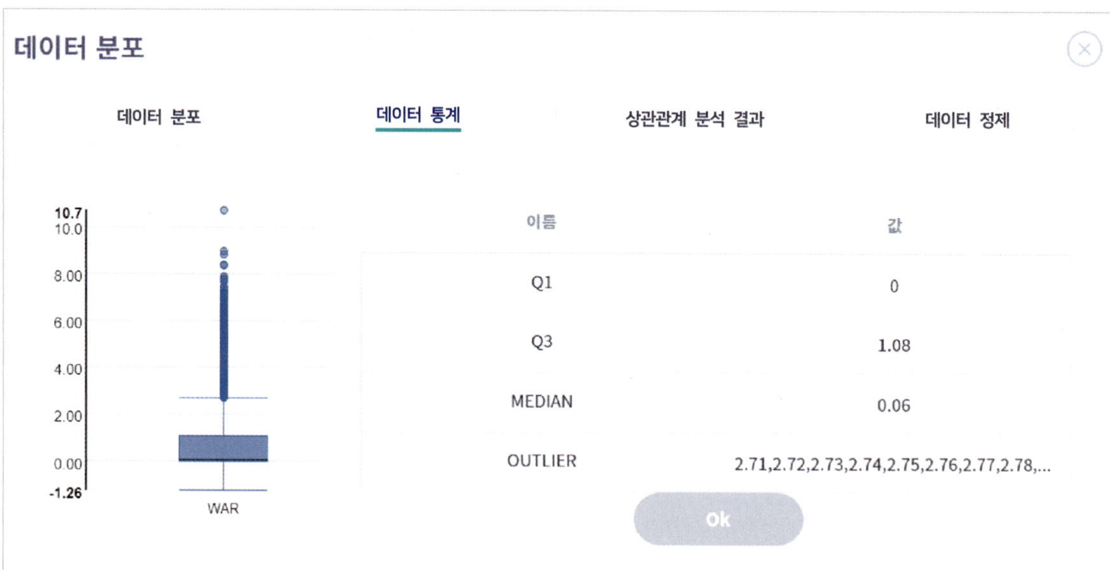
데이터 분포
데이터 분포
데이터 통계
상관관계 분석 결과
데이터 정제
10.7
10.0
8.00
6.00
4.00
2.00
0.00
-1.26
WAR
이름
값
Q1
0
Q3
1.08
MEDIAN
0.06
OUTLIER
2.71,2.72,2.73,2.74,2.75,2.76,2.77,2.78,...
Ok

03 중복값, 결측값, 이상값에 대해 정제가 필요할 경우 정제가 필요한 변수의 좌측의 돋보기 모양을 클릭한 후 데이터 정제 메뉴로 들어간다. 이후 중복값, 결측값, 이상값의 ❶ '사용'을 클릭하여 해당 영역을 정제하기로 설정 한 후 ❷ '제거'를 클릭하여 삭제한다.

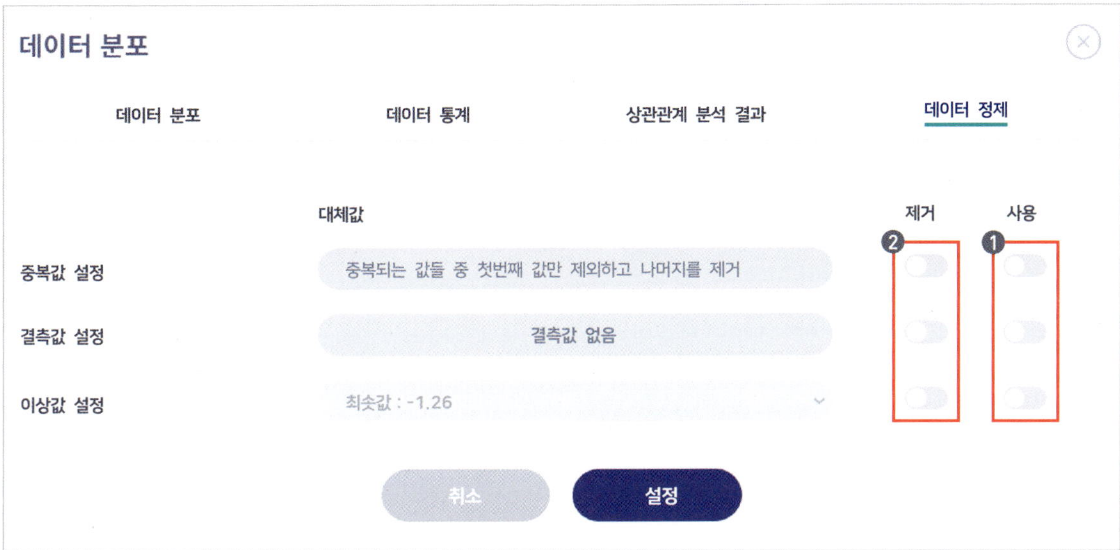

04 K-야구 데이터의 경우 '팀 ID', '포지션 ID' 변수를 제외하고 모두 연속형 변수이면서 그 범위가 상이하기 때문에 범위를 맞추고자 MinMax Scale을 선택하여 최솟값과 최댓값을 기준으로 정규화하는 작업을 실시하였다.

05 데이터 탐색 및 사용 변수에 대한 정리, 이상치에 대한 점검이 완료되어 ❶과 같이 목표변수인 'WAR'를 선택하였다. 그 후 ❷와 같이 선택을 클릭하여 특징 선택 단계로 진입하였다.

3.2.4.2 K-야구 데이터 선수별 승률 데이터 특징 선택과 모델 학습

특징 선택에서는 초기 입력되었던 32개의 변수 중에서 불필요한 변수와 목표변수가 제거된 후 29개의 연속형 변수들이 목표변수인 'WAR'를 예측하는데 얼마나 역할을 하고 있는지를 설명하고 있는 것으로 가장 큰 영향을 미치는 것은 '득점'변수였으며 루타, WAA 등의 변수가 목표변수를 예측하는데 중요한 변수로 역할하고 있었다.

01 ❶은 연속형 변수에 대한 상관관계를 확인할 수 있는 것으로 목표변수가 연속형 변수일 뿐만 아니라 대부분의 변수가 연속형 변수이기 때문에 상관관계를 확인하고자 하였다. 이때 상관관계는 앞서 데이터 탐색 단계에서 정리된 변수들을 기준으로 분석된다.

02 상관관계 분석 화면을 보면 변수 간의 상관관계가 높을수록 붉은색으로, 낮을수록 파란색으로 표시되며 상관관계 분석을 통해 변수 간에 상관도가 높은 변수들이 있고 해당 변수들이 Extra Tree를 통해 분석한 중요도가 높은 변수들임을 확인할 수 있다. 회귀 분석 시 상관이 높은 변수가 많은 데이터의 경우 목표변수에 대한 다중공선성 등 분석 결과에 영향을 줄 수 있음을 고려하여 변수를 선택해야 한다는 것을 알 수 있다.

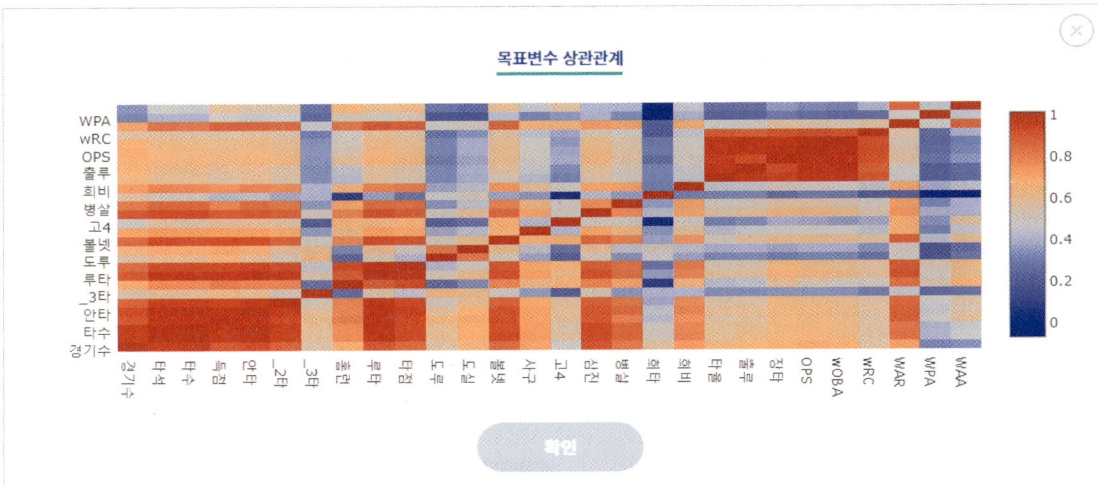

03 특징 선택을 완료한 후 목표변수인 'WAR'에 맞춰 WiseProphet은 회귀 모델을 자동적으로 활성화시킨 것을 확인할 수 있다.

이번 실습 또한 XGBoost를 활용하였다. 이 알고리즘은 앞에서 설명한 것처럼 부스팅 방법인 Gradient Boosting mode보다 효율적으로 알려져 있다.

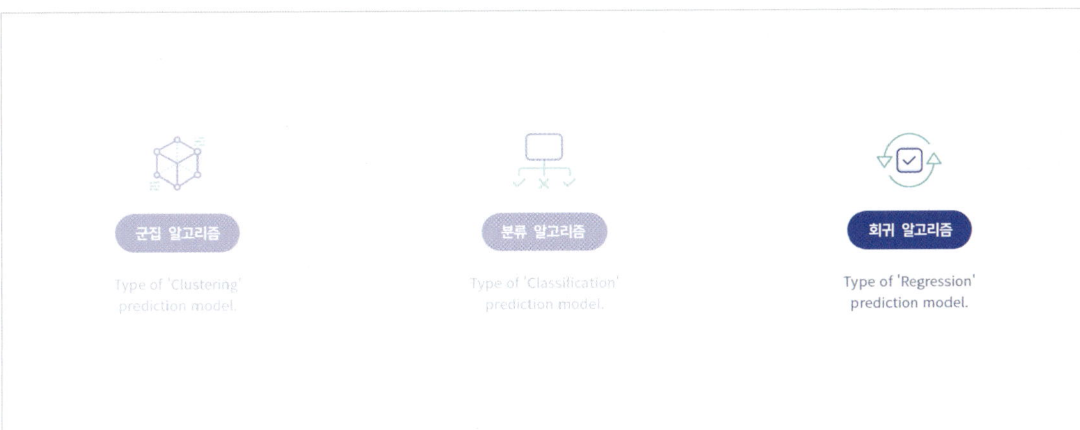

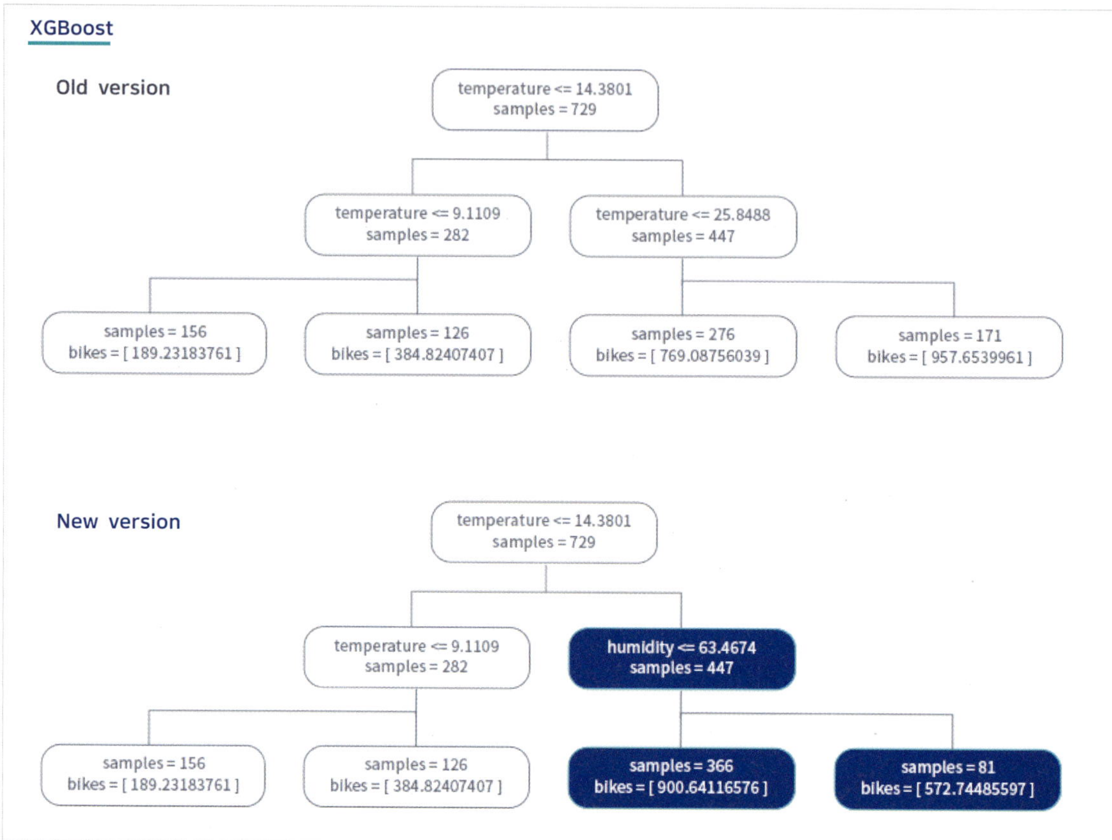
XGBoost
Old version
temperature <= 14.3801
samples = 729
temperature <= 9.1109
samples = 282
temperature <= 25.8488
samples = 447
samples = 156
bikes = [189.23183761]
samples = 126
bikes = [384.82407407]
samples = 276
bikes = [769.08756039]
samples = 171
bikes = [957.6539961]
New version
temperature <= 14.3801
samples = 729
temperature <= 9.1109
samples = 282
humidity <= 63.4674
samples = 447
samples = 156
bikes = [189.23183761]
samples = 126
bikes = [384.82407407]
samples = 366
bikes = [900.64116576]
samples = 81
bikes = [572.74485597]

파라미터
1
최적화
eta
0.3
gamma
0
max_depth
3

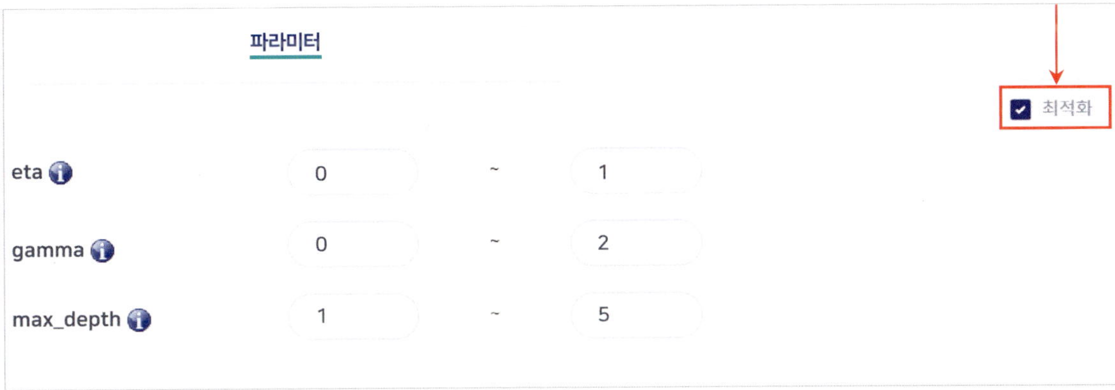

04 만약 최종적인 모델 실행 결과에서 원하는 수준의 성능 결과값이 나오지 않으면 앞에서 예시를 통하여 제시한 것과 같이 다른 알고리즘을 실행해보거나 하이퍼파라미터 변경 등 추가적인 개선작업을 시도할 수 있다.

알고리즘과 파라미터 설정 후, 검증 데이터 비율 설정으로 넘어가면 역시 기존과 다른 것을 확인할 수 있다. 이는 전 단계에서 파라미터를 최적화 방법으로 모델을 여러 번 실행시키기 때문에 교차 검증이 필요없고 학습-검증 데이터 분할만이 가능한 것이다.

이번 실습에서도 마찬가지로 학습과 검증 데이터 비율을 70:30으로 설정하기 위해 검증 데이터 분할 비율을 30으로 설정하였다.

05 아래 그림은 회귀 모델로써 XGBoost를 실행한 결과이다.

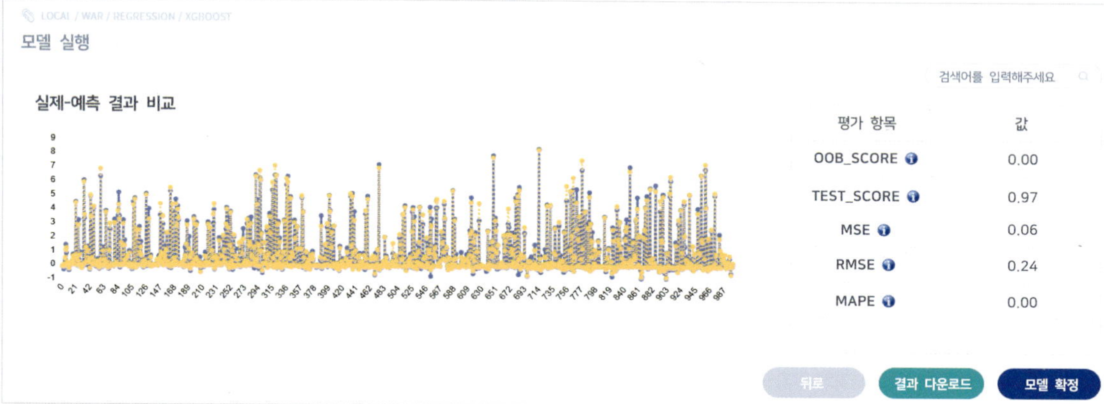

본 예시의 결과는 앞서 실습했던 'CustomerLifetimeValue'와 결과를 비교하였을 때 시각화 결과에서도 예측을 의미하는 노란색 점들이 실제값인 파란색을 잘 쫓아가고 있는 것을 확인할 수 있었으며 이는 충분히 좋은 성능을 보이고 있다는 것을 의미한다.

결정계수를 의미하는 TEST_SCORE 또한 0.97로 높은 성능을 보이고 있었으며 RMSE 또한 0.24, MAPE는 0으로 오차가 작다는 것을 확인할 수 있었다.

이는 충분히 우수한 모델이라고 판단되지만 그럼에도 불구하고 앞절에서 성능개선을 위한 다양한 방법, 즉 앙상블 알고리즘 처리를 비롯한 추가적인 시도를 해볼 수 있을 것이다.

06 예측 결과를 CSV 파일을 다운로드받아 확인하면 예측값과 실제값을 확인할 수 있었다.

BC	BD	BE	BF	BG	BH	BI	BJ	BK	BL	BM	BN	BO	BP	BQ	BR	BS	BT
포지션ID	포지션ID	포지션ID	포지션ID	포지션ID	포지션ID	포지션ID	포지션ID	포지션ID	포지션ID	포지션ID	포지션ID	포지션ID	홈런	희비	희타	predict_y	real_y
0	0	0	0	0	0	0	0	0	0	0	0	0	0	0	0	-0.12	-0.13
0	0	0	0	0	0	0	0	0	0	0	0	0	0	0	0	-0.06	-0.08
0	0	0	0	0	0	0	0	0	0	0	0	0	0	0	1	-0.15	-0.34
0	0	0	0	0	0	0	0	0	0	0	0	0	0	1	4	0	-0.09
0	0	0	0	0	0	0	0	0	0	0	0	0	3	4	10	0.46	0.29
0	0	0	0	0	0	0	0	0	0	0	0	0	8	2	12	1.02	1.43
0	0	0	0	0	0	0	0	0	0	0	0	0	0	3	16	1.18	0.83
0	0	0	0	0	0	0	0	0	0	0	0	0	1	0	1	0.15	0.11
0	0	0	0	0	0	0	0	0	0	0	0	0	0	0	0	-0.06	-0.06
0	0	0	0	0	0	0	0	0	0	0	0	0	0	0	0	0.1	0.03

3.2.5 Kaggle 아마존 주가 예측

시간의 변화는 모든 인간, 기업 등에게 공통적으로 나타나는 것으로 미래의 변화를 예측할 수 있다는 것은 전략과 앞으로의 계획을 준비하는데 많은 도움이 될 것이다. 시간적 변화에 대한 가장 대표적인 데이터는 아마 주식가격 데이터일 것으로 생각되는데, 이번 실습에서는 아마존 주가 데이터의 2006년 1월 3일부터 2017년 12월 29일까지의 시작가, 고가, 저가, 종가, 거래량에 대한 데이터를 이용하여 시계열 분석 딥러닝 알고리즘인 RNN 방법을 이용하여 2015년까지의 데이터로 학습함으로써 2016년 1월부터 2017년 12월까지의 변화를 예측할 것이다.

이번 실습에서는 RNN 데이터를 이용하지만 LSTM 알고리즘은 RNN 알고리즘의 장기 기억력 문제를 해결하고자 한 알고리즘으로 이번 실습을 진행 후 뒤쪽에서 별도로 LSTM을 실습하는 예제를 다루었다.

- 데이터셋: https://www.kaggle.com/szrlee/stock-time-series-20050101-to-20171231
- 변수 설명

변수	설명
Date	날짜
Open	주식시장 시작가
High	하루 거래 중 최고가
Low	하루 거래 중 최저가
Close	주식시장 마감 가격, 목표변수
Volume	거래량
Name	해당 기업의 이름

3.2.5.1 Kaggle 아마존 주가 데이터 탐색 및 전처리

아마존 주가 데이터를 로딩하면 데이터셋이 2006년 1월 3일부터 2017년 12월 29일까지 3,019일 동안의 시간, 시작가, 최고가, 최저가, 종가, 거래량, 이름의 7개의 변수로 이루어져 있다는 것을 확인할 수 있다. RNN, LSTM과 같은 시계열 데이터의 경우에 Date 변수가 중복이 있어서는 안 된다.

01 ❶과 같이 데이터의 개수와 'Date'의 변수 유일값의 수가 같아 중복이 없음을 확인하였다. 그 다음으로는 ❷와 같이 주가와 관련된 데이터 값의 최솟값과 최댓값들이 차이가 극심하다는 것을 확인하였다($26~$1,213). 이에 제대로 된 분석이 어려운 상황이다.

02 데이터의 최소, 최댓값의 차이가 극심하기 때문에 제대로 된 분석이 어려워 이 차이를 보정하기 위해 MinMax Scale 방법을 사용하였다.

03 ❶과 같이 'Name' 변수는 유일값 1의 아마존 데이터를 의미하는 변수이기 때문에 분석에서 의미가 없으므로 사용 옵션을 클릭해 비활성화하였다.
❷ 'Close'는 종가를 의미하는 변수로 이번 실습의 목표이기 때문에 목표변수로 지정하여 모든 데이터 탐색에서 필요한 작업을 완료한 뒤 선택을 클릭하여 특징 선택 단계로 넘어갔다.

3.2.5.2 Kaggle 아마존 주가 데이터 특징 선택과 모델 학습

01 특징 선택 단계에서는 목표변수 'Close'를 예측하기 위한 중요도를 파악할 수 있으며 변수의 종류가 적기도 하고 모두 의미있는 변수로 모두 선택하는 것으로 하고 별도의 작업없이 특징 선택을 마무리하였다.

02 목표변수인 'Close'는 연속형인 수치형 변수이기 때문에 회귀 알고리즘이 활성화된 것을 확인할 수 있었다. 본 실습에서는 시간변수 'Date'의 변화에 따른 'Close'를 예측하는 것이기 때문에 딥러닝 방법 중 시계열 데이터 분석의 기본적인 알고리즘은 RNN을 선택하였으며 파라미터는 모두 디폴트값으로 지정하였다. 만약 최종적인 실행 결과에서 원하는 수준의 예측성능이 나오지 않으면 역시 앞절에서 예시한 다양한 방법, 즉 다른 알고리즘의 선택이나 하이퍼파라미터값 변경과 같은 추가적인 개선작업을 시도할 수 있다.

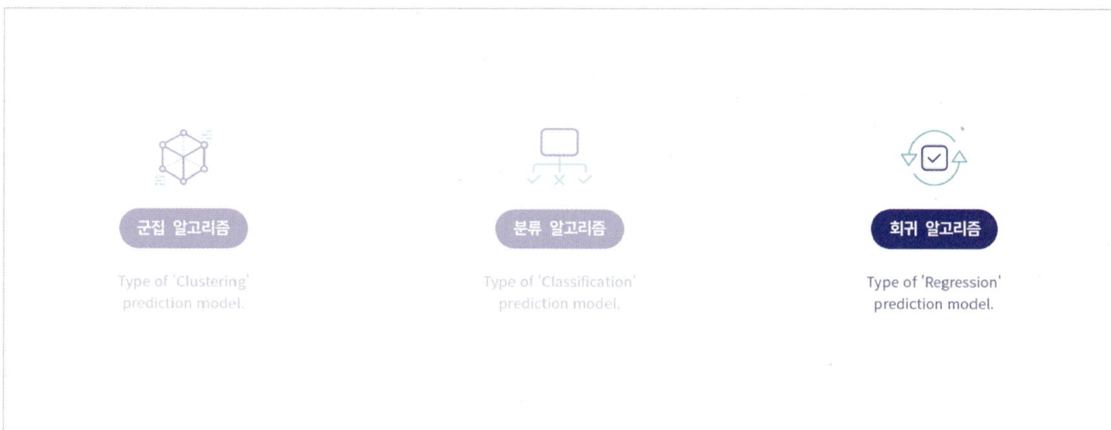

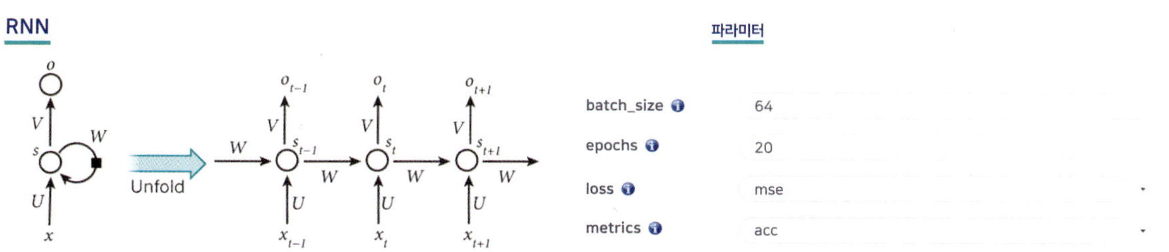

03 학습 설정에서는 ❶과 같이 Date 변수가 포함되어 있기 때문에 시간변수인 'Date'를 통해 학습 데이터를 지정한다는 것을 확인할 수 있다.

❷에서는 드래그 방식으로 학습 기간을 지정할 수 있다.

❸에서는 캘린더에서 클릭하여 학습 기간을 지정할 수 있다.

본 실습에서는 수동 지정에서 2015년 12월 31일까지를 학습 기간으로 설정할 것이다.

04 ❶을 클릭하면 캘린더가 활성화되며 년과 월, 일을 클릭하여 설정할 수 있을 뿐만 아니라 시간까지 설정 가능하다.

본 실습에서는 일 단위의 데이터이기 때문에 시간은 별도로 설정하기 않았다.

❷ 2015년 12월 31일을 클릭하여 이 기간까지를 학습으로 설정하였다.

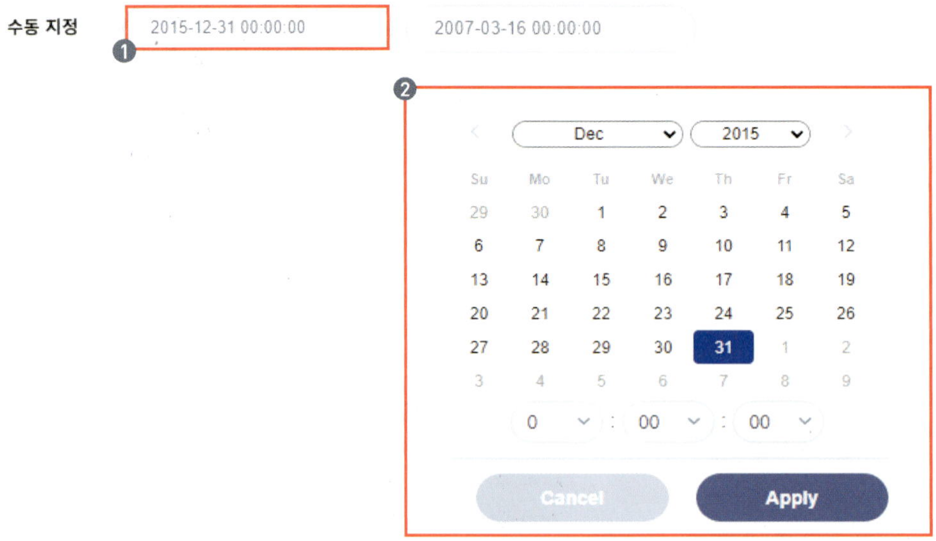

05 ❶과 같이 2015년 12월 31일까지 학습 기간으로 설정된 것을 확인할 수 있으며 그 이후의 2016년 1월 1일부터 2017년 12월 29일까지를 예측한다.

06 ❶에서는 2016년 1월부터 5월까지 예측된 결과가 시각화된 것을 확인할 수 있다. 실제값인 파란선을 예측값인 노란선이 잘 따라가고 있는 것을 시각적으로 확인할 수 있다.

❷에서는 수치적으로 결과를 확인할 수 있다. 결정 계수가 0.59로 시계열 데이터에서 좋은 예측 결과를 보여주고 있으며 MSE, RMSE, MAPE의 오류값 또한 충분히 낮아 우수한 모델인 것을 확인할 수 있다.

❸에서는 결과를 확인하여 시각적으로 보이지 않았던 2017년 12월 29일까지의 결과가 예측되었는지를 확인한다.

07 다운로드받은 결과를 통해 2017년 12월 29일까지 예측된 결과를 확인할 수 있다.

	A	B	C	D	E	F	G	H
1	Date	Close	High	Low	Open	Volume	y_pred	y_real
2	2016-01-04	636.99	657.72	627.51	656.29	9280761	648.85	636.99
3	2016-01-05	633.79	646.91	627.65	646.86	5822603	620.2	633.79
495	2017-12-15	1179.14	1182.75	1169.33	1179.03	4778621	975.24	1179.14
496	2017-12-18	1190.58	1194.78	1180.91	1187.37	2947625	978.58	1190.58
497	2017-12-19	1187.38	1192.97	1179.14	1189.15	2587792	984.25	1187.38
498	2017-12-20	1177.62	1191	1176	1190.5	2371166	983.19	1177.62
499	2017-12-21	1174.76	1179.17	1167.64	1175.9	2123117	980.63	1174.76
500	2017-12-22	1168.36	1174.62	1167.83	1172.08	1585054	976.54	1168.36
501	2017-12-26	1176.76	1178.32	1160.55	1168.36	2005187	974.19	1176.76
502	2017-12-27	1182.26	1187.29	1175.61	1179.91	1867208	975.81	1182.26
503	2017-12-28	1186.1	1190.1	1184.38	1189	1841676	980.35	1186.1
504	2017-12-29	1169.47	1184	1167.5	1182.35	2688391	982.82	1169.47

물론, 2017년 12월의 예측값과 실제값이 차이가 존재하고 있는 것을 볼 수 있다.

3.2.6 공공 데이터(지역별 환경 데이터)를 이용한 지역별 시간대별 미세먼지농도 예측

본 예제에서는 data.go.kr에서 공개되어 민간 등에서 활용할 수 있도록 개방한 데이터 중 하나를 이용하여 WiseProphet로 머신러닝 모델을 개발하는 과정을 제시하고자 한다. 시계열 분석 딥러닝 알고리즘 중 하나인 LSTM 알고리즘은 RNN 알고리즘의 장기 기억력 문제를 해결한 시계열 분석용 알고리즘이다.

본 예제에서 분석하고자 하는 것은 서울시 특정 지역에 대한 시간별 미세먼지농도를 예측하는 것이다. 분석에 사용할 데이터는 측정지역에 대한 측정일시별 기후와 미세먼지농도 등을 정리한 데이터이며, 데이터의 출처는 공공 데이터로 다음과 같다.

- 데이터셋: https://www.data.go.kr/tcs/dss/selectFileDataDetailView.do?publicDataPk=15021888#/layer_data_infomation

3.2.6.1 특정 지역 시간대별 미세먼지농도 예측 데이터 탐색 및 전처리

01 아래 데이터는 측정한 시점의 날짜, 시, 분 단위까지 나타나 있으며 이는 추후 시계열 분석 시간 단위를 설정할 때 중요한 근거가 되며, 본 예제에서는 '분'을 기준으로 분석할 것이다.

측정일자	재비산먼ㅈ	지역	지역명	도로명	시작점	종점	기온	습도	오염범례
2017-03-07 10:47	19	서울	강서구	개화동로	방화동 62	개화동 65	10	42	매우좋음
2017-03-07 11:14	30	서울	강서구	공항대로	염창동 28	공항동 43	5	39	매우좋음
2017-03-07 11:41	22	서울	강서구	양천로	염창동 26	방화동 51	1	39	매우좋음
2017-03-07 11:52	27	서울	강서구	초원로	방화동 24	방화동 65	1	39	매우좋음
2017-03-07 11:55	9	서울	강서구	마곡중앙5	방화대로3	마곡중앙ㅌ	1	39	매우좋음
2017-03-07 12:04	26	서울	강서구	방화대로	방화동 46	외발산동	2	41	매우좋음
2017-03-07 12:15	11	서울	강서구	금낭화로	방화동 82	방화동 산	2	40	매우좋음
2017-03-07 13:31	5	서울	강서구	하늘길	외발산동	방화동 88	3	35	매우좋음
2017-03-07 13:54	41	서울	강서구	남부순환ㅌ	외발산동	공항동 43	3	35	매우좋음
2017-03-07 14:02	2	서울	강서구	수명로	내발산동	내발산동	3	34	매우좋음
2017-03-07 14:10	198	서울	강서구	마곡중앙ㅌ	양천로 22	수명로 85	3	35	나쁨

02 WiseProphet 시스템에 위 데이터를 업로드한다. WiseProphet은 CSV, TXT 형태의 데이터를 드래그로 업로드할 수 있으며 본 교재의 부록에서 다양한 형태의 데이터를 CSV로 변환하는 방법을 제공하고 있으니 참고하면 된다.

03 데이터를 업로드하면 다음과 같은 데이터 탐색 단계의 화면이 표출된다. 데이터 탐색 단계에서는 업로드한 데이터에 대한 데이터 분포와 통계값 및 상관 분석이 가능하고 데이터의 결측치나 이상값 등을 처리하는 기능이 있다.

지역과 관련한 정보는 범주형 데이터로 유일값이 100개 이상이라 사용하지 않기로 하고 아래와 같이 사용할 데이터를 선택한다.

LOCAL

데이터 탐색

MinMax Scale 검색어를 입력해주세요

데이터셋 정보 (결측값 : 1 중복값 :0 컬럼수 : 11 데이터 갯수 : 1508)

변수명	변수유형	최솟값	최댓값	유일값	중복값	결측값	평균	표준편차	사용	목표변수
도로명	Cate...			1119	389	0	0	0		
시작점	Cate...			1302	206	0	0	0		
종점	Cate...			1315	193	0	0	0		
기온	Nu...	17	31	15	1493	0	25.63	2.92		
습도	Nu...	29	100	71	1437	0	62.28	14.83		
재비산먼지평균농도	Nu...	0	2301	162	1346	0	36.44	112.16		

04 다음 단계로 우리는 특정 지역의 측정시간별로 미세먼지농도를 예측하는 것이 목표이므로 아래와 같이 미세먼지농도를 목표변수로 선택한다.

3.2.6.2 특정 지역 시간대별 미세먼지농도 예측 데이터 특징 선택과 모델 학습

특징 선택 단계에서는 목표변수 제비산미세먼지농도를 예측하기 위한 중요도를 파악할 수 있으며 변수의 종류가 적기도 하고 모두 의미있는 변수로 모두 선택하는 것으로 하고 별도의 작업없이 특징 선택을 마무리하였다.

WiseProphet에서는 크게 분류 모델, 회귀 모델 그리고 군집 모델을 개발할 수 있고 목표변수의 설정 여부와 변수 유형에 따라서 어느 모델을 이용할지를 자동으로 추천해준다.

본 예시의 경우 목표변수를 미세먼지농도로 설정하였고 연속형 변수이기 때문에 기본적으로 회귀 분석 모델을 추천한다.

01 WiseProphet의 분류 모델에서는 Decision Tree, Random Forest, XGBoost, LSTM과 같은 알고리즘을 지원하고 있고 앙상블 기법 또한 제공하고 있기 때문에 원하는 알고리즘을 클릭으로 선택만 하면 된다. 본 예시에서는 우선 아래 그림과 같이 Random Forest 알고리즘을 선택해보도록 한다.

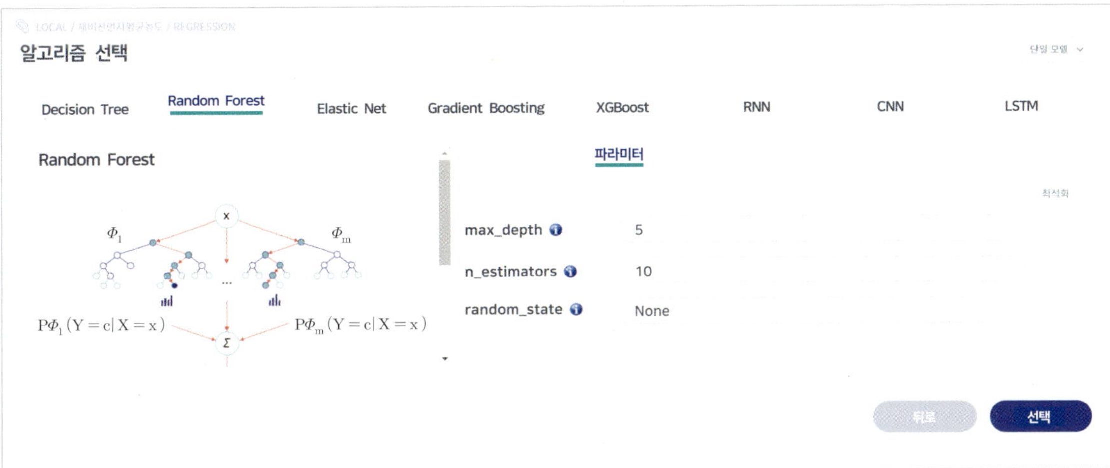

02 랜덤 포레스트 알고리즘을 선택하여 실행한 모델의 분석 결과, 즉 모델의 유효성을 확인한다.

모델의 실행 결과를 보여주는 아래 그림에서 MAPE(정확도)가 100이면 결과가 오류가 매우 높은 것이므로 좋지 않은 모델이고 좌측의 예측값과 실제값을 표현하는 그래프에서도 실제값과 예측한 값의 패턴이 일치하지 않는 것을 볼 수 있다.

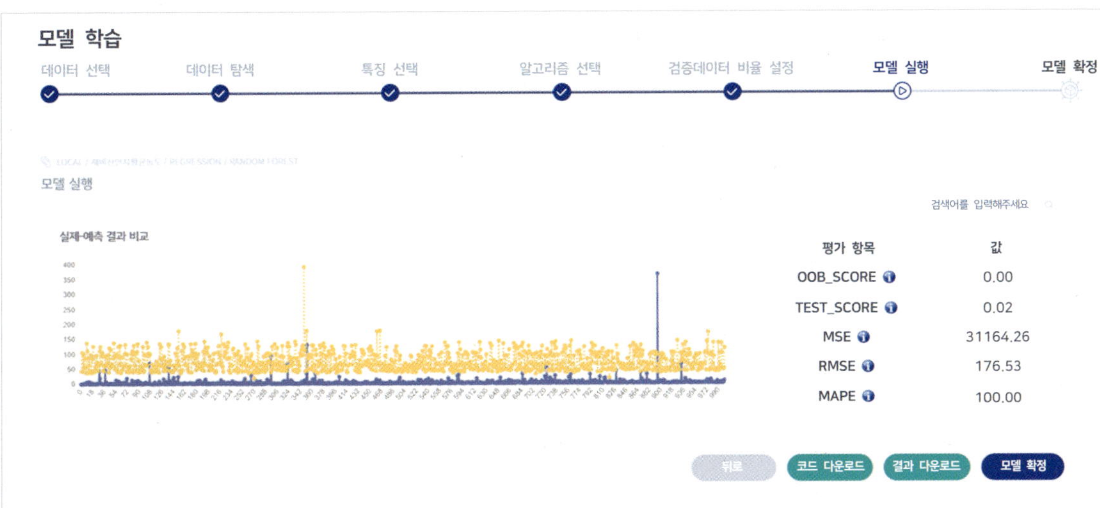

3.2.6.3 특정 지역 시간대별 미세먼지농도 예측 모델의 성능개선 단계

WiseProphet는 모델 실행 결과에서 모델의 성능이 나쁘게 나왔을 경우에 추가적인 성능개선 작업을 지원하는 기능이 다양하다는 것이다. 이것 때문에 WiseProphet가 코딩 전문가와 데이터 과학자가 아니더라도 머신러닝 학습 모델을 개발하고 데이터 분석을 할 수 있다는 것이다.

(1) 알고리즘 변경방법

1차로 만들어진 미세먼지 예측 모델의 성능을 개선하는 방법 중의 하나로 다른 알고리즘을 선택하는 방법이 있다. 분석하고자 하는 데이터가 시계열 데이터이므로 시계열 분석에 유용한 LSTM 알고리즘을 선택하여 모델을 실행해보는 것이다.

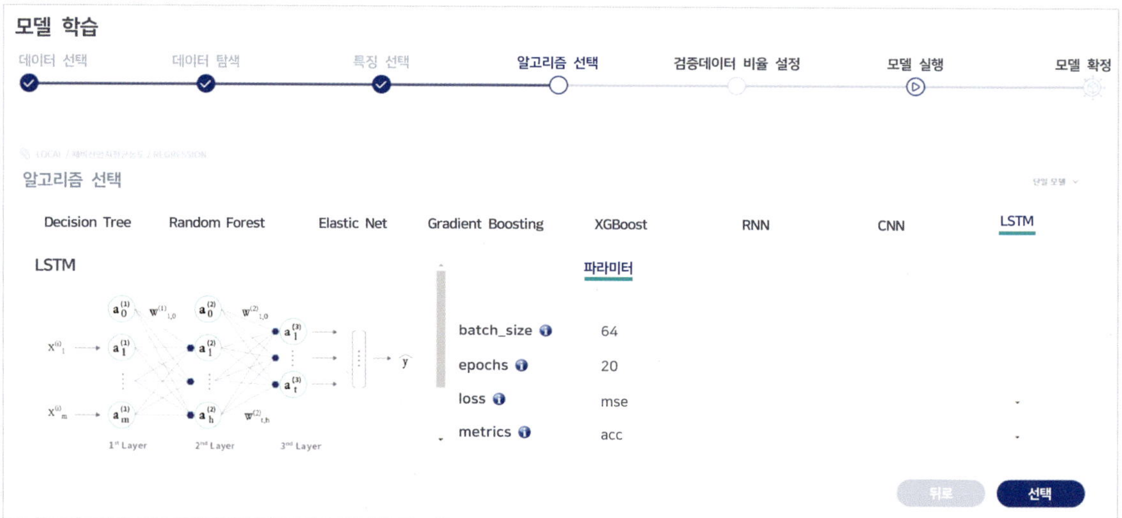

이번에 사용할 LSTM 알고리즘에는 총 6가지의 하이퍼파라미터를 사용할 수 있고 이를 좀더 설명하면 다음과 같다.

- batch_size: 한 번에 학습하는 데이터 수
- epochs: 학습을 1회 완료한 횟수
- loss: 손실 함수. mse, mae, mape가 제공된다.
- metrics: 성능평가 기준. acc, mae, mse가 제공된다.
- optimizer: 모델 최적화 기법. Adam, SGD, RMSprop가 제공된다.
- window_size: 입력 시퀀스의 개수를 지정할 수 있다. 기본값은 1이다.

알고리즘이 선택되고 파라미터를 설정하면 학습 데이터와 검증 데이터 비율을 설정한다. 날짜와 시간 데이터가 인덱스인 시계열 데이터이므로 일시를 기준으로 학습/검증 데이터 비율을 나눈다.

- **인덱스 컬럼:** 날짜, 시간 등 시계열 데이터의 인덱스가 되는 컬럼이고 Date 자료형인 컬럼이 하나일 경우 자동으로 설정된다. 둘 이상이면 사용할 컬럼을 수동으로 설정할 수 있다.
- **시간 단위:** 년, 월, 일, 시, 분, 초 중 하나를 단위로 선택할 수 있다.
- **수동 지정:** 학습 데이터와 검증 데이터의 경계값을 수동으로 지정한다.
- **범위 지정:** 수동 지정과 같은 기능으로 마우스 드래그를 통해 편리하게 지정할 수 있다.

앞서 언급한 시간 단위는 이 단계에서 설정한다. 우리가 사용할 데이터는 연도부터 분 단위까지 존재하므로 이 중 가장 작은 시간 단위인 '분'을 단위로 선택하면 되고 또한 이전 단계에서 window_size의 값은 기본값인 1로 설정했기에 단위값은 1로 설정한다.

설정을 완료하였으므로 아래와 같이 실행을 클릭하여 학습을 시작하면 된다.

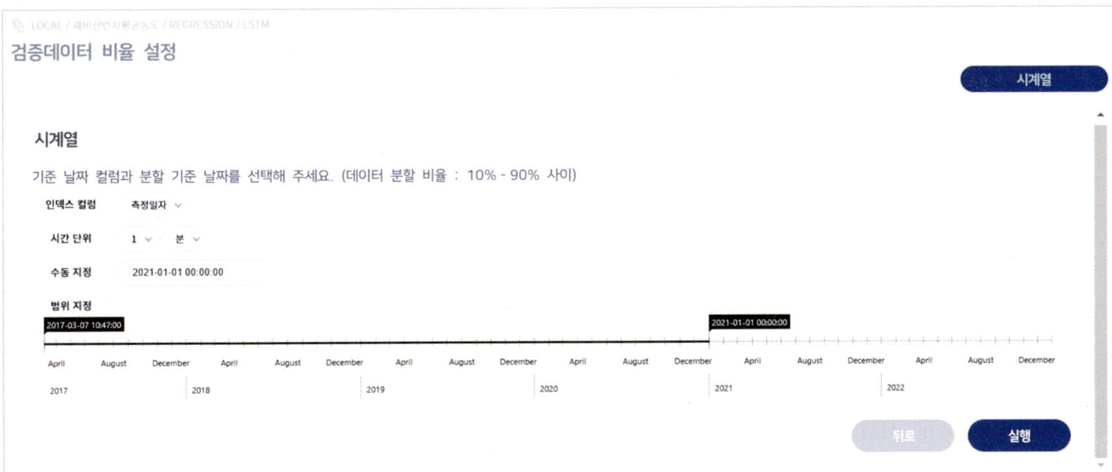

LSTM으로 실행한 결과는 아래와 같다.

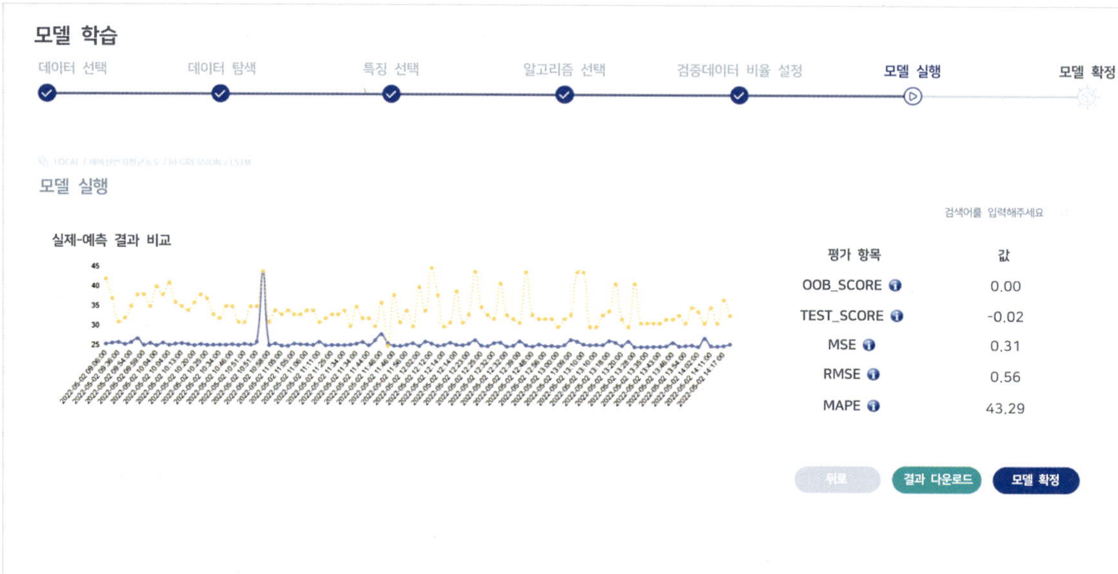

LSTM으로 알고리즘을 변경하여 처리한 결과 또한 TEST_SCORE는 0.02, MAPE는 43.29이므로 아직도 성능이 좋은 모델이 생성되었다고 하기는 어렵다.

(2) Batch_size 조정방법

LSTM 모델의 성능을 개선하기 위하여 이번에는 batch_size를 조정하여 시계열 예측을 다시 시도해보는 방법이 있다.

batch_size는 데이터를 한번에 처리하는 단위로 학습속도에 영향을 준다. batch_size가 작으면 데이터가 너무 작게 나눠지고 자주 반복하여 학습하게 되며 데이터의 노이즈가 발생하게 되면 미래 데이터를 예측하는데 발생된 노이즈가 지워지지 않고 연속적으로 증가하면서 안좋은 영향을 주기 때문에 적당한 batch_size를 UI를 통해 조정해가면서 적정 batch_size를 찾아가는 작업이 필요하다.

batch_size는 보통 GPU 메모리의 용량에 따라 32~128 사이의 값을 설정하는데 본 예제에서는 batch_size를 64로 설정해보기로 한다

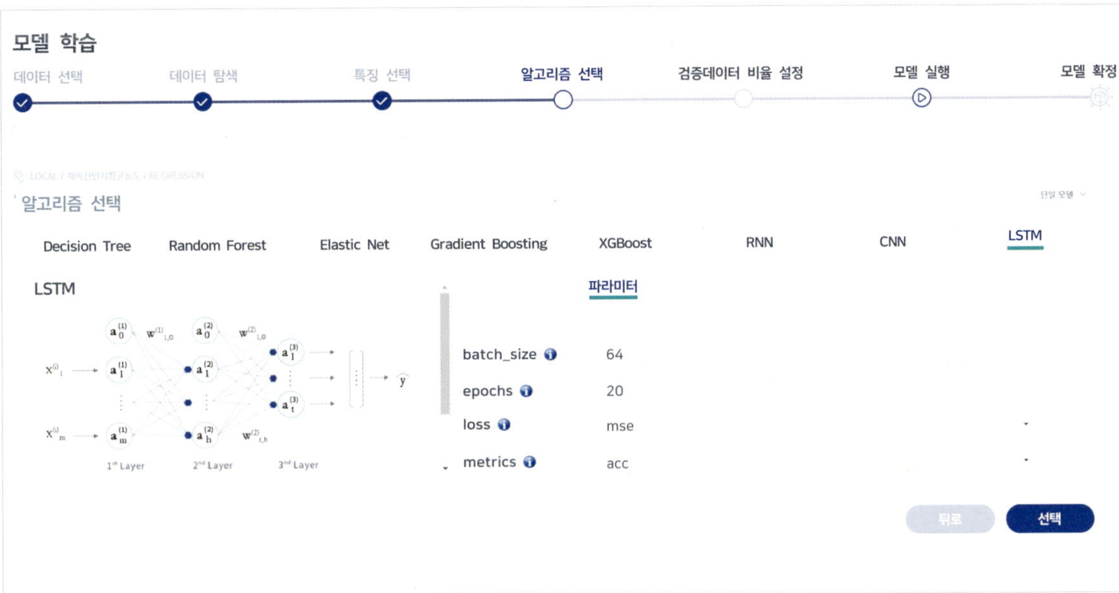

아래 화면은 처리 데이터의 크기인 batch_size를 조정하여 얻어진 모델 실행 결과이다.

실행 결과 MAPE(정확도)가 75%로 이전 모델에 비하여 개선된 정확도가 나왔고 그래프를 확인해봐도 데이터 패턴이 일정하기 때문에 우수한 모델이 생성되었다고 판단할 수 있다.

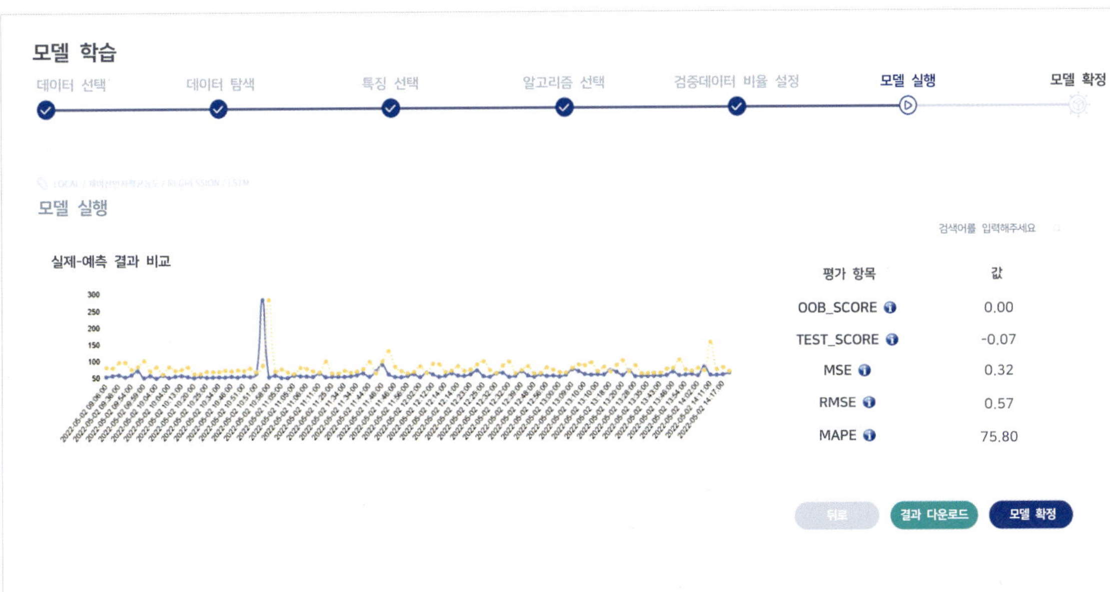

그러므로 WiseProphet는 현 정부에서 추진하고 있는 디지털 플랫폼 정부 핵심 추진내용 중의 하나인 데이터를 이용한 정책기획, 데이터 기반의 의사결정과 같은 데이터 기반 행정 활성화를 지원하는 강력한 솔루션으로 볼 수 있다.

3.3 WiseProphet 군집 모델 활용

군집 알고리즘은 앞서 살펴본 범주형 및 회귀형 알고리즘을 위해 목표변수가 필요했다는 점과 다르게 별도의 목표변수 설정이 필요 없는 비지도 학습이다. 군집 분석(clustering)을 통해서 개별적으로 존재하고 있는 빅데이터들을 공통된 특징을 가지고 있는 군집으로 분류함으로써 더 효과적인 관리 및 분석을 할 수 있다. 군집 분석을 통해 유사성이 판단되는 데이터들을 분류하여 군집별로 더욱 정교한 분류 알고리즘 또는 회귀형 알고리즘의 활용도 가능하다.

군집 분석을 활용하여 온라인 커머스 고객의 사용 로그 데이터를 기반으로 온라인 커머스 고객 집단을 분류함으로써 고객 특성에 맞는 쿠폰 발행, 서비스 제공 등에 활용할 수 있을 것이다. 또한 광고 트래킹 프로그램을 통해 수집된 광고 반응 데이터를 통해 어떤 집단에게 광고를 진행하는 것이 효과가 있었는지 등을 파악함으로써 타깃팅 광고를 제작하는 것에 참고자료로써 사용될 수도 있다.

이를 위해 이 절에서는 먼저 WiseProphet에서 제공하고 있는 군집 알고리즘의 특성과 설정할 수 있는 파라미터에 대해서 확인한 후 온라인 커머스 고객 로그 데이터, 온라인 광고 트래킹 데이터를 Kaggle에서 다운로드받아 실제 분석해본다.

3.3.1 WiseProphet 군집 알고리즘

군집 분석의 핵심은 집단 내부에서는 유사하고 다른 집단과는 이질성이 존재하는 데이터를 분류하는 것으로 군집 형성 방법에 따라 유형이 나뉜다. 중복 군집 분석은 군집의 중복이 가능한 것으로 한 개체가 여러 군집에 동시에 포함될 수 있는 방법이다. 계층적 군집 분석은 군집의 중복이 없고 데이터 크기가 작은 경우 유용한데, 개체들 간의 거리를 측정하고 가까운 개체부터 결합하는 방법으로 트리 형태의 덴드로그램을 통해 개체들이 결합되는 순서를 파악하기 때문에 데이터 크기가 커지면 분석이 어렵다. 비계층적 분석 방법은 계층을 두지 않고 유사도 측정 방식에 따라 최적의 군집을 찾아가는 방법으로 군집의 수를 정해놓고 랜덤하게 뽑힌 포인터를 중심으로 유사도를 측정하며 군집을 측정하는 방식이다.

WiseProphet은 비계층 군집 방법들인 'K-means clustering', 'DBSCAN clustering', 'Gaussian Mixture'의 군집 알고리즘을 제공하고 있으며 이를 3.3.1.1에서 3.3.1.3까지 각 알고리즘의 특징과 설정 가능한 파라미터의 의미를 살펴보도록 하겠다.

그림 3-12 | 군집 모델 유형

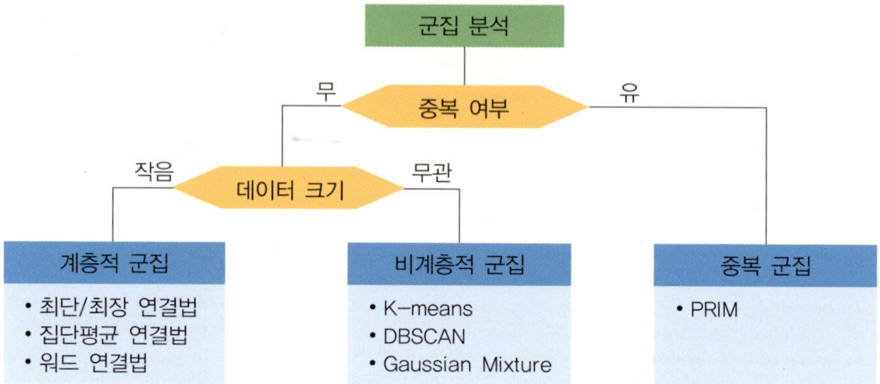

3.3.1.1 K-means clustering

군집 알고리즘들을 요약하면 아래 표와 같다.

알고리즘	내용
K-means	K-means는 군집 중심점이라는 특정한 임의의 지점을 선택해 해당 중심에 가장 가까운 포인트들을 선택하는 군집화 기법이다.
DBSCAN	밀도 기반 군집화 방법으로 군집의 개수를 미리 지정할 필요가 없다. 복잡한 형상도 찾을 수 있고 어떤 클래스에도 속하지 않는 포인트와 공간 가까이 있는 데이터가 붐비는 지역의 포인트를 찾는 방법이다.
Gaussian Mixture	데이터가 모수를 갖는 여러 개의 분포로부터 생성되었다고 가정하는 모델이다. 이 방법은 여러 개의 모수적 확률밀도함수(주로 가우스[3])를 활용한다.
K-medoids	K-means와 흡사한 방법이다. K-means가 임의의 좌표를 중심적으로 잡는 반면, K-medoids는 실제 점 하나를 중심점으로 잡아서 계산을 수행하는 방법이다.

먼저 K-means 군집 분석은 비계층적 군집 분석으로 구하고자 하는 군집의 수(K)를 정한 상태에서 임의로 설정된 포인터를 군집의 중심으로 삼고 유클리디안(Euclidean) 거리 계산으로 가장 가까운 개체를 하나씩 포함하며 군집을 형성하는 방법이다. 많은 데이터를 빠르게 분류할 수 있지만 군집의 수를 미리 설정해야 하며 초기 설정된 임의의 포인터를 통해 군집을 분석하기 때문에 분석마다 초기값이 달라져 군집 결과가 달라질 수 있다는 단점이 있다. 그리고 유클리

3) 확률밀도함수: 구간마다의 확률 점들을 이은 선을 말한다.
가우스분포: 가우스분포라고 하고 정규분포라고 사용된다. 평균 0, 분산 1을 가지는 분포를 말한다.

디안 거리를 사용하여 군집을 형성하기 때문에 자료 타입에 민감하여 범주형 타입의 데이터 타입의 경우 거리 측정에 어려움이 있다.

[그림 3-13]은 K-means 알고리즘의 동작을 보여준다.

그림 3-13 | WiseProphet K-means 이미지

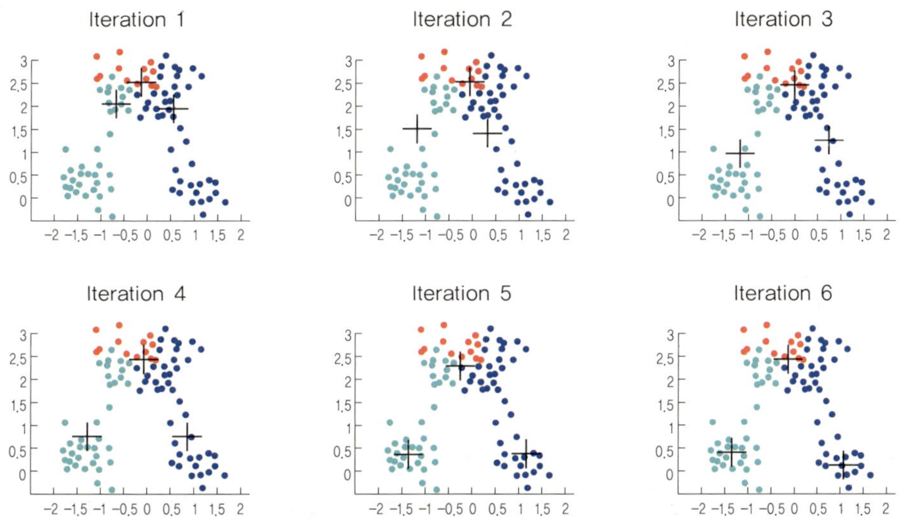

그림에서 K-means 방법은 초기에 임의로 데이터 포인터를 하나 선택한 후 포인터에서 가장 가까운 거리부터 군집을 형성한다고 설명하였다. 초기 데이터 포인터를 생성하는 방법에는 두 가지가 있으며 좌표상에 중심점을 한 번에 생성하여 군집을 형성하는 random 방법과 초기 설정된 첫 데이터 포인트에서 가장 거리가 먼 데이터 포인터를 그 다음 포인터로 잡고 거리를 측정해 군집을 형성하는 방식인 K-mean++ 알고리즘이 WiseProphet에서 제공되고 있다.

[표 3-13]은 WiseProphet K-means 파라미터들과 처리 결과 확인 가능한 결과들을 정리한 것이다.

표 3-13 | WiseProphet K-means 파라미터와 확인 가능 결과

하이퍼파라미터	설명
init(=initial)	초기에 군집 중심점의 좌표를 설정하는 방식이다. K-means++: 수렴 속도를 높이기 위한 초기 군집 중심을 선택하는 방법이다.
n_clusters	군집 중심점의 개수를 의미한다. 범위는 1 이상의 정수이다(기본값: 8).

n_init	군집의 중심 초기화 횟수이다. 서로 다른 군집 중심점을 최초 세팅하기 위해 사용하는 변수이다. 범위는 1 이상의 정수이다(기본값: 10).
확인 가능한 결과	군집 분류 결과표

3.3.1.2 DBSCAN

DBSCAN(Density-Based Spatial Clustering of Applications with Noise)은 K-means와 마찬가지로 유클리드 거리값을 사용하여 군집을 형성한다. 하지만 차이점은 K-means의 경우 데이터와 데이터 사이의 거리를 기반으로 군집을 형성하였다면 DBSCAN은 데이터 포인터를 기준으로 유클리드 거리로 측정된 일정 반경 안에 일정 수의 데이터가 위치하면 하나의 군집으로 분류하는 방법론이다. 데이터와 데이터의 거리 기반이 아닌 밀도를 중심으로 하기 때문에 기하학적인 모양의 군집을 찾을 수 있다는 점과 클러스터의 수를 미리 정하지 않아도 자동적으로 군집을 찾을 수 있다는 장점을 가지고 있다.

[그림 3-14]는 WiseProphet DBSCAN 동작을 보여준다.

그림 3-14 ▌WiseProphet DBSCAN 이미지

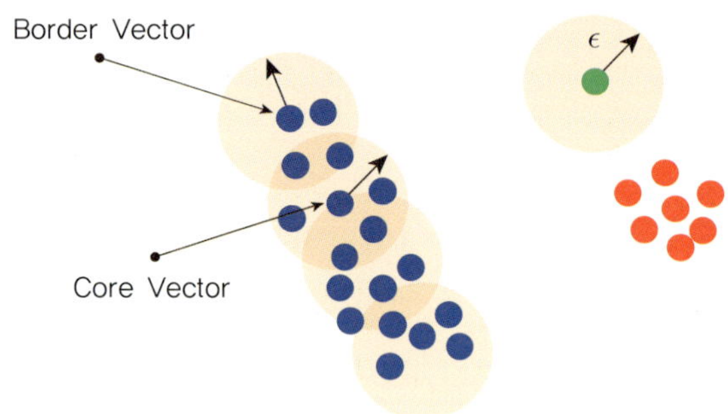

$$N_{Eps}(p) = q \in D\ such that dist(p, q) \leq \epsilon$$

ϵ = 1unit, MinPts = 7

[그림 3-14]에서 임의의 Vector에서 반경 Epsilon 내에 최소 이웃 수를 충족하면 군집으로 인식하며 이때 중심이 되는 벡터(개체)를 Core Vector라고 한다. 형성된 군집의 이웃을 개체로 다시 일정 반경 내의 이웃 수를 계산하며 이때 외각의 중심에 있는 벡터를 Border Vector라고 한다. 만약 최소 이웃 수를 충족하지 못한다면 Noise로 판단한다. 이 때문에 일정 반경(Epsilon)에 설정

된 최소한의 데이터가 위치하지 않았다면 Noise로 판단하여 군집을 형성하지 않고 버린다는 단점을 가지고 있다.

가장 가까운 이웃을 찾는 알고리즘으로 brute와 트리 형식의 방법인 kd_tree, ball_tree가 존재한다. 'brute' 방법은 가장 기본적 방법으로 모든 쌍의 거리를 억지로(brute-force) 계산하여 거리가 작은 데이터를 선택하는 방법이다. 데이터 수가 적은 상황에서는 모든 쌍에 대한 거리를 측정하기 때문에 잘 작동할 수 있지만, 데이터 수가 증가할수록 연산량의 증가로 성능이 떨어지며 효율적이지 않다. kd_tree는 brute-force의 모든 쌍의 거리를 계산하는 접근 방식을 해결하고자 이진 트리 기반의 데이터 구조로 거리 집계 정보를 효율적으로 인코딩하는 방법론이다. 예를 들면 A는 B와 멀고 C는 B와 가깝다면 A와 C는 거리 계산할 것도 없이 멀다는 것을 알기에 연산할 필요가 없어지기에 필요한 거리 계산 수를 감소시킬 수 있다. ball_tree는 kd_tree와 유사한 알고리즘이지만 범위를 기준으로 차원을 내림차순으로 정렬하여 높은 차원에서의 비효율을 줄이기 위해 데이터 분할 방식을 개선하기 때문에 초기 tree 생성 비용은 많지만 높은 차원에서는 효율적이라고 알려져 있다.

[표 3-14]는 WiseProphet K-means 파라미터와 확인 가능 결과를 정리한 것이다.

표 3-14 WiseProphet K-means 파라미터와 확인 가능 결과

하이퍼파라미터	설명
algorithm	포인트 단위의 거리를 계산하고 가장 가까운 이웃을 찾는데 사용되는 알고리즘이다. • auto: 훈련 데이터로부터 최적의 접근 방법을 결정하려는 방법이다. • ball_tree: 공간 분할 데이터 구조 다차원 공간에서 포인트를 군집화하는 방법이다. • kd_tree: 샘플에 대한 거리 집계 정보를 효율적으로 인코딩해서 필요한 거리 계산 수를 줄이는 방법이다. • brute: 가장 기본적인 방법으로 모든 데이터에 대해 거리를 전부 계산한 후 가장 거리가 작은 데이터를 선택하는 방법이다.
eps	• 하나의 샘플이 다른 샘플의 이웃에서 고려되는 두 샘플 사이의 최대 거리를 구하는 방법이다. • 범위는 0 이상의 실수를 가진다(기본값: 0.5). • 핵심 포인트를 중심으로 측정되는 유클리드 거리값을 이용한다.
min_samples	• 포인트가 핵심 포인트로 간주되는 이웃의 샘플 수를 의미한다. • 범위는 1 이상의 정수이다(기본값: 5).
확인 가능한 결과	군집 분류 결과표

3.3.1.3 Gaussian Mixture

Gaussian Mixture Model(GMM)은 EM(Expectation-Maximization)을 이용하여 군집에 속할 확률을 이용하여 군집을 분류하는 방법론으로 데이터의 분포 특성을 분류하기 위해서 확률밀도함수를 가정하여 Gaussian 분포(=정규분포)를 사용하는 알고리즘으로 하나의 Gaussian 분포(평균, 분산)를 사용하면 유일한 mode(최빈값: 분포에서 튀어나와 있는 부분)를 가진 unimodal의 형태로 형성되는 제약을 가지고 있다. 따라서 Gaussian Mixture Model은 여러 개의 Gaussian 분포가 결합되어 있다는 가정을 통해 군집을 형성하는 방법론이다.

그림 3-15 ▌WiseProphet Gaussian Mixture 이미지

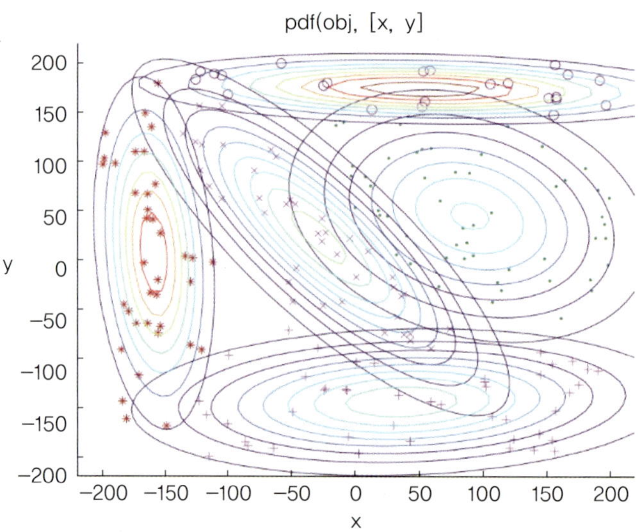

[그림 3-15]에서 확률밀도함수를 가정하는 이유는 사건에 대하여 확률(Probability)과 가능도(Likehood)가 있는데 확률(Proability)은 동전을 던졌을 때 앞면이 나올 수 있는 확률과 같이 셀 수 있는 사건에서 설명이 가능하다. 하지만 가능도는 특정 사건이 일어날 가능성을 의미하는 것으로 셀 수 없는 사건의 경우 우리는 일정 구간을 통해 사건이 일어날 수 있는 가능성을 추정하는 것으로 이때의 일어날 사건에 대하여 구간으로써 접근하는 방식이 확률밀도함수인 것이다.

EM(Expectation-Maximization)은 비지도 학습에서 주로 이용되는 알고리즘으로 E-step과 M-step의 2가지 단계를 반복 실행하며 최적의 파라미터를 찾는다. E(Expectation) 단계에서는 개별 데이터 포인트가 각 가우시안 분포에서 생성되었을 가능도를 초기 설정된 파라미터를 기반으로 계산하여 가장 높은 확률의 가우시안 분포에 개별 데이터를 할당한다. 그 다음 M(Maximization) 단계에서는

할당된 데이터 포인트들에서 최대 우도 추정(Maximum Llikehood Estimation)을 통해 가능도(Likehood)를 최대화할 수 있는 파라미터를 찾아낸다.

[그림 3-16]은 GMM 공분산 유형에 따른 차이를 보여주고 있으며 설정 가능한 파라미터 중 공분산 유형은 가우시안 분포를 추정하는 것에 영향을 주는 파라미터로 spherical/diag/tied/full이 있다. spherical은 모든 군집은 구면이지만 서로 다른 지름을 가지며 덜 정밀하지만 계산 복잡도가 줄어드는 장점을 가지고 있다. diag는 모든 군집은 타원형 모양을 취하지만 타원 축은 좌표 축과 평행하며 spherical보다는 정밀하지만 계산이 더 복잡해진다는 단점이 있다. tied는 모든 군집은 동일한 타원형 형태, 크기 및 방향을 가지고 있는 공분산 유형을 의미한다. full은 모든 군집은 모든 모양, 크기, 방향을 가지므로 가장 정밀하지만 그만큼 계산 복잡도가 증가하는 방법이다.

그림 3-16 ▌GMM 공분산 유형에 따른 차이[4)]

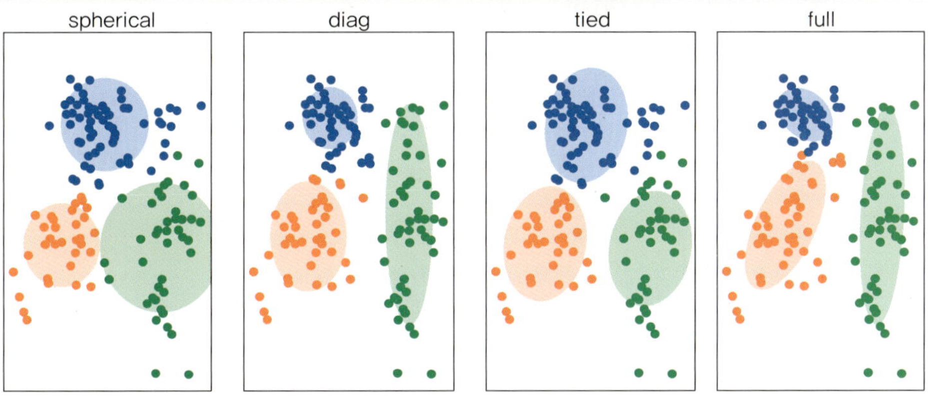

[표 3-15]는 WiseProphet GMM 파라미터와 확인 가능한 결과를 정리한 것이다.

4) Amueller(2018). GMM covariance types examples overly complex/confusing. Github(online).

표 3-15 WiseProphet GMM 파라미터와 확인 가능한 결과

하이퍼파라미터	설명
covariance_type	사용할 공분산의 모수의 유형이다. • full: 모든 군집은 모든 모양, 크기, 방향을 사용할 수 있는 방법이다. • tied: 모든 군집은 동일한 타원형 형태, 크기 및 방향을 가지는 방법이다. • diag: 모든 군집은 타원형 모양을 취할 수 있지만 타원체의 축은 좌표 축과 평행한 방법이다. • spherical: 모든 군집은 구면이지만 서로 다른 지름을 가지는 방법이다.
max_iter	• 수행할 EM 반복횟수이다. 범위는 1 이상의 정수이다(기본값: 100). • EM: 분석하는 데이터가 가지고 있는 형태를 좀 더 정확하게 표현되게 할 수 있는 방법이다.
n_components	mixture component의 개수이다. 범위는 2 이상의 정수이다(기본값: 2). • mixture component: 모수의 개수를 지정하는 변수이다.
확인 가능한 결과	군집 분류 결과표

3.3.2 온라인쇼핑 고객의 군집화와 특징 분석 실습(Online Commerce Customer Clustering)

'Online Commerce Customer' 데이터는 9,000명의 고객에 대해 온라인 커머스상에서의 결제 방법, 결제량 등의 행동변수 18열을 포함하고 있는 데이터로 분석 목적에 따라 지불 금액, 거래 건수 등을 예측할 수도 있겠지만 본 실습에서는 온라인 커머스에서의 고객 유형 분류라는 것을 목적으로 별도의 목표변수 설정 없이 군집 분석을 실시한다.

결제 생활이 디지털화되면서 온라인 커머스의 시장은 더욱 커지고 있으며 그만큼 경쟁 또한 치열해지고 있는 상황으로 기업은 고객을 세분화하고 고객 집단별 맞춤별 서비스를 개발하기 위해 노력하고 있다.

그렇기 때문에 이번 절에서는 온라인에서의 고객 행동 데이터를 토대로 고객을 네 개의 집단으로 군집화한 후 특징을 찾아보는 실습을 진행한다. 군집 분석의 목적은 고객의 집단을 분류하는 것도 있지만 분류한 이후에 분리된 군집을 통해 어떠한 특성이 존재하는지를 파악하고 이를 통해 도출된 결과를 활용하는 것이 중요하기에 분류된 결과를 바탕으로 엑셀에서 피벗 테이블을 활용하여 군집의 특성을 파악하였다.

- 데이터셋: https://www.kaggle.com/arjunbhasin2013/ccdata
- 변수 설명

변수 이름	변수 상세
CUSTID	고객 ID
BALANCE	계좌 잔액, 연속형
BALANCEFREQUENCY	계좌 잔액 업데이트 빈도, 연속형(0~1)
PURCHASES	구매 금액, 연속형
ONEOFFPURCHASES	최대 구매 금액, 연속형
INSTALLMENTSPURCHASES	할부 구매 금액, 연속형
CASHADVANCE	선금, 연속형
PURCHASESFREQUENCY	구매 빈도, 연속형(0~1)
ONEOFFPURCHASESFREQUENCY	1회 구매시 구매 빈도, 연속형(0~1)
PURCHASESINSTALLMENTSFREQUENCY	분할 구매 빈도, 연속형(0~1)
CASHADVANCEFREQUENCY	현금 선지급 빈도
CASHADVANCETRX	현금 결제 건수
PURCHASESTRX	구매 거래 건수
CREDITLIMIT	신용카드 한도
PAYMENTS	사용자 지불 금액
MINIMUM_PAYMENTS	최소 지불 비용
PRCFULLPAYMENT	전체 결제 비율, 연속형
TENURE	신용카드 가입 기간, 연속형

3.3.2.1 Kaggle 온라인 커머스 고객 데이터 탐색 및 전처리

'Online Commerce Customer' 데이터를 로딩한 페이지를 확인할 수 있다. 데이터셋은 18개의 열과 8,950개의 행으로 구성된 것을 확인할 수 있다.

'CUST_ID'는 개별 고객의 ID를 의미하는 Categorical 변수로 각 값에 대하여 더미변수로 만드는 것에 한계가 있어 사용이 자동적으로 비활성화되었다.

이번에 실습한 데이터는 모든 변수가 연속형의 Numeric 형태이기 때문에 스케일링 상관관계에 대해서 데이터 탐색에 중점을 두었으며 결측치 314개가 존재하여 제거한다.

결측치나 이상치는 제거하는 것이 항상 좋은 것은 아니므로 예제 3.1.2에서 제시한 것처럼 빈도수가 많은 데이터값으로 대체하는 등의 처리를 하여 좋은 성능을 기대할 수 있다.

01 ❶ 모두 연속형 변수이지만 그 범위가 서로 다르기 때문에 더 좋은 결과의 군집 분석을 위해서 데이터 스케일링을 진행한다. 스케일링 방법으로는 최소, 최댓값을 기준으로 값들을 동일한 범위로 조정하는 MinMax Scale을 선택하였다.

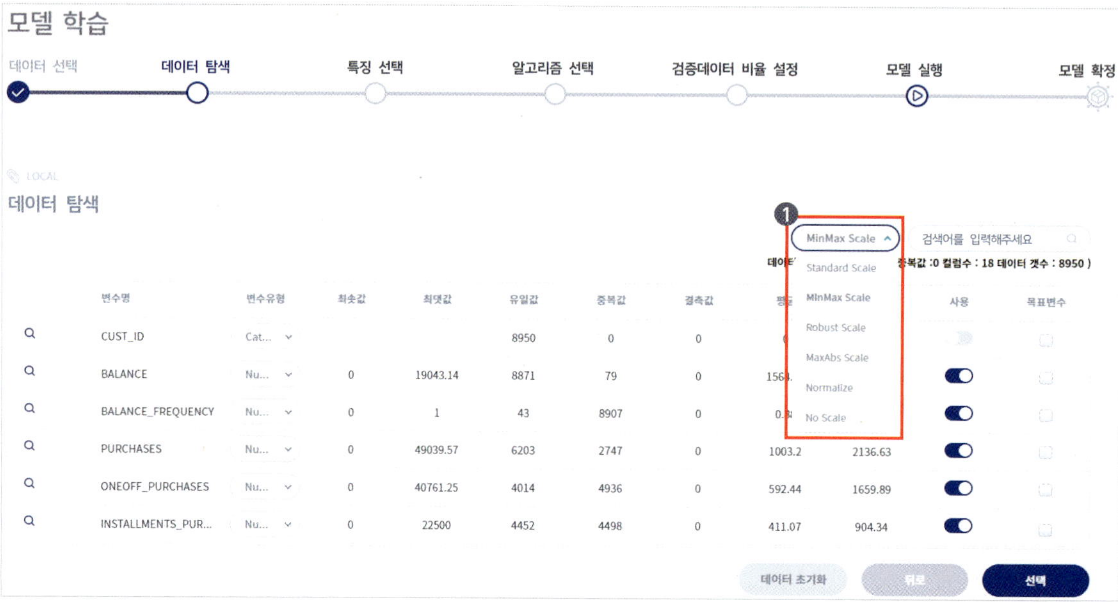

02 현재 데이터셋에는 'CREDIT_LIMIT'에서 결측치 1개와 'MINIMUM_PAYMENTS' 결측치 313개가 존재하고 있다. ❶ 'MINIMUM_PAYMENTS'가 313개의 더 많은 결측치가 존재하고 있기 때문에 먼저 제거하여 처리하고 ❷ 'CREDIT_LIMIT'에서 결측치를 제거한다.

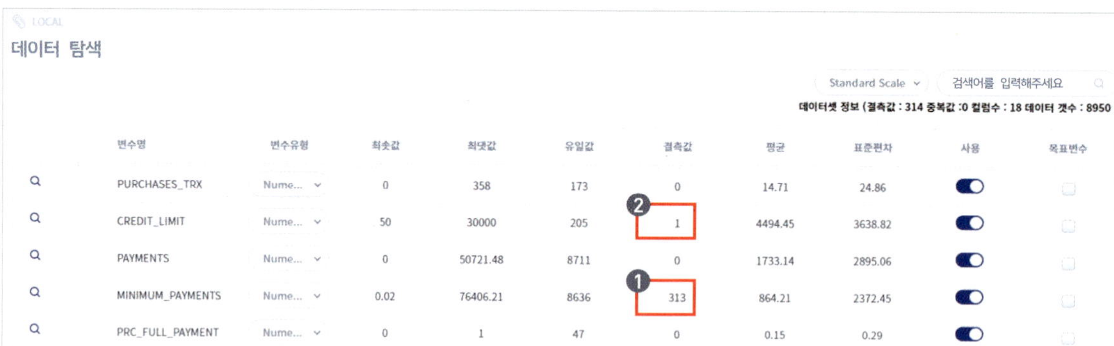

03 'MINIMUM_PAYMENTS'와 'CREDIT_LIMIT'의 결측치를 제거하기 위해 변수명 왼편의 돋보기 메뉴를 클릭하여 데이터 분포에서 '데이터 정제'를 선택한다.

결측치의 '사용', '제거'를 클릭하여 활성화하여 각각 313개와 1개의 결측치를 제거하였다. 이에 따라 314개의 데이터가 삭제되어 총 데이터 수는 8,636개가 되었다.

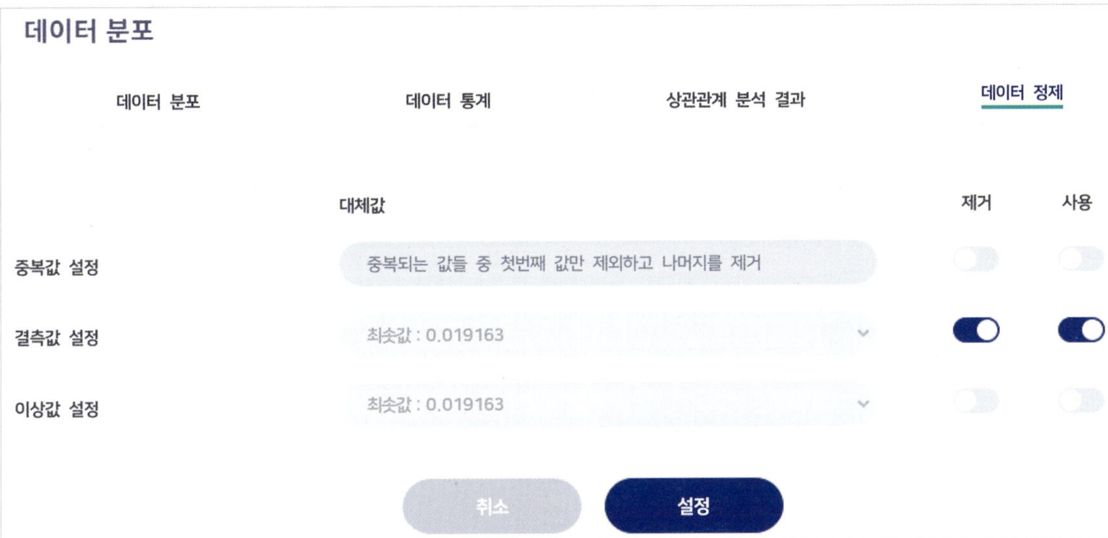

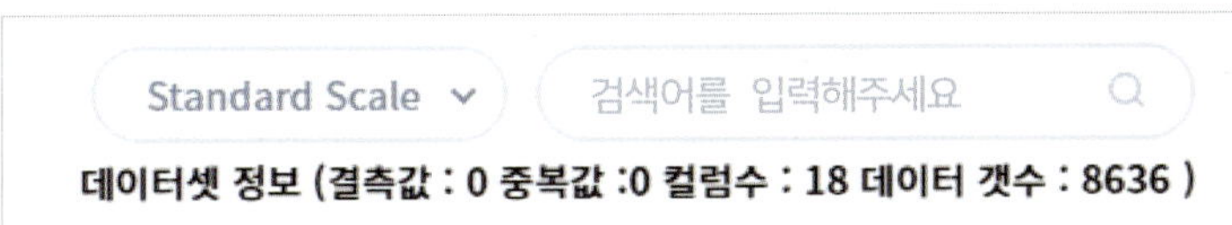

04 변수의 통계적인 분포를 확인하기 위해서 구입 금액을 의미하는 'PURCHASE' 변수명의 왼편에 있는 돋보기를 클릭하여 확인하였다.

대략적인 데이터 분포는 구매가격이 상승할수록 그 빈도가 감소하는 것을 확인하였다. 사분위수의 데이터 통계에서는 이상치(OUTLIER)가 존재하였으나 데이터의 특성이 온라인 커머스의 고객 행동에 대한 로그 데이터이기에 통계적으로 이상치여도 의미가 있다고 판단하여 제거하지 않고 사용하는 것으로 결정하였다.

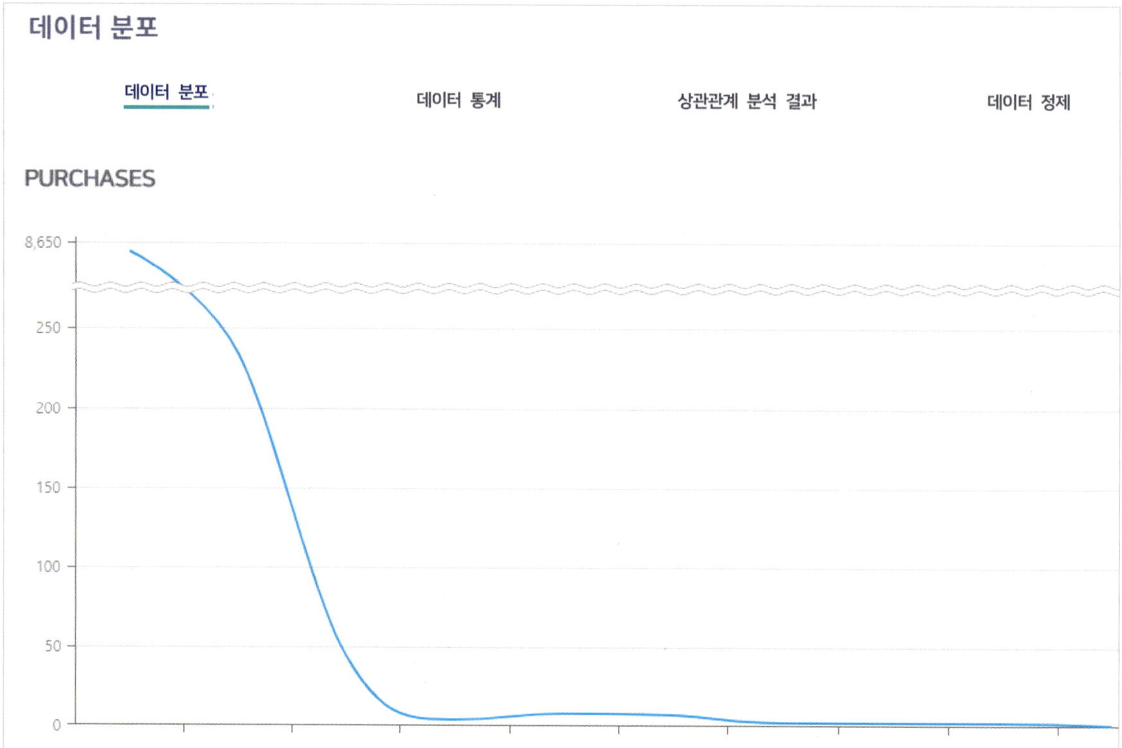
데이터 분포
데이터 분포
데이터 통계
상관관계 분석 결과
데이터 정제
PURCHASES
8,650
250
200
150
100
50
0

데이터 분포
데이터 분포
데이터 통계
상관관계 분석 결과
데이터 정제
4.90e+4
4.00e+4
3.00e+4
2.00e+4
1.00e+4
0.00
PURCHASES
이름
값
Q1
39.635
Q3
1110.13
MEDIAN
361.28
OUTLIER
2720.68,2721.16,2722.34,2723.47,2724.7...
Ok

05 데이터 분포에서 '상관관계 분석 결과'를 클릭하여 선택하면 시각적으로 상관관계 분석 결과 확인이 가능하다. 대각선의 방향으로 각 변수의 상관관계는 대칭적이라는 것을 확인할 수 있으며 원하는 위치에 마우스를 올리면 상관관계를 확인할 수 있다.

예시로 'BALANCE'와 'CASH_ADCVANCE'의 상관관계를 확인하기 위해 마우스를 올리면 두 변수 사이의 상관관계가 0.496이라는 것을 확인할 수 있다.

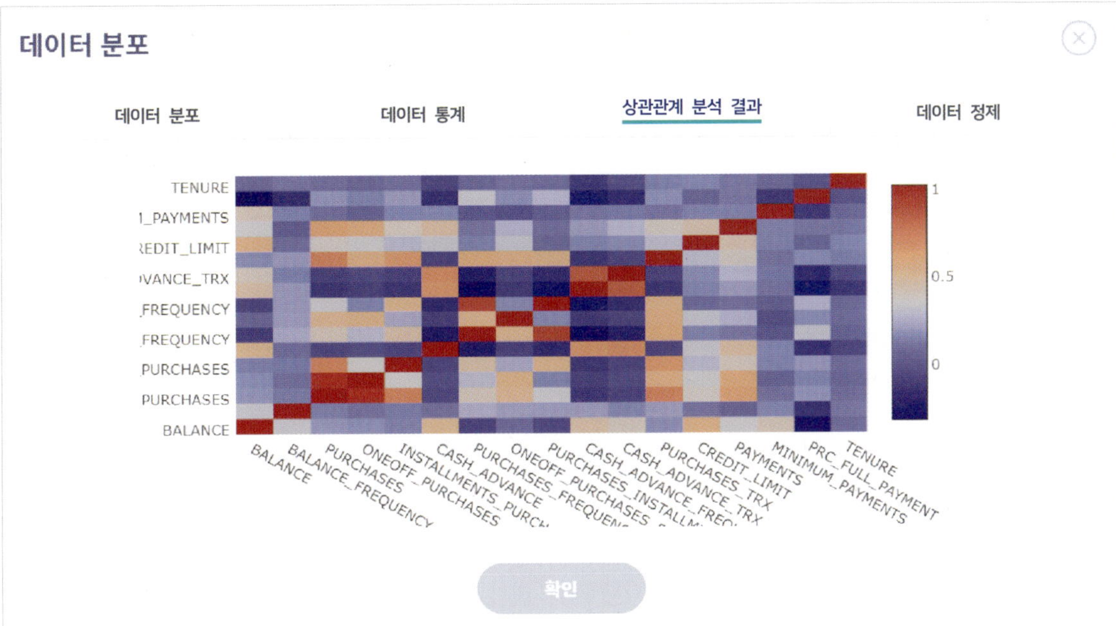

06 데이터셋에 대하여 데이터 스케일링, 결측치 제거, 이상치에 대한 점검을 완료하였기에 알고리즘 선택으로 넘어간다.

❶ 군집 분석은 목표변수가 없는 비지도 학습 유형의 머신러닝이기 때문에 목표변수를 설정하지 않는다.

❷ 데이터 탐색과 전처리가 완료되었기 때문에 '선택'을 클릭하여 알고리즘 선택으로 넘어간다.

3.3.2.2 Kaggle 온라인 커머스 고객 데이터 특징 선택과 모델 학습

군집 분석은 목표변수가 필요없는 비지도 학습 머신러닝이기 때문에 목표변수를 기준으로 예측의 중요도를 Extra Tree 기법으로 파악하는 '특징 선택' 단계는 생략한 후 알고리즘 선택 단계로 넘어가게 된다.

01 온라인 커머스 고객 행동을 기반으로 고객 클러스터링 실습에서는 클러스터링에 기본적인 알고리즘인 'K-means' 방법을 사용하였다.

세부적인 파라미터에서 분석 목적으로 하였던 4개의 집단으로 군집화하기 위해서 'n_clusters'를 4로 설정하였다.

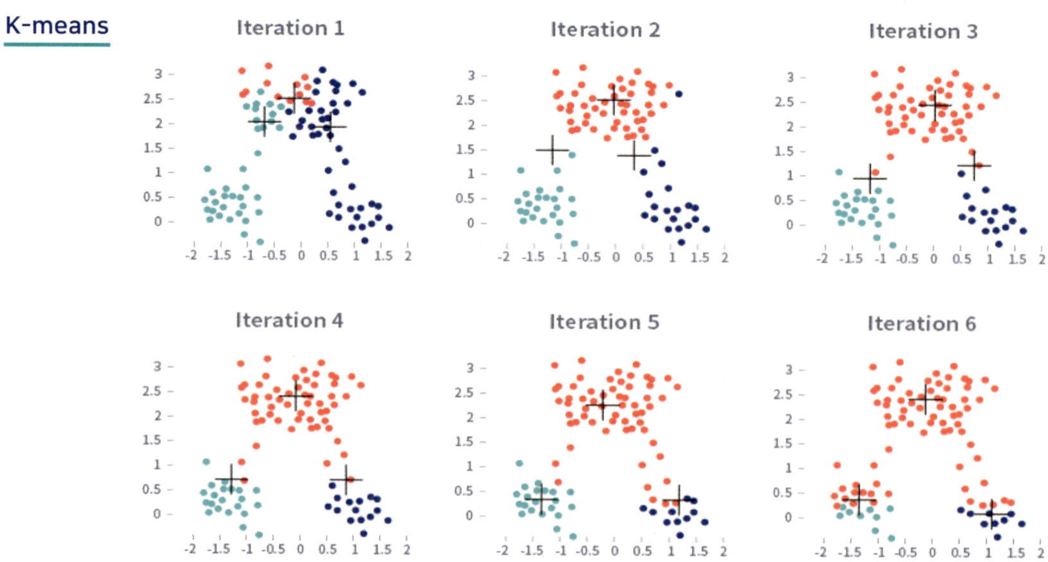

02 'K-means' 군집 분석이 완료되면 다음과 같이 군집화된 결과를 시각적으로 표현해주는 것을 확인할 수 있다.

그림에서 네 개의 집단이 서로 다른 색으로 도출된 것을 볼 수 있다.

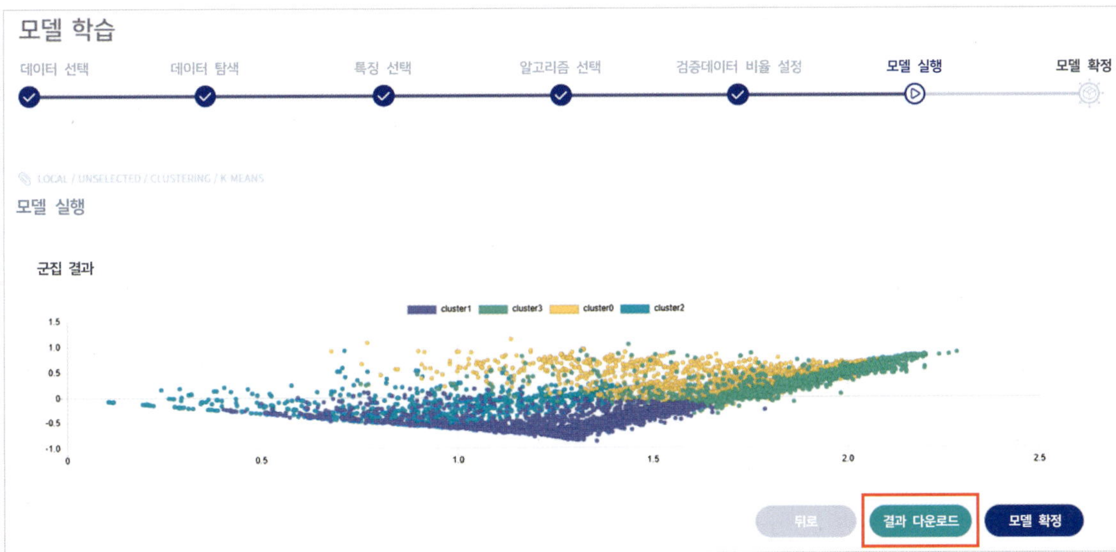

03 K-means 분석 결과를 엑셀 형태로 다운로드받은 경우 ❶과 같이 분류된 군집 라벨을 확인할 수 있다. 군집 라벨의 왼편에는 해당 데이터의 군집을 분류하기 위해 사용된 값을 확인 가능하다. 각 군집별로 데이터값을 계산하여 군집의 특징을 찾기 위해 엑셀의 피벗 테이블을 이용할 것이다.

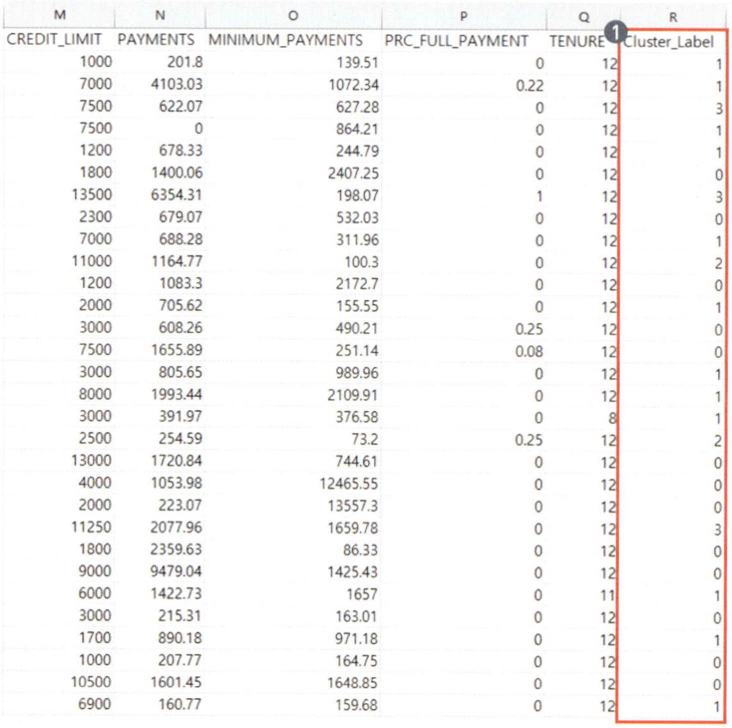

M	N	O	P	Q	R
CREDIT_LIMIT	PAYMENTS	MINIMUM_PAYMENTS	PRC_FULL_PAYMENT	TENURE	❶ Cluster_Label
1000	201.8	139.51	0	12	1
7000	4103.03	1072.34	0.22	12	1
7500	622.07	627.28	0	12	3
7500	0	864.21	0	12	1
1200	678.33	244.79	0	12	1
1800	1400.06	2407.25	0	12	0
13500	6354.31	198.07	1	12	3
2300	679.07	532.03	0	12	0
7000	688.28	311.96	0	12	1
11000	1164.77	100.3	0	12	2
1200	1083.3	2172.7	0	12	0
2000	705.62	155.55	0	12	1
3000	608.26	490.21	0.25	12	0
7500	1655.89	251.14	0.08	12	0
3000	805.65	989.96	0	12	1
8000	1993.44	2109.91	0	12	1
3000	391.97	376.58	0	8	1
2500	254.59	73.2	0.25	12	2
13000	1720.84	744.61	0	12	0
4000	1053.98	12465.55	0	12	0
2000	223.07	13557.3	0	12	0
11250	2077.96	1659.78	0	12	3
1800	2359.63	86.33	0	12	0
9000	9479.04	1425.43	0	12	0
6000	1422.73	1657	0	11	1
3000	215.31	163.01	0	12	0
1700	890.18	971.18	0	12	1
1000	207.77	164.75	0	12	0
10500	1601.45	1648.85	0	12	0
6900	160.77	159.68	0	12	1

04 피벗 테이블을 만들기 위해 엑셀 파일의 모든 열을 선택한 후, [삽입-테이블/범위에서]를 클릭하여 새로운 시트에 피벗 테이블을 만들었다.

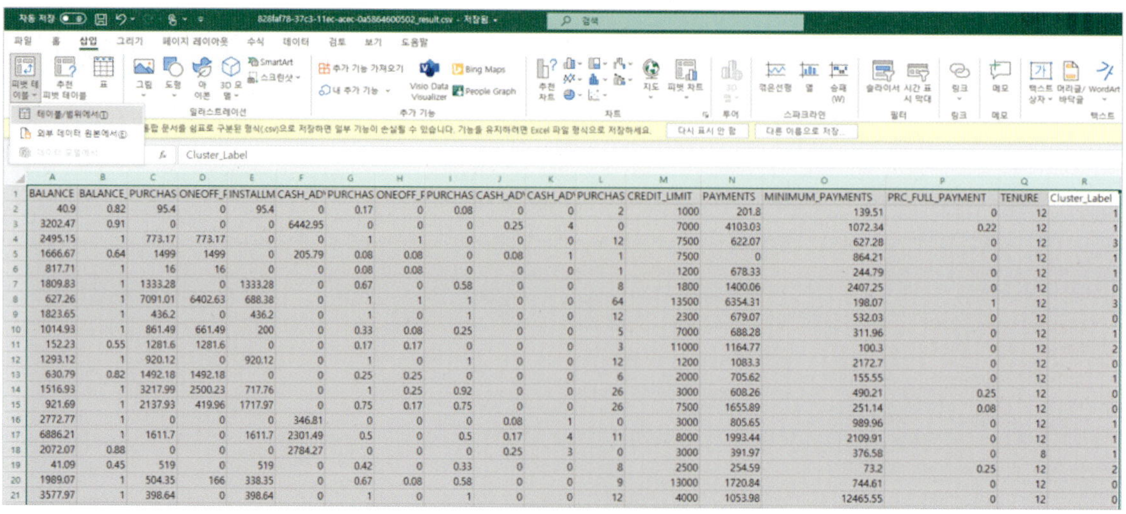

05 온라인 커머스 고객 행동 로그 데이터는 모든 변수가 연속형 변수이다. 피벗 테이블을 활용하는 목적은 군집별로 특징을 찾는 것이기 때문에 군집 구성 데이터의 수가 각각 다르기 때문에 이를 고려하여 피벗 테이블의 값은 합계가 아닌 ❶과 같이 평균값을 사용하였다.

❷에서는 총합계로 나타나고 있지만 군집 0에서 3번까지 4개 클러스터의 평균에 대한 평균값으로 결국 전체 데이터에 대한 평균값을 의미한다.

이대로 시각화를 할 경우 각 변수의 범위가 다르기 때문에 클러스터별로 각 변수의 평균 합을 계산한 후 각 클러스터의 비율을 계산함으로써 상대적인 퍼센트를 비교하여 군집별 특징을 찾고자 하였다.

❶	열 레이블				❷
값	0	1	2	3	총합계
평균 : BALANCE	1179.575612	2184.725837	153.2562871	1907.788031	1564.474826
평균 : BALANCE_FREQUENCY	0.930003722	0.966527816	0.379991749	0.974771755	0.877425698
평균 : PURCHASES	1091.990584	292.0212387	350.3880033	3248.394294	1003.204834
평균 : ONEOFF_PURCHASES	280.1408076	236.5872239	235.5618812	2425.655021	592.4373709
평균 : INSTALLMENTS_PURCHASES	812.5171678	55.59749794	115.0710066	822.7392725	411.0676447
평균 : CASH_ADVANCE	520.5297841	1598.975108	507.9003135	650.4974893	978.8711017
평균 : PURCHASES_FREQUENCY	0.883386677	0.136220882	0.208448845	0.901619116	0.49021676
평균 : ONEOFF_PURCHASES_FREQUENCY	0.10208783	0.086648397	0.073316832	0.806084165	0.202176536
평균 : PURCHASES_INSTALLMENTS_FREQUENCY	0.832605136	0.050027405	0.127013201	0.491476462	0.364553073
평균 : CASH_ADVANCE_FREQUENCY	0.073297358	0.224773911	0.050536304	0.092047076	0.134910615
평균 : CASH_ADVANCE_TRX	1.79270562	5.38339271	1.142739274	2.304564907	3.248826816
평균 : PURCHASES_TRX	21.38183848	2.699643738	3.403465347	42.95577746	14.7098324
평균 : CREDIT_LIMIT	3952.725337	4223.231357	3881.255041	6768.685642	4494.44945
평균 : PAYMENTS	1419.406483	1488.434146	1389.711147	3268.235649	1733.143878
평균 : MINIMUM_PAYMENTS	957.4712244	1025.653245	280.5556023	769.816398	864.2066872
평균 : PRC_FULL_PAYMENT	0.225150726	0.02275966	0.246526403	0.27625535	0.153534078
평균 : TENURE	11.51656122	11.49410797	11.31848185	11.7510699	11.51731844

06 앞서 말한 바와 같이 군집의 상대적인 차지 비율을 비교함으로써 군집의 특징을 찾기 위해 피벗 테이블을 복사하여 새로운 피벗 테이블을 만들고 각 변수의 평균의 합을 ❶과 같이 '=sum(군집 0에서 3까지의 변수값)'을 하여 계산하였다.

	0	1	2	3	총합계 ❶
평균 : BALANCE	1179.575612	2184.725837	153.2562871	1907.788031	5425.345768
평균 : BALANCE_FREQUENCY	0.930003722	0.966527816	0.379991749	0.974771755	3.251295041
평균 : PURCHASES	1091.990584	292.0212387	350.3880033	3248.394294	4982.79412
평균 : ONEOFF_PURCHASES	280.1408076	236.5872239	235.5618812	2425.655021	3177.944934
평균 : INSTALLMENTS_PURCHASES	812.5171678	55.59749794	115.0710066	822.7392725	1805.924945
평균 : CASH_ADVANCE	520.5297841	1598.975108	507.9003135	650.4974893	3277.902695
평균 : PURCHASES_FREQUENCY	0.883386677	0.136220882	0.208448845	0.901619116	2.129675519
평균 : ONEOFF_PURCHASES_FREQUENCY	0.10208783	0.086648397	0.073316832	0.806084165	1.068137224
평균 : PURCHASES_INSTALLMENTS_FREQUENCY	0.832605136	0.050027405	0.127013201	0.491476462	1.501122204
평균 : CASH_ADVANCE_FREQUENCY	0.073297358	0.224773911	0.050536304	0.092047076	0.440654648
평균 : CASH_ADVANCE_TRX	1.79270562	5.38339271	1.142739274	2.304564907	10.62340251
평균 : PURCHASES_TRX	21.38183848	2.699643738	3.403465347	42.95577746	70.44072503
평균 : CREDIT_LIMIT	3952.725337	4223.231357	3881.255041	6768.685642	18825.89738
평균 : PAYMENTS	1419.406483	1488.434146	1389.711147	3268.235649	7565.787425
평균 : MINIMUM_PAYMENTS	957.4712244	1025.653245	280.5556023	769.816398	3033.496469
평균 : PRC_FULL_PAYMENT	0.225150726	0.02275966	0.246526403	0.27625535	0.770692138
평균 : TENURE	11.51656122	11.49410797	11.31848185	11.7510699	46.08022094

07 각 변수의 군집별 평균의 합을 구한 테이블을 다시 복사하여 테이블을 만든 다음 평균 합에 대한 군집의 변수값을 나눈 다음 100을 곱하여 퍼센트로 ❶과 같이 만들어주었다.
이때 군집별로 각 변수의 퍼센트는 이전 테이블을 기준으로 아래 수식을 통해 만들었다.
=(이전 테이블에서 군집의 변수 평균값)/(이전 테이블에서 군집 변수 평균값의 합)×100

❶

	0	1	2	3	총합계
평균 : BALANCE	21.74194351	40.26887743	2.824820642	35.16435842	100
평균 : BALANCE_FREQUENCY	28.60410113	29.72747178	11.68739669	29.9810304	100
평균 : PURCHASES	21.91522583	5.860592103	7.031958272	65.19222379	100
평균 : ONEOFF_PURCHASES	8.815156128	7.444660899	7.412396567	76.32778641	100
평균 : INSTALLMENTS_PURCHASES	44.99174621	3.078616202	6.371859857	45.55777774	100
평균 : CASH_ADVANCE	15.87996449	48.7804324	15.49467329	19.84492982	100
평균 : PURCHASES_FREQUENCY	41.47987186	6.396320998	9.787821806	42.33598533	100
평균 : ONEOFF_PURCHASES_FREQUENCY	9.557557585	8.112103469	6.863989946	75.466349	100
평균 : PURCHASES_INSTALLMENTS_FREQUENCY	55.4655133	3.332667029	8.461216613	32.74060305	100
평균 : CASH_ADVANCE_FREQUENCY	16.63374211	51.00908657	11.46846037	20.88871095	100
평균 : CASH_ADVANCE_TRX	16.87506068	50.67484457	10.75681047	21.69328428	100
평균 : PURCHASES_TRX	30.35437025	3.83250419	4.831672793	60.98145277	100
평균 : CREDIT_LIMIT	20.99621207	22.43309454	20.61657388	35.95411951	100
평균 : PAYMENTS	18.76085599	19.67322187	18.368361	43.19756114	100
평균 : MINIMUM_PAYMENTS	31.56328791	33.81092594	9.248588391	25.37719776	100
평균 : PRC_FULL_PAYMENT	29.21409401	2.953145498	31.98766284	35.84509766	100
평균 : TENURE	24.99241754	24.94369111	24.56255985	25.5013315	100

08 시각적으로 분석하기 위해 이전 작업을 통해 만들어진 퍼센트 테이블을 차트로 만들었다.
- 0번 군집(파란색)의 경우 할부 활용이 많다는 특징을 보이며 구매 거래 건수가 많은 고객층으로 보인다.
- 1번 군집(주황색)의 경우 평균 현금 거래액이 높고 거래 빈도가 많은 고객이면서 일시불로 구매하는 경향이 있는 것으로 보인다.
- 2번 군집(회색)의 경우 구매 금액이 적고 구매 거래 건수도 적은 고객층으로 판단된다.
- 3번 군집(노란색)의 경우 한 번 거래에 많은 품목을 구매하고 거래액이 큰 고객층으로 카드 사용에도 적극적으로 보인다.

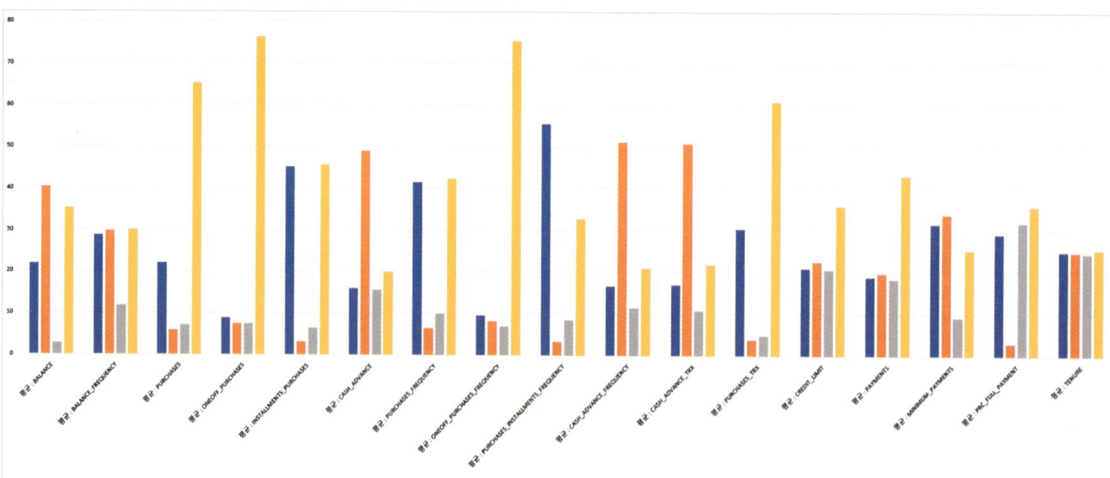

3.3.3 온라인쇼핑 고객의 군집화와 특징 분석 실습(Advertise Conversion Data)

'Sale Conversion Optimization' 데이터는 익명의 xyz사가 google Ads를 사용하여 광고 캠페인에 노출된 1,143명의 광고 노출, 클릭, 구매 전환 등의 정보를 가지고 있는 데이터로서 많은 비용이 소모되는 광고 캠페인에서 반복적이고 불필요한 광고는 미래의 소비자들에게 피로감을 주고 오히려 기업에 대한 좋지 못한 반응을 이끌어낼 수도 있다.

이에 이번 실습에서는 고객 반응에 대한 데이터에서 별도의 목표변수 설정 없이 군집 분석함으로써 고객 유형을 분류하는 군집 분석을 실시하고 엑셀을 통해 분류된 고객들의 특성을 파악하는 것을 목표로 한다.

- 데이터셋: https://www.kaggle.com/arjunbhasin2013/ccdata
- 변수 설명

변수 이름	변수 상세
ad_id	광고별 ID 유니크값
xyzcampaignid	xyz사 각 광고 캠페인 ID
fbcampaignid	Facebook이 각 캠페인 추적하는 코드
age	광고를 본 사람의 연령, Categorical
gender	성별, Categorical
interest	Facebook 공개 프로필에 언급한 관심 분야 카테고리 코드, Categorical
Impressions	광고가 노출된 건수, Numeric
Clicks	광고를 클릭한 수, Numeric
Spent	광고 시청 시간, Numeric
Total conversion	광고를 본 후 제품에 대해 문의한 건수
Approved conversion	광고를 본 후 제품을 구매한 건수

3.3.3.1 Kaggle 온라인 광고 최적화 데이터 탐색 및 전처리

01 온라인 광고 트래킹 데이터를 WiseProphet에 로딩한 첫 페이지로 결측값과 중복값이 없는 1,143명에 대한 광고 반응 트래킹 데이터인 것을 ❶을 통해 확인할 수 있다.

'ad_id', 'xyz_campaign_id', 'fb_campaign_id'는 데이터 트래킹을 위해 연결하기 위한 변수이기 때문에 분석 단계에서는 불필요하여 ❷와 같이 사용을 클릭하여 비활성화하였다.

❸ interest는 페이스북 프로필을 통해 추출된 개인의 관심 카테고리에 대한 정보로 탑재된 데이터에서는 Numeric 형태의 데이터이지만 위 데이터 설명 표에서 볼 수 있듯이 실제를 각 수의 변화가 수준의 변화가 아닌 각 수별로 의미를 갖고 있기 때문에 Categorical 형태로 바꿔줄 필요가 있다.

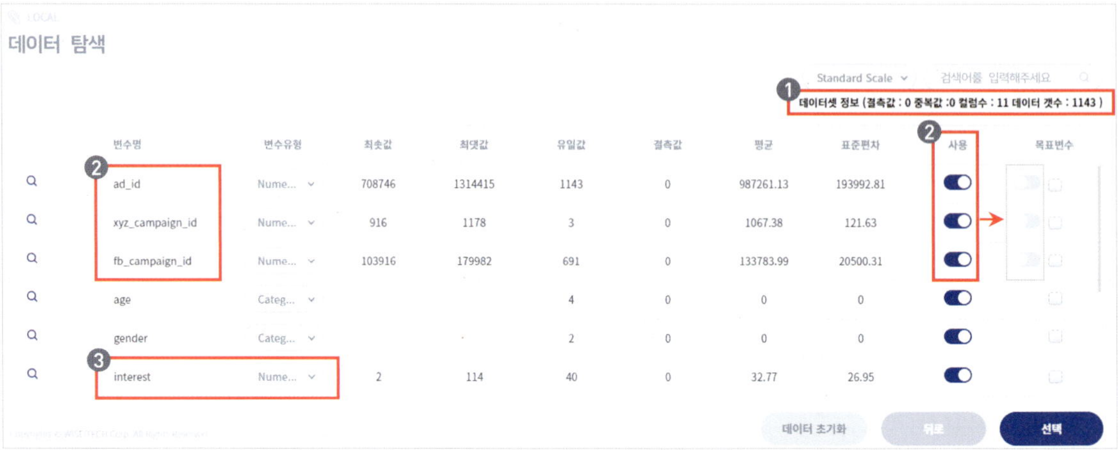

02 interest는 Categorical 변수이기 때문에 Numeric을 클릭하여 Categorical 선택하여 변수 데이터 형태를 변경하였다.

03 데이터에 대한 사전 지식을 기반으로 정리를 완료한 후 통계적인 데이터 전처리를 진행한다. 그 중 'Spent' 변수는 광고를 시청한 시간으로 너무 긴 시간을 광고를 시청한 것은 접속 후 다른 행동을 하는 등의 정상적인 시청이 아닐 것이라고 판단하여 이상치를 점검하고 삭제하고자 하였다.

이에 'Spent' 변수명의 왼편에 있는 돋보기 기능을 클릭하여 데이터 분포를 확인하였다.

데이터 분포에서 사분위수 기반의 데이터 통계를 확인한 결과, 이상치가 존재하여 이를 삭제하는 것을 결정하였다.

데이터 정제 과정에서 본 교재에서는 결측치나 이상치에 대한 데이터를 삭제하는 것을 기본으로 설명하였으나 빈도수가 많은 데이터로 대체하거나 평균값으로 대체하는 방법이 있으므로 최종 성능 결과를 보면서 재시도해볼 필요가 있다.

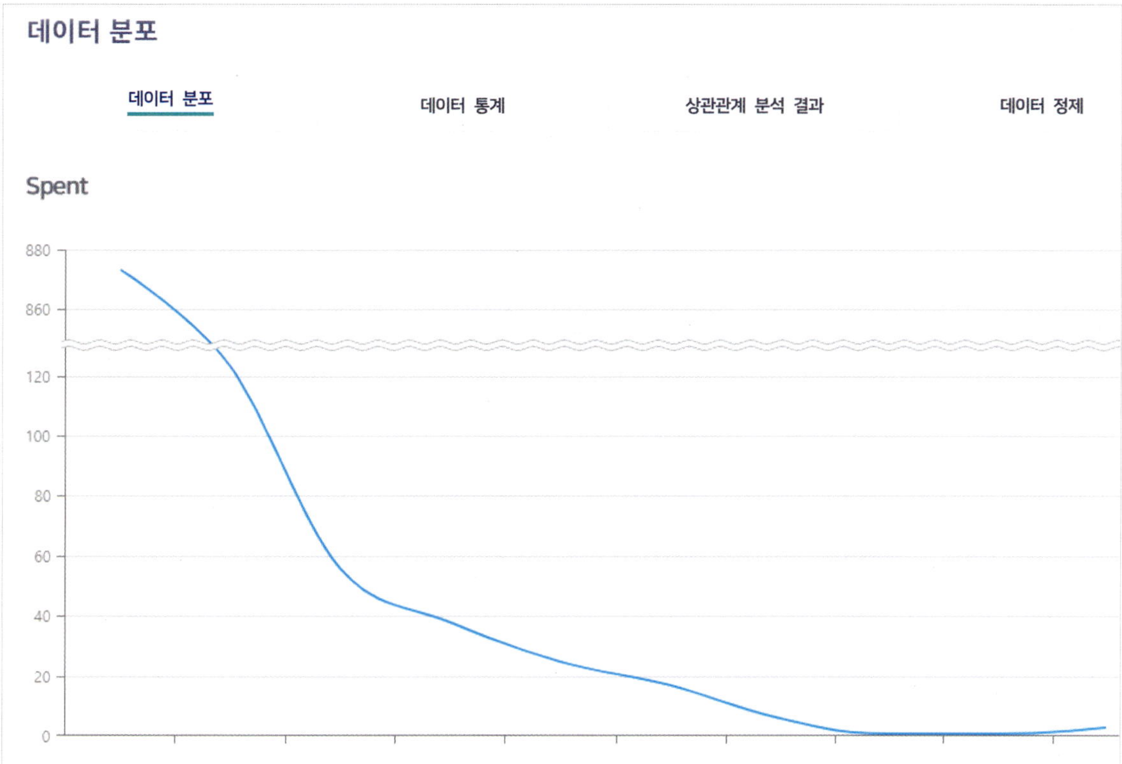

04 'Spent'의 이상치를 제거하기 위하여 데이터 정제에 이상값 설정에 사용과 제거를 클릭하여 ❶, ❷와 같이 활성화하였다.

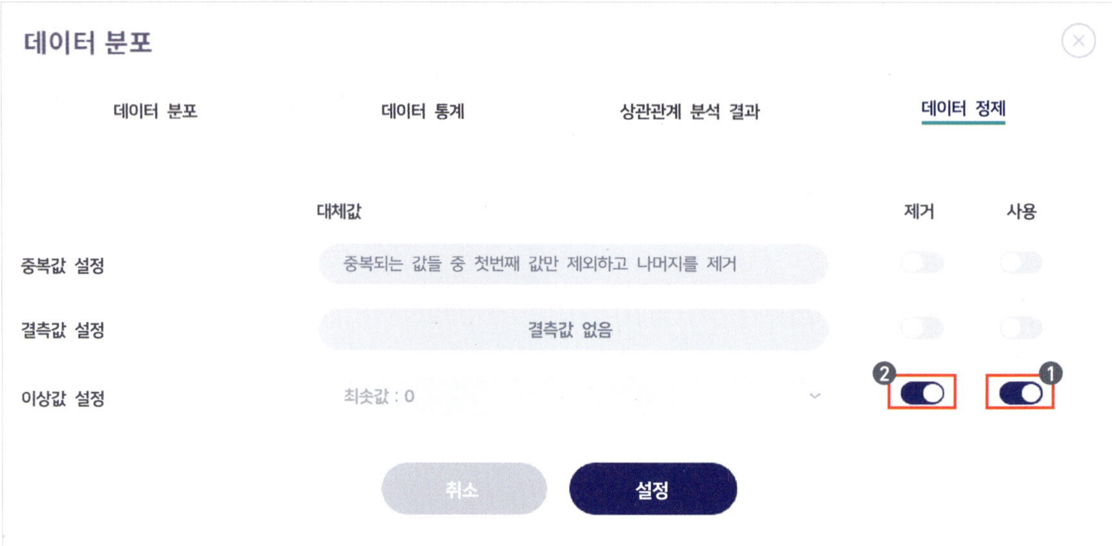

05 이상값 125개가 제거되어 데이터는 1,143개에서 1,018개가 된 것을 확인하였다.

06 미사용 데이터에 대한 정리와 이상값 처리, 변수 유형 변경이 완료되어 군집 분석 알고리즘 선택으로 넘어가고자 하였다.

WiseProphet에서는 목표변수를 설정하지 않을 경우 군집 분석 알고리즘이 활성화되기 때문에 목표변수를 별도로 선택하지 않은 상태로 '선택'을 클릭하여 알고리즘 선택 단계로 넘어간다.
이때 목표변수가 존재하지 않기 때문에 특징 선택 단계는 건너뛰게 된다.

3.3.3.2 Kaggle 온라인 광고 최적화 데이터 특징 선택과 모델 학습

알고리즘 선택 단계에서는 목표변수가 없기 때문에 군집 알고리즘 카테고리를 추천하는 것을 확인할 수 있었으며 이번 온라인 광고 반응 트래킹 데이터에서는 'Gaussian Mixture' 방법을 사용하였다. 이유는 범주형 데이터와 연속형 변수가 혼합되어 있어 유클리드 거리를 측정하여 군집 분석을 실시하는 K-means와는 맞지 않고 목표로 하는 군집의 수를 설정할 것이기 때문에 DBSCAN과도 맞지 않아 선택하였다.

01 파라미터는 디폴트값을 사용하였지만 군집의 수를 의미하는 n_components는 3으로 설정하여 3개의 군집을 추출하고자 하였다.

파라미터 또한 다른 선택이 가능하고 최적화 모드를 사용하는 방법도 있다.

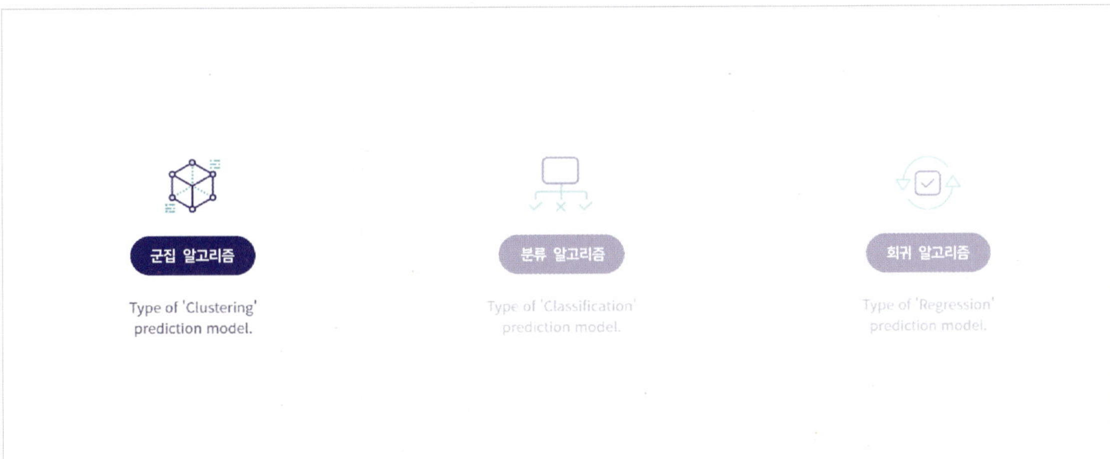

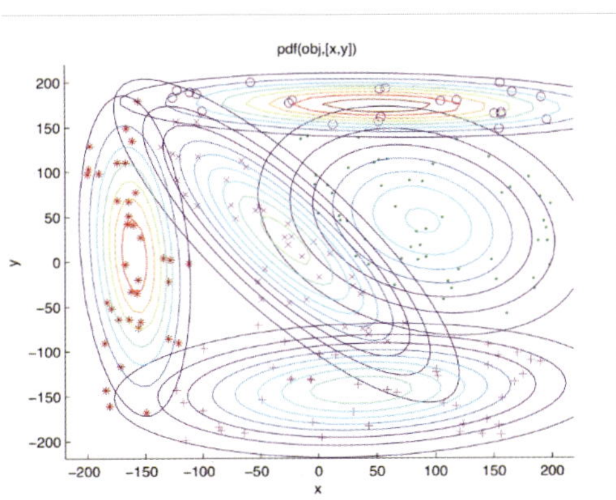

02 DBSCAN 군집 분석이 완료되면 ❶과 같이 시각적으로 설정한대로 0~2까지 3개의 군집이 분류되었는지를 확인할 수 있다.

하지만 시각화 결과만으로는 군집의 특성을 파악할 수 없기에 ❷의 '결과 다운로드'를 클릭하여 CSV 형식의 파일을 다운로드받았다.

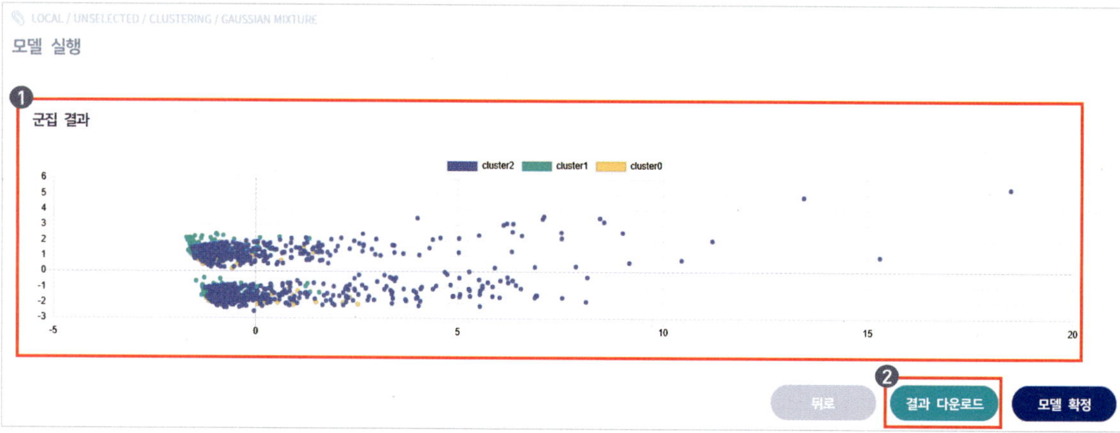

03 CSV 파일을 열어 확인해본 결과, 범주형 변수는 더미변수화되어 범주변수 안의 데이터값의 여부에 따라 0과 1로 표시된 것을 확인할 수 있었다.

가장 오른편에는 0~2까지 어떤 군집으로 분류되었는지를 확인할 수 있었다.

군집별로 특징을 찾기 위해 모든 열을 선택하여 피벗 테이블을 새로운 시트에 생성하였다.

AR	AS	AT	AU	AV	AW	AX	AY	AZ
interest _	interest _	interest _	interest _	interest _	interest _ 112	interest _ 113	interest _ 114	Cluster_Label
0	0	0	0	0	0	0	0	1
0	0	0	0	0	0	0	0	1
0	0	0	0	0	0	0	0	1
0	0	0	0	0	0	0	0	1
0	0	0	0	0	0	0	0	1
0	0	0	0	0	0	0	0	1
0	0	0	0	0	0	0	0	1
0	0	0	0	0	0	0	0	1
0	0	0	0	0	0	0	0	1
0	0	0	0	0	0	0	0	1
0	0	0	0	0	0	0	0	2
0	0	0	0	0	0	0	0	1
0	0	0	0	0	0	0	0	1
0	0	0	0	0	0	0	0	1
0	0	0	0	0	0	0	0	1
0	0	0	0	0	0	0	0	1
0	0	0	0	0	0	0	0	2
0	0	0	0	0	0	0	0	2
0	0	0	0	0	0	0	0	1
0	0	0	0	0	0	0	0	1
0	0	0	0	0	0	0	0	1

04 고객 집단이 어떤 특징이 있는지를 살펴보기 위해 고객이 자신의 흥미를 Facebook 프로필에 작성한 변수인 'interest'의 더미값을 합하여 개수를 파악하였다.
더미변수의 경우 해당하지 않을 경우 '0', 해당하는 경우 '1'에 해당하기 때문에 합계를 할 경우 해당하는 자들의 수를 구할 수 있다.

- 군집 0의 경우 오직 'interest_16'에 해당하는 116명만이 포함되어 있는 것을 확인하였다.
- 군집 1의 경우 특징적으로는 'ineterest_66~114'까지의 시청자들이 군집을 형성하고 있었다.
- 군집 2에서는 그 밖에 'interest' 범주에 있는 시청자들이 군집을 형성하였다.

	열 레이블			
값	0	1	2	총합계
합계 : interest _ 2	0	0	25	25
합계 : interest _ 7	0	1	23	24
합계 : interest _ 10	0	2	83	85
합계 : interest _ 15	0	3	48	51
합계 : interest _ 16	116	4	20	140
합계 : interest _ 18	0	0	43	43
합계 : interest _ 19	0	1	31	32
합계 : interest _ 20	0	1	48	49
합계 : interest _ 21	0	0	36	36
합계 : interest _ 22	0	0	33	33
합계 : interest _ 24	0	0	24	24
합계 : interest _ 23	0	0	23	23
합계 : interest _ 25	0	1	25	26
합계 : interest _ 26	0	0	41	41
합계 : interest _ 27	0	5	55	60
합계 : interest _ 28	0	3	48	51
합계 : interest _ 29	0	6	71	77
합계 : interest _ 30	0	0	25	25
합계 : interest _ 31	0	0	25	25
합계 : interest _ 32	0	0	33	33
합계 : interest _ 36	0	0	21	21
합계 : interest _ 63	0	2	44	46
합계 : interest _ 64	0	0	48	48
합계 : interest _ 65	0	0	19	19
합계 : interest _ 66	0	11	0	11
합계 : interest _ 100	0	6	0	6
합계 : interest _ 101	0	7	0	7
합계 : interest _ 102	0	7	0	7
합계 : interest _ 103	0	5	0	5
합계 : interest _ 104	0	5	0	5
합계 : interest _ 105	0	7	0	7
합계 : interest _ 106	0	5	0	5
합계 : interest _ 107	0	8	0	8
합계 : interest _ 108	0	7	0	7
합계 : interest _ 109	0	6	0	6
합계 : interest _ 110	0	8	0	8
합계 : interest _ 111	0	6	0	6
합계 : interest _ 112	0	7	0	7
합계 : interest _ 113	0	6	0	6
합계 : interest _ 114	0	5	0	5

05 연속형 변수의 특징을 군집별로 찾기 위해 연속형 변수의 군집 평균을 구하였다.
총합계는 전체 평균이며 연속형 변수별로 범위가 달라 비교가 어렵기 때문에 변수별 차지 비율(퍼센트)로 만들어 상대적인 특징을 찾고자 하였다.

	열 레이블			
값	0	1	2	총합계
평균 : Impressions	58282.57759	538314.8741	150225.9428	186732.133
평균 : Clicks	3.568965517	90.05185185	27.91255605	33.39020122
평균 : Spent	14.72353448	137.0684444	43.15365471	51.36065617
평균 : Total_Conversion	1.543103448	8.42962963	2.182735426	2.855643045
평균 : Approved_Conversion	0.49137931	2.748148148	0.729820628	0.944006999

06 처음 생성한 피벗 테이블을 복사하여 새로운 테이블을 생성하였다.
그 후 '=sum(각 군집 평균)'을 사용하여 군집의 평균 합을 산출하였다.

	열 레이블			
값	0	1	2	총합계
평균 : Impressions	58282.57759	538314.8741	150225.9428	746823.3945
평균 : Clicks	3.568965517	90.05185185	27.91255605	121.5333734
평균 : Spent	14.72353448	137.0684444	43.15365471	194.9456336
평균 : Total_Conversion	1.543103448	8.42962963	2.182735426	12.1554685
평균 : Approved_Conversion	0.49137931	2.748148148	0.729820628	3.969348086

07 변수별로 군집 평균의 합을 산출했던 테이블을 복사하여 새로운 테이블을 생성하고 기존에 만들어져 있던 테이블의 군집별 변수의 평균값을 전체 평균으로 나눈 후 100을 곱해 퍼센트로 만들어 상대적인 비교를 실시하였다.
그 결과 군집 1의 반응에 대한 값이 모두 상대적으로 높아 광고 효율이 좋았다.

값	0	1	2	총합계
평균 : Impressions	7.804064257	72.08061211	20.11532364	100
평균 : Clicks	2.936613554	74.09639782	22.96698863	100
평균 : Spent	7.552636193	70.31111283	22.13625097	100
평균 : Total_Conversion	12.69472623	69.3484552	17.95681857	100
평균 : Approved_Conversion	12.37934541	69.23424422	18.38641037	100

Appendix

부록

WiseProphet

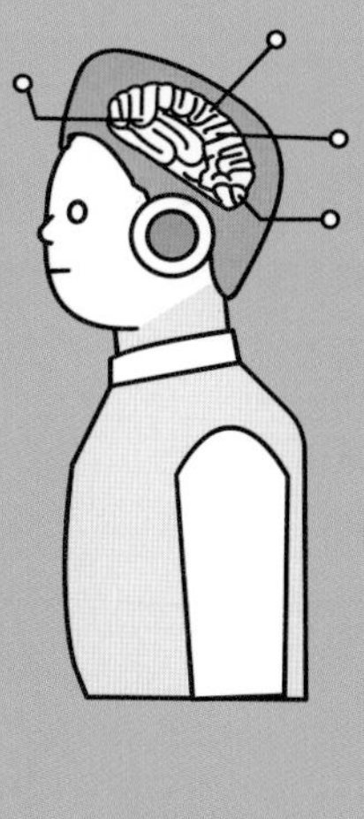

부록 1 용어정리

본 교재에서 사용된 머신러닝과 관련된 용어는 구글 머신러닝 용어집[1)]을 참고하여 한글로 표기하였다.

용어(한글명)	용어(영문명)	설명
학습 데이터	Training Set	모델 학습에 사용되는 데이터 집합
평가 데이터	Test Set	모델 초기 학습 시 모델을 테스트하는 데 사용하는 데이터 집합
특징	Feature	예측을 수행하는 데 사용되는 입력변수
특징 선택	Feature Selection	모델에 필요한 입력변수를 선택하는 작업
특징 추출	Feature Engineering (=Feature Extraction)	모델을 학습시키는 데 유용할 특성이 무엇인지 판단하고 로그 파일 및 기타 소스의 원시 데이터를 해당 특성으로 변환하는 과정
특징별 영향	Feature Importance	목표변수에 대한 각 변수들의 상대적 중요도를 의미한다.
데이터 스케일	Data Scale	특성값 범위를 데이터셋의 다른 특성 범위와 일치하도록 맞춘다. 예를 들어 데이터셋의 모든 부동 소수점 특성을 0~1 범위로 맞출 수 있다. 어떤 특성의 범위가 0~500이라면 각 값을 500으로 나누어 특성을 조정할 수 있다.
1분위	Q1	데이터의 하위 25%값 데이터의 25%가 이 값보다 작거나 같음을 의미
3분위	Q3	데이터의 상위 75%값 데이터의 75%가 이 값보다 작거나 같음을 의미
유일값	Unique Value	데이터 중복 제거 후의 유일한 값을 의미
결측값	Missing Value	데이터가 빈 값일 경우
목표변수	Target Value	예측하고자 하는 대상을 의미
정규화	Normalization	실제값 범위를 표준값 범위(일반적으로 −1~+1 또는 0~1)로 변환하는 과정이다. 예를 들어 어떤 특성의 원래 범위가 800~6,000인 경우 뺄셈과 나눗셈을 거쳐 값의 범위를 −1~+1로 정규화할 수 있다.
매개변수	Parameter	머신러닝에서 스스로 학습하는 모델의 변수를 의미 학습이 반복됨에 따라 가중치 매개변수의 값이 학습된다.
범주형 데이터	Categorical Data	가능한 값의 불연속 집합을 갖는 특징이 있다. 예) 성별(남자, 여자)
원-핫 인코딩	One-hot Encoding	범주형 데이터를 수치형(0, 1)으로 변환해주는 작업

1) 구글 머신러닝 용어집: https://developers.google.com/machine-learning/glossary/

모델 학습	Model Training	최상의 모델을 결정하는 과정
L1 정규화	L1 regularization	가중치 절대값 합에 비례하여 가중치에 패널티를 주는 정규화 유형
초평면	Hyperplane	한 공간을 두 부분 공간으로 나누는 경계
분류 행렬	Confusion Matrix	실제값과 예측값을 비교하여 나타낸 매트릭스 분류 평가 지표로 사용
배치	Batch	모델 학습을 반복하는 작업

부록 2 DBMS로부터 데이터 불러오는 방법

01 '모델 학습'의 '데이터 선택' 단계에서 파일업로드를 클릭하면 업로드 방법 창이 나타난다.

02 왼쪽의 '로컬 파일'에서 데이터를 업로드할 수 있고 여기서는 예제 데이터베이스를 활용할 것이므로 오른쪽에 있는 '예제 데이터베이스'를 클릭한다.

- WiseProphet에서 제공하는 예제 데이터를 선택할 수 있다.
- WiseProphet에서는 실제 WiseProphet를 구매하여 사용하는 프로젝트 및 고객과 협의를 통해 목적에 맞는 데이터베이스를 등록하여 사용자 데이터베이스에 접근하여 데이터를 사용한다. 본 교재에서 사용되는 데이터베이스 기능은 보안 및 성능 이슈로 인해 (주)위세아이텍에서 제공하는 예제 데이터베이스만 접근 가능하다.

03 ❶ 보스턴집값 데이터를 선택하고 ❷ 확인을 클릭한다.

04 아래와 같이 '데이터 탐색' 페이지로 이동하며, 데이터에 대한 전처리를 수행할 수 있다.

- 보스턴집값 데이터는 '주택 가격' 또는 '고가주택 여부'가 목표변수이다.
- '고가주택 여부' 변수는 0 또는 1의 숫자값으로 되어 있고 이대로 회귀 알고리즘으로 진행해도 무방하지만, 변수 특성상 범주형 변수에 해당하므로 변수 유형을 Categorical로 변경하여 진행하는 것을 권장한다.
- 이후 단계부터는 '로컬 파일'을 업로드할 때와 동일하게 알고리즘을 선택하고 적절한 파라미터를 찾아 학습을 진행하면 된다.

05 한편, 방금 사용한 데이터를 재사용하여 다른 알고리즘을 적용하거나 하이퍼파라미터를 변경하여 모델을 새로 학습하고자 할 때는 '데이터 선택' 페이지로 들어오면 아래와 같이 처음 보는 파란 아이콘이 생겨있을 것이다.

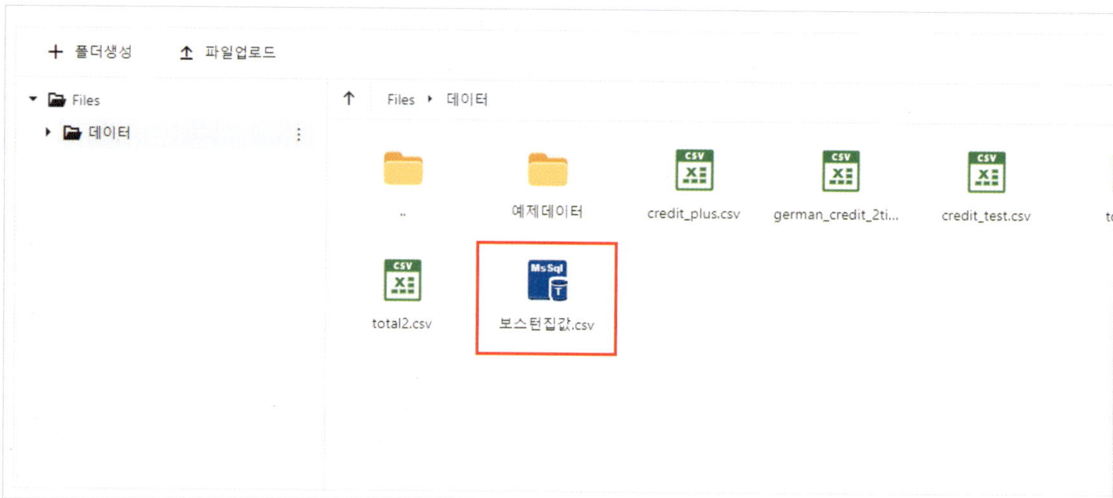

초록색 아이콘은 사용자가 직접 업로드한 CSV 파일이고, 파란색 아이콘은 방금 예제 데이터베이스에서 선택했던 데이터이다. 예제 데이터베이스의 여러 데이터 중 어느 데이터였는지 따로 기억해둘 필요 없이 위 아이콘을 바로 선택하면 된다.

부록 3 여러 개의 파일로 구성되어 있는 데이터를 CSV 파일로 결합하는 방법

사용자가 분석하고 싶은 데이터가 여러 개의 파일로 구성되어 있는 경우 WiseProphet에 업로드하기 위해서는 하나의 파일로 결합시켜야 한다. Excel(CSV) 파일의 데이터 결합은 Power Query라는 도구를 사용할 수 있으며, Excel 실행 시 아래와 같은 메뉴가 존재하면 해당 기능을 이용할 수 있다.

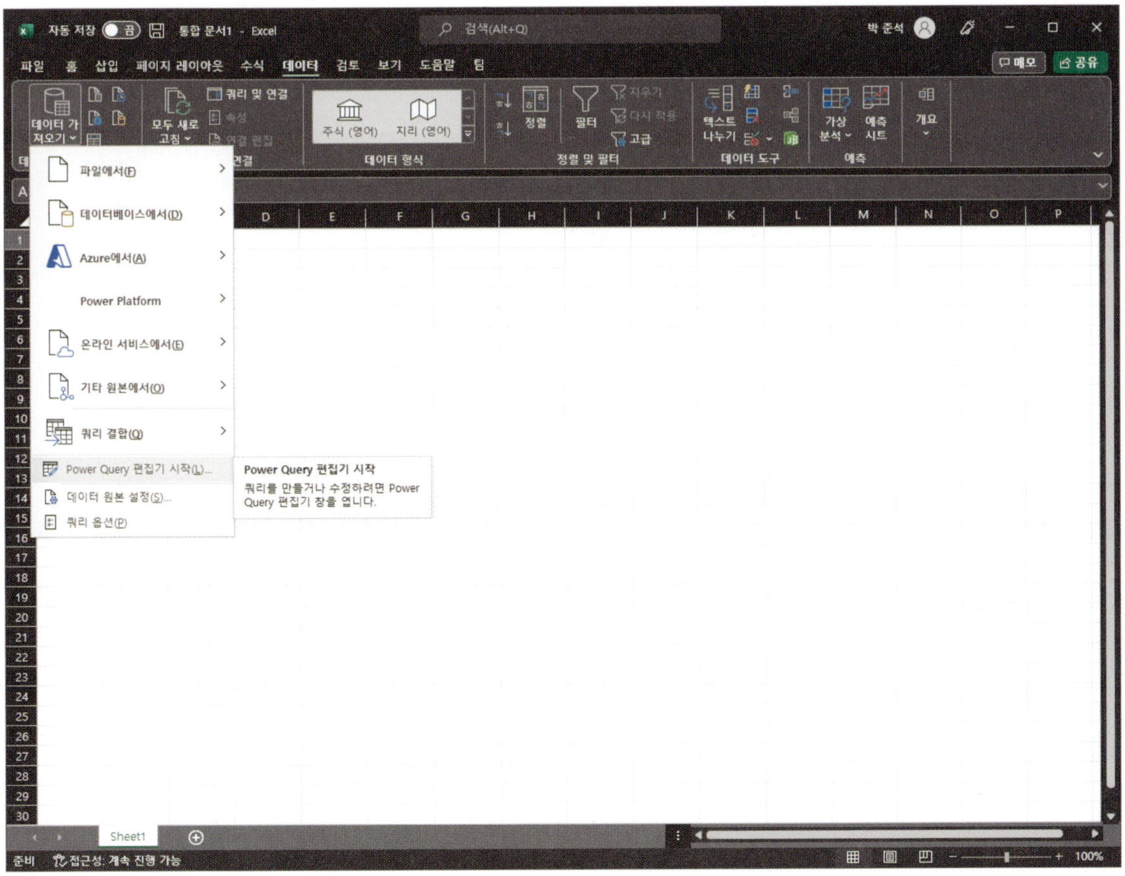

만일 Power Query가 설치되어 있지 않으면 아래의 URL로부터 다운로드받아 설치할 수 있다.

1. Power Query 다운로드 및 설치

01 다운로드
https://www.microsoft.com/ko-kr/download/details.aspx?id=39379

02 32bit 또는 64bit를 선택한다. 본 예제에서는 64bit를 선택하였다.

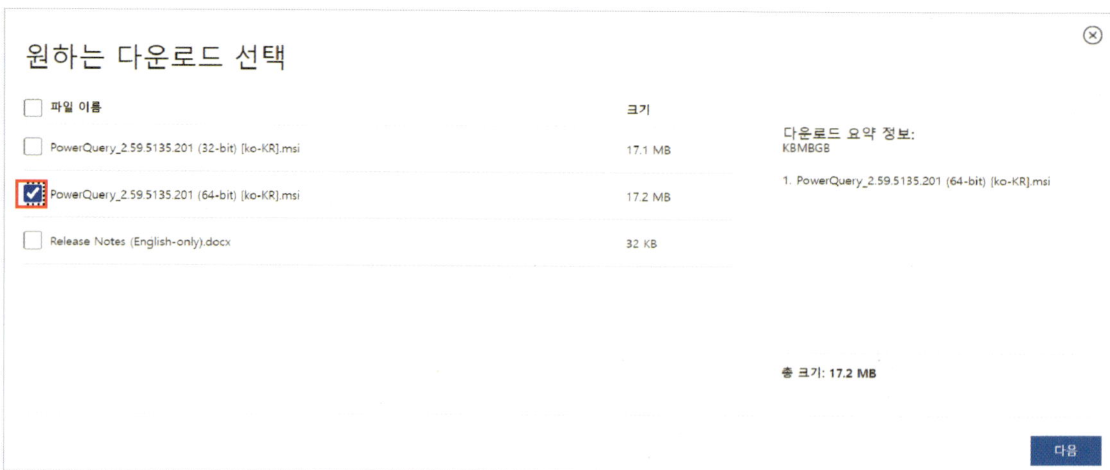

03 파일이 다운로드되고 '파일 열기'를 실행하면 Power Query가 설치되며, 이때 이미 Power Query가 설치되어 있으면 다음 화면처럼 표시된다.

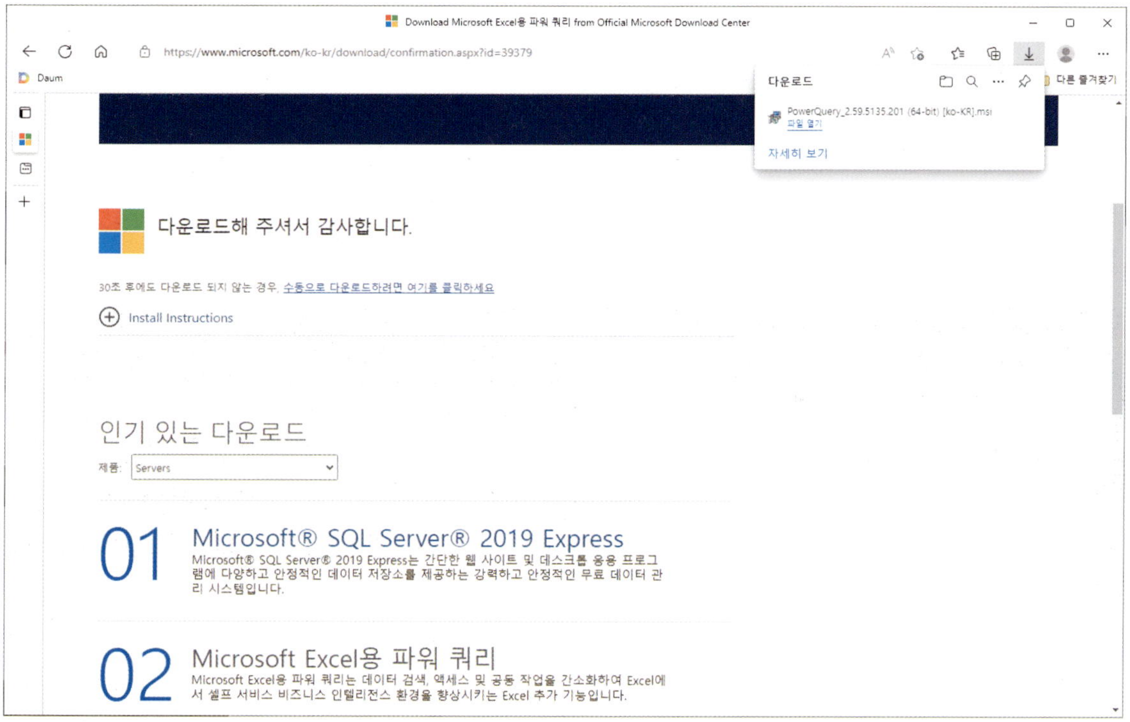

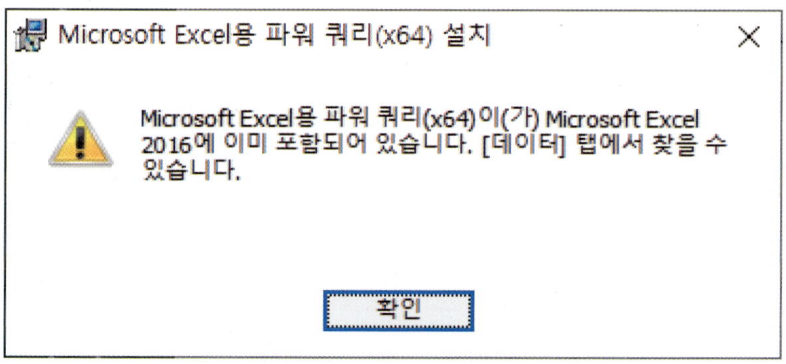

2. Power Query를 이용한 CSV 파일 결합

01 WiseProphet는 CSV 데이터의 첫 번째 열은 실제 데이터가 아닌 컬럼명으로 인식한다. 따라서 결합하려고 하는 모든 CSV는 동일한 컬럼명을 첫 번째 열에 포함하고 있어야 한다.

02 엑셀을 실행하기 이전에 소유하고 있는 데이터 파일(CSV)들을 하나의 폴더(ex: samples)에 모두 복사한다. 본 예제에서는 아래와 같은 구조를 갖으며, 모든 파일을 결합하여 mydata.csv를 만든다.

samples/abc.csv
def.csv
ghi.csv
→ 결합 →
samples/
mydata.csv

03 아래 그림처럼 엑셀을 실행하고, '데이터'→'데이터 가져오기'→'파일에서'→'폴더에서' 메뉴까지 차례로 선택한다.

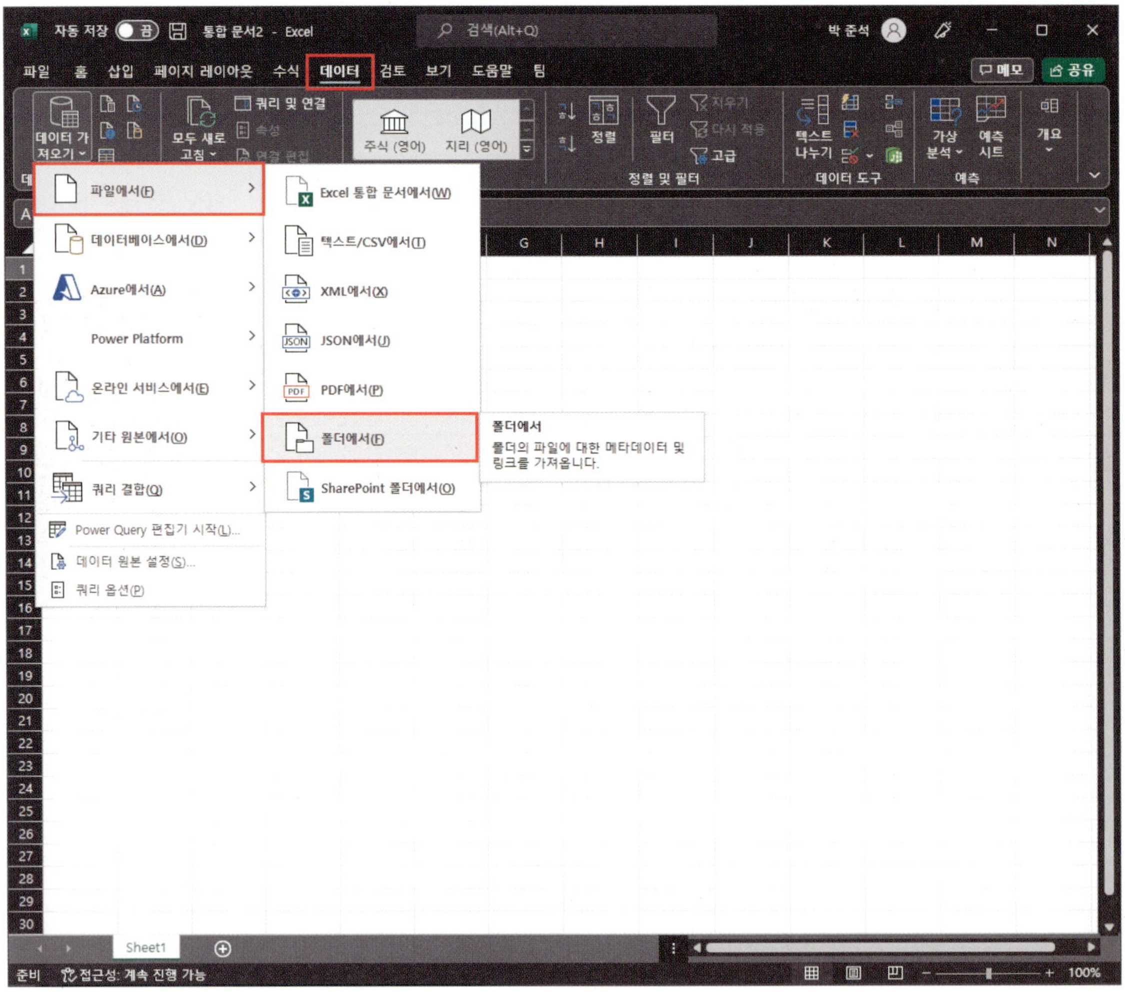

04 다음의 화면처럼 데이터가 모여있는 폴더를 선택하고 '열기'를 클릭한다.

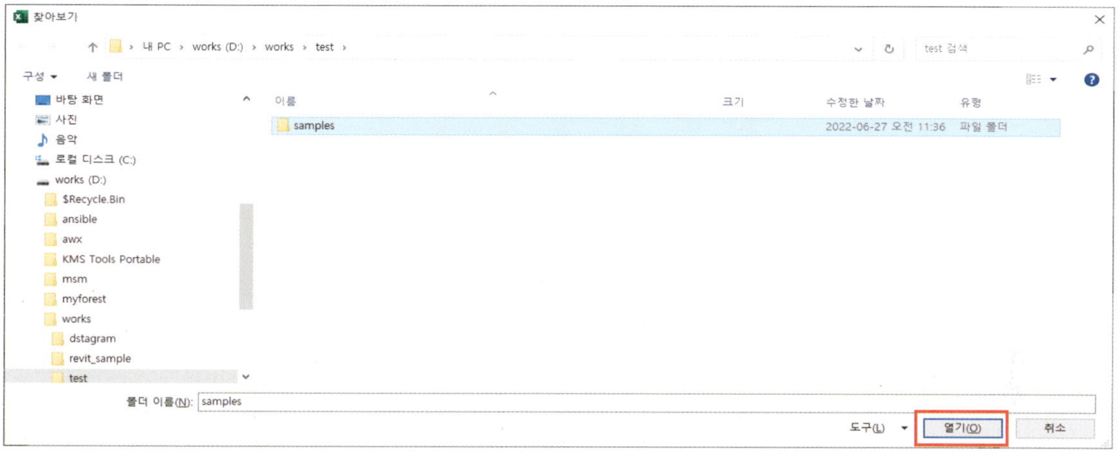

05 선택한 폴더 하위에 있는 모든 파일들이 목록으로 보여지며, 하단 메뉴의 '결합'→'결합 및 로드'를 선택한다.

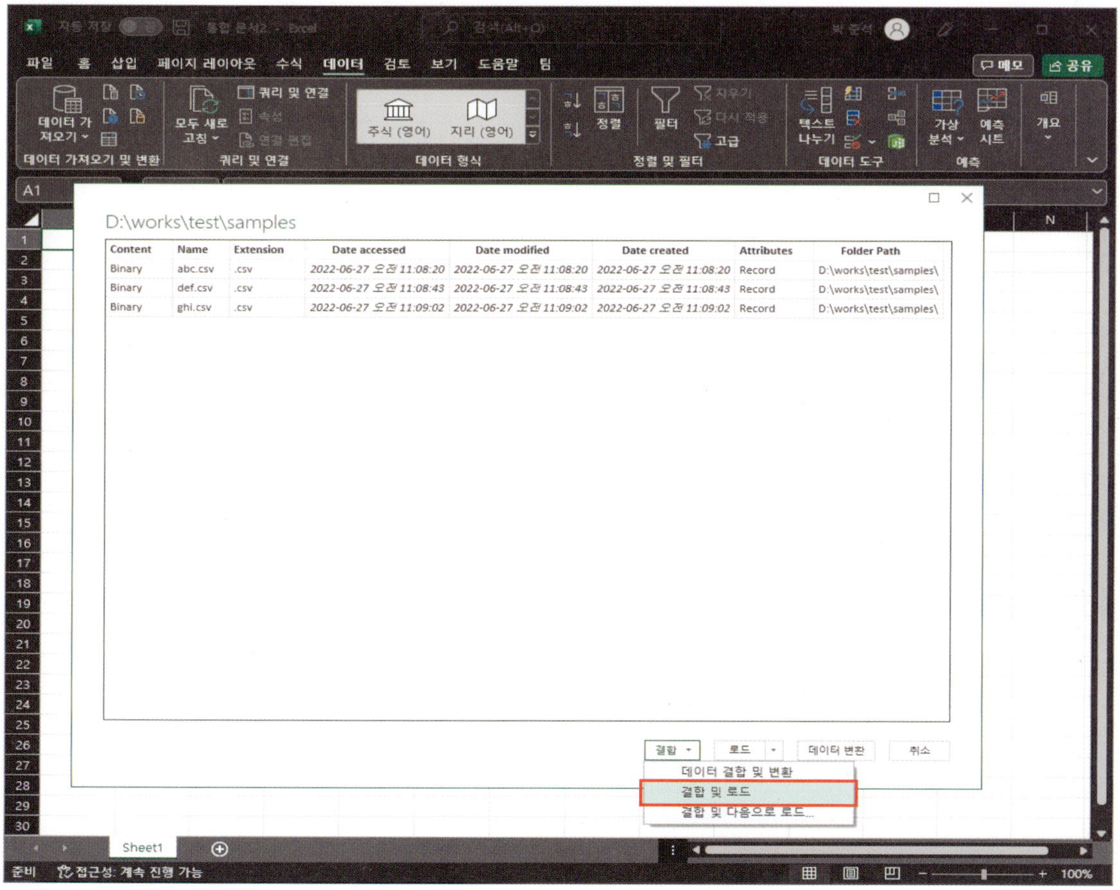

06 아래의 그림처럼 선택된 파일의 내용이 화면에 보여진다. '확인'을 눌러 다음으로 진행한다.

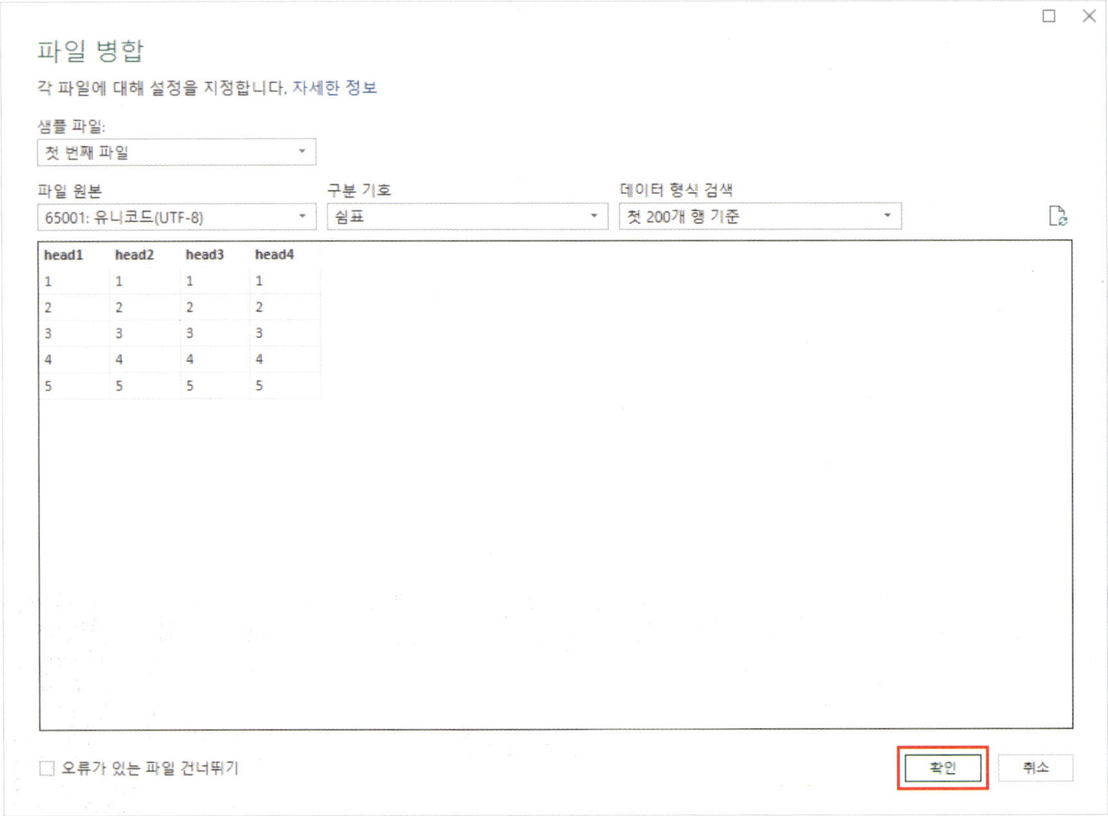

07 선택된 폴더(samples)의 모든 데이터가 다음의 화면처럼 보여진다. 이때 새로운 시트가 하나 추가되었음을 확인해볼 수 있다.

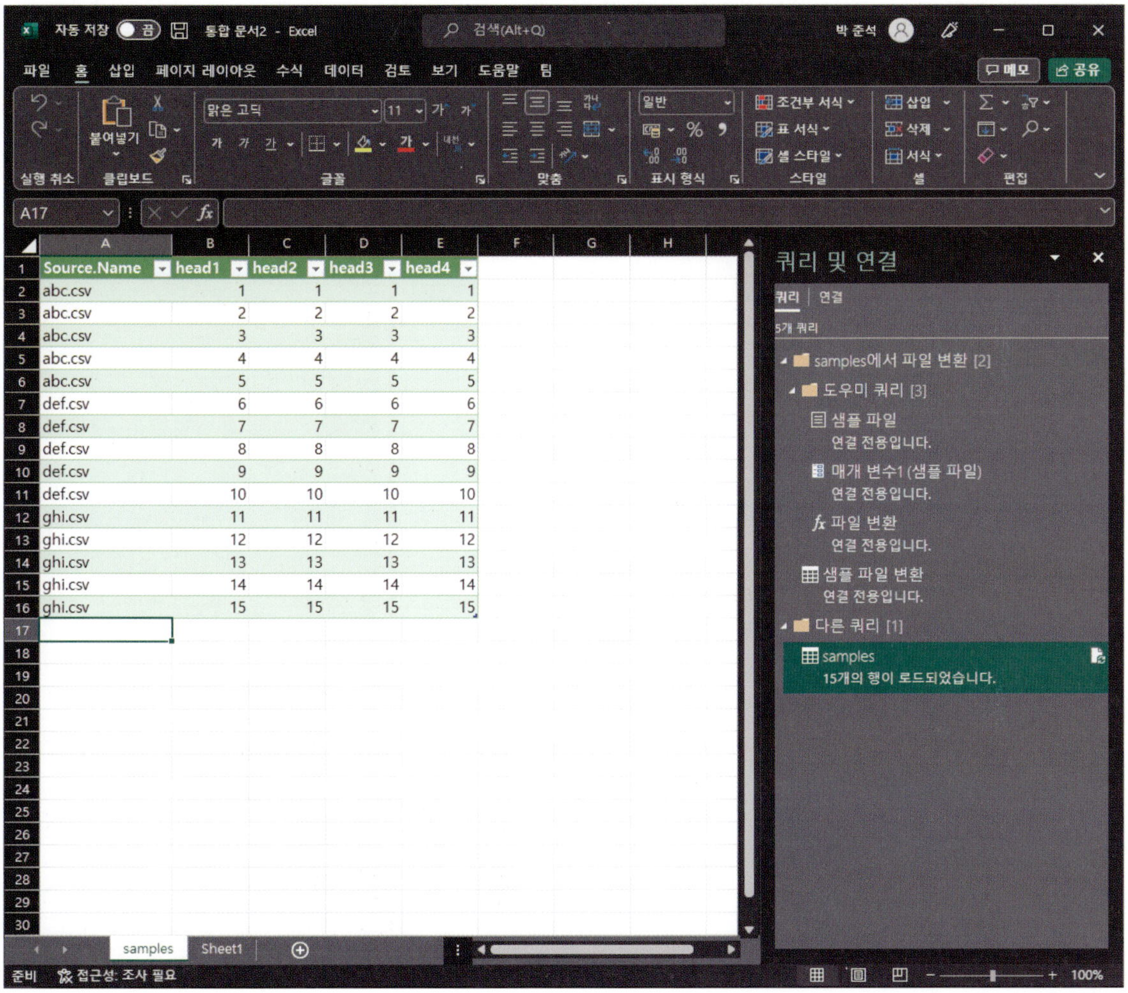

08 첫 번째 컬럼은 파일명을 표시하므로 해당 컬럼은 다음과 같이 첫 번째 컬럼(A)에서 오른쪽 마우스를 클릭하여 삭제한다.

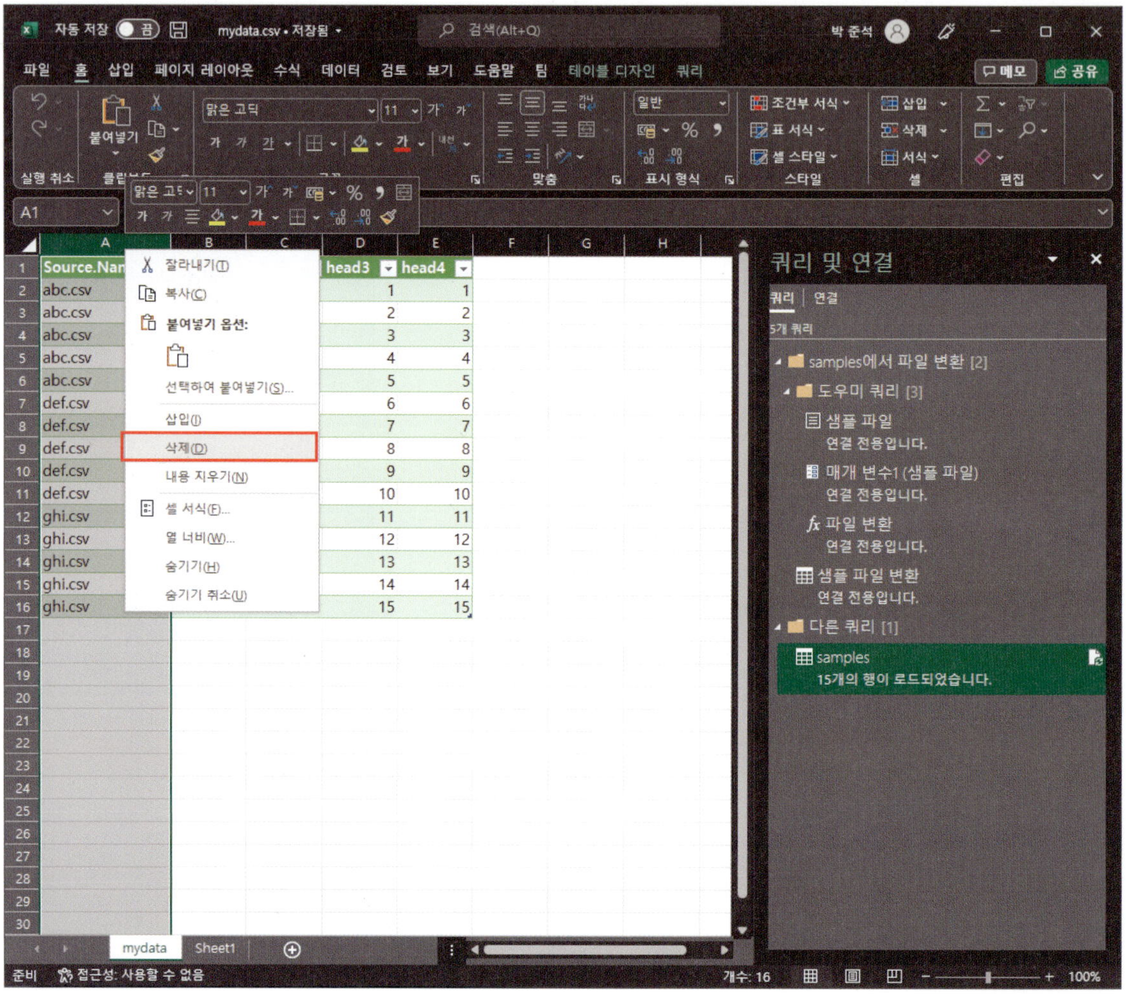

09 컬럼이 삭제되었으면 CSV로 저장할 수 있다.
'파일'→'다른 이름으로 저장'을 선택하고, 파일 형식을 'CSV UTF-8(쉼표로 분리)(*.csv)'를 선택하여 파일이름(ex: mydata)을 지정한 후, CSV 파일로 저장한다. Power Query 실행 시 시트가 하나가 더 추가되었기 때문에 현재의 시트만 CSV로 저장된다.

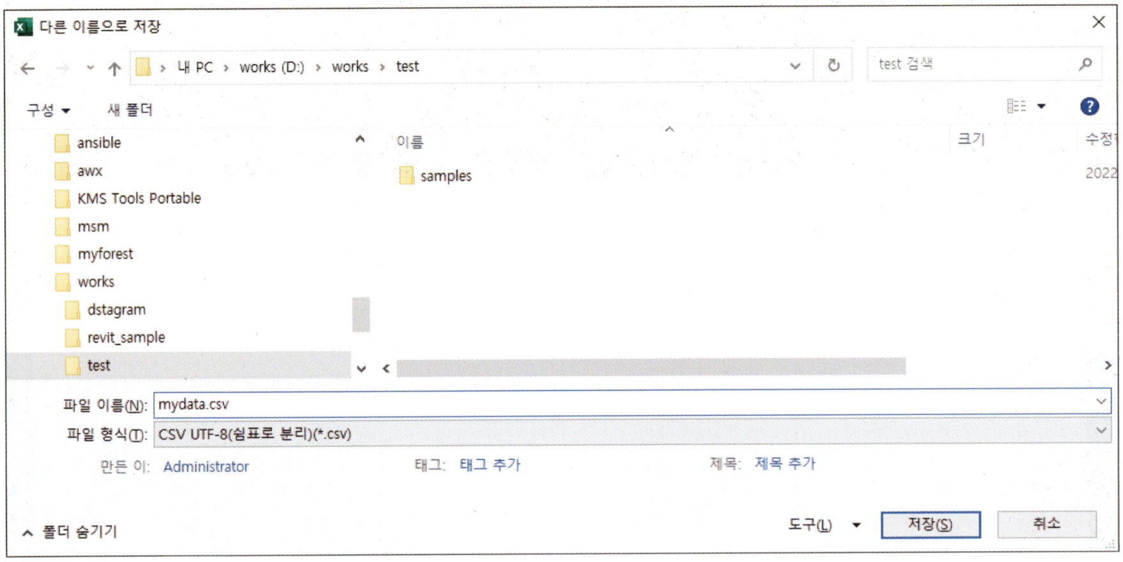

10 엑셀을 닫고, mydata.csv를 다시 불러오면 다음의 화면처럼 모든 파일이 결합되어 있는 것을 확인할 수 있다.

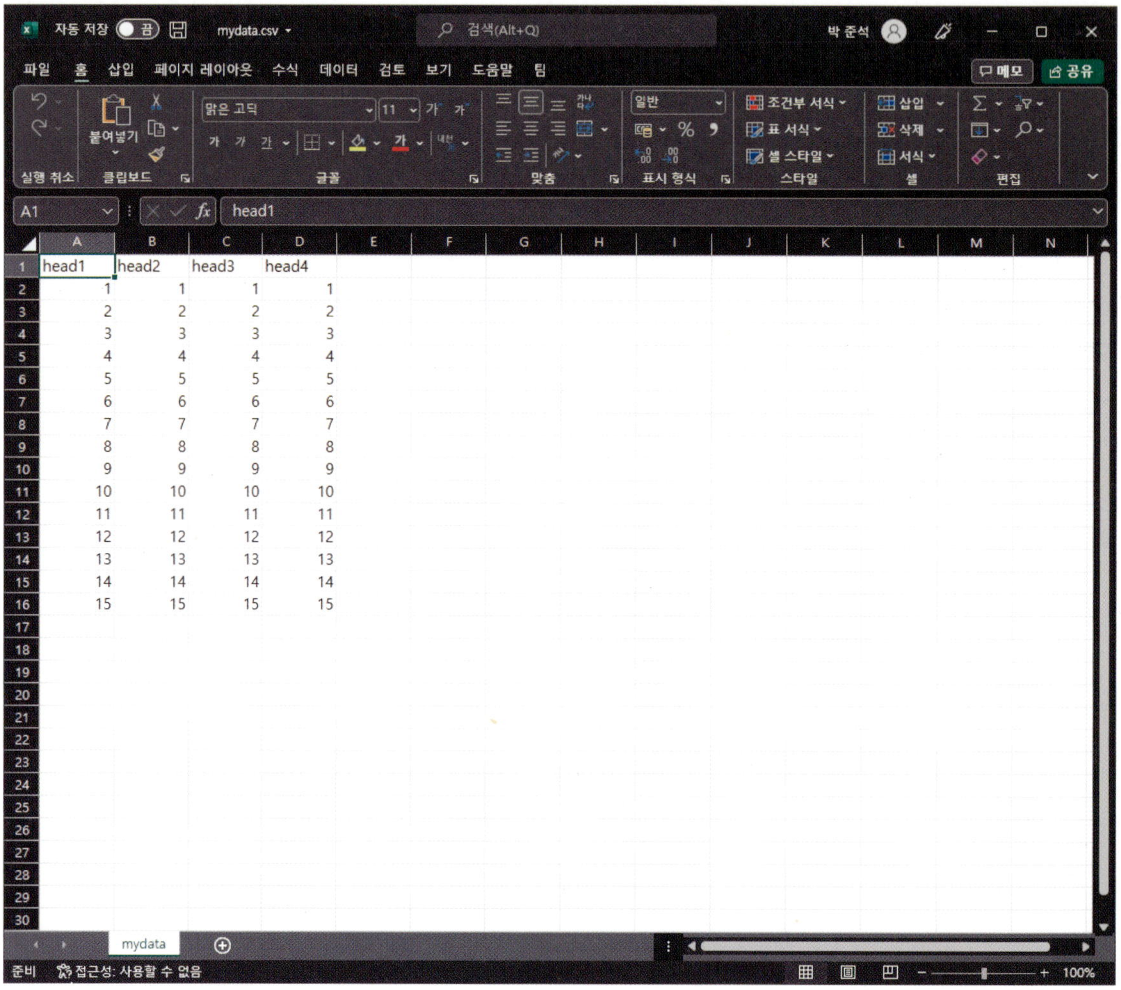

부록 4 WiseProphet를 위한 이미지 파일(JPG)의 CSV 변환방법

WiseProphet은 CNN 알고리즘을 활용하여 이미지를 분석할 수 있으며, 이때 사용자의 이미지 파일(이하 JPG)을 CSV 파일로 입력받는다. 따라서 JPG 파일을 분석 가능한 CSV 파일로 변환하는 전처리 작업이 필요하다.

본 부록에서 사용한 예제 JPG는 Tensorflow의 예제로 주로 사용되는 flowers_photo.tgz를 이용하였다.

한편, 본 예시에는 Python 프로그램을 활용하므로 Python 개발 환경을 사전에 갖추어야 하며, 이는 이미 설치되어 있는 것으로 가정한다.

1. 이미지 다운로드

flower_photos.tgz 파일을 다운로드받고, 압축을 해제한다.
(https://storage.googleapis.com/download.tensorflow.org/example_images/flower_photos.tgz)

2. flower_photos

다음과 같은 디렉토리로 구성되어 있다.

- /daisy: 633개의 JPG
- /dandelion: 898개의 JPG
- /roses: 641개의 JPG
- /sunflowers: 699개의 JPG
- /tulips: 799개의 JPG

각 디렉토리의 이미지들은 해상도가 서로 다르며, 모두 컬러 이미지이다.

3. 최종 CSV 형식

변환될 최종 CSV를 엑셀에서 보는 모습은 아래와 같다.

1	label	1x1	1x2	...	28x28
2	1	1	1		1
3	2	0	0		1
4	1	1	0		0
...					
15	3	1	1		0

위와 같은 결과 형식의 파일은 훈련 데이터(flowers_train.csv)와 검증 데이터(flowers_test.csv)의 두 파일로 나누어진다.

본 예시에서는 daisy와 dandelion 두 종류의 꽃을 학습시키는 데이터를 만드는 것이 목적이며, WiseProphet의 목표변수로 사용할 컬럼은 'label'이다.

'label' 값이 '1'이면, daisy이며, '2'이면 dandelion으로 코딩되어 있다.

각 Row는 하나의 이미지 파일을 Grayscale(0-254)의 숫자로 변환한 것이다.

4. Python 실행

첨부된 jpeg2csv는 압축이 해제된 flower_photos 디렉토리에 같이 존재해야 한다.

Windows 환경에서는 Python을 설치한 후, 추가 모듈을 다음과 같이 설치하면 jpeg2csv를 실행할 수 있다.

```
> py -m pip install --upgrade pip
> py -m pip install image
> py -m pip install numpy
> py jpeg2csv.py
```

jpeg2csv가 실행되면 daisy 디렉토리와 dandelion 디렉토리의 이미지들을 불러오며, Python 코드에 포함된 옵션에 따라서 훈련 데이터 CSV와 검증 데이터 CSV를 생성한다.

생성된 훈련 데이터는 WiseProphet에 업로드함으로써 분석할 수 있다.

5. jpeg2csv 동작 원리

전체 소스는 다음과 같다.

범용성을 제공하지 않으므로 변환에 사용하는 파라미터들은 직접 코딩해야 한다.

```
from PIL import Image
import numpy as np
import sys
import os
import csv
import random

# max_images는 하나의 분류에 속하는 이미지의 최대수로써 읽어 올 이미지 파일의 수를 나타낸다.
# 이렇게 함으로써, 모든 분류의 이미지가 동일한 개수의 데이터를 갖도록 한다.
# 각 이미지는 서로 다른 해상도를 가지기 때문에,
# 모든 이미지를 고정 크기 image_width와 image_height로 리사이징 한다.
max_images = 10
image_width = 28
image_height = 28

# 특정 디렉토리(myDir)의 모든 ".jpg" 파일 목록을 리턴하는 함수
def createFileList(myDir, format='.jpg'):
    fileList = []
    print(myDir)
    for root, dirs, files in os.walk(myDir, topdown=False):
        for name in files:
            if name.endswith(format):
                fullName = os.path.join(root, name)
                fileList.append(fullName)
                if len(fileList) >= max_images:
                    break
    return fileList

# 꽃 디렉토리 명을 지정함으로써 jpg 파일 목록을 all_files 배열에 저장한다.
all_files = createFileList('daisy')
all_files.extend(createFileList('dandelion'))
# 만일 roses, sunflowers, tulips 등을 추가하고자 한다면, 아래의 주석을 푼다.
#all_files.extend(createFileList('roses'))
#all_files.extend(createFileList('sunflowers'))
```

```
#all_files.extend(createFileList('tulips'))

print(str(len(all_files)) + ' files read')

# 꽃 이미지들은 순차적으로 배열에 적재되므로 학습을 위해 배열을 임의로 섞는다.
random.shuffle(all_files)

# 저장할 csv 파일이 이미 있으면 삭제한다.
if os.path.isfile('flowers_train.csv'):
    os.remove('flowers_train.csv')
if os.path.isfile('flowers_test.csv'):
    os.remove('flowers_test.csv')

# flowers_train.csv 파일의 첫 헤더를 생성해 넣는다.
with open("flowers_train.csv", 'a', newline='' ) as f:
    headers = ['label']
    writer = csv.writer(f)
    for y in range(image_height):
        for x in range(image_width):
            headers.append(str(y+1)+'x'+str(x+1))
    writer.writerow(headers)

# flowers_test.csv 파일의 첫 헤더를 생성해 넣는다.
with open("flowers_test.csv", 'a', newline='' ) as f:
    headers = ['label']
    writer = csv.writer(f)
    for y in range(image_height):
        for x in range(image_width):
            headers.append(str(y+1)+'x'+str(x+1))
    writer.writerow(headers)

cnt = 0
for list in all_files:
    img_file = Image.open(list)
    # os dependent
    # 리눅스 기반이라면 fname = list.split("/")[0]
    # 파일의 경로로 부터 label 값을 생성함
    # daisy 디렉토리 안에 있는 파일은 label_no = 1
    # dandelion 디렉토리 안에 있는 파일은 label_no = 2
    # 그렇지 않으면, label_no = 0
```

```
# daisy와 dandelion 외에 다른 이미지를 추가한다면, 여기에서 label_no를 문법에 맞게 추가한다.
fname = list.split("\\")[0]
if fname == 'daisy':
    label_no = 1
elif fname == 'dandelion':
    label_no = 2
else:
    label_no = 0

width, height = img_file.size
format = img_file.format
mode = img_file.mode

# 소스 이미지의 크기가 모두 다르므로, 고정 크기로 Resize
new_img = img_file.resize((image_width,image_height))
# 그레이스케일로 변경, 흑백 변환을 위해서는 'L'을 '1'로 변경한다.
new_img = new_img.convert('L')
# 잘 변환되었는 지 확인이 필요할 경우
#new_img.save('result.png')
#new_img.show()

# 이미지를 NP 값으로 바꿈
value = np.asarray(new_img.getdata(), dtype=np.int).reshape((new_img.size[1], new_img.size[0]))
value = value.flatten()
# label_no를 첫 번째 컬럼으로 삽입한다.
value = np.insert(value, 0, label_no)

# max_images * 2 * 0.7 만큼은 훈련 데이터, 나머지는 검증 데이터이다.
# 하나의 분류는 max_images이고, 총 2개의 분류이며, 70%는 훈련 데이터 크기이므로
# 필요시 수정해 사용한다.
if cnt < (max_images * 2 * 0.7):
    with open("flowers_train.csv", 'a', newline='' ) as f:
        writer = csv.writer(f)
        writer.writerow(value)
else:
    with open("flowers_test.csv", 'a', newline='' ) as f:
        writer = csv.writer(f)
        writer.writerow(value)
cnt = cnt + 1
```

6. 프로그램의 흐름 요약

① daisy와 dandelion 디렉토리에서 이미지를 max_images 개수만큼 불러온다.

→ 분류를 원하는 개인 이미지들이 있다면 라벨링 이름으로 디렉토리를 생성한 후 해당 디렉토리에 이미지들을 모아둔다.

② 학습과 검증을 위해 이미지 데이터들의 순서를 섞는다.

→ 이미지들은 각 디렉토리별의 순서대로 읽혀지므로 훈련과 검증의 분리를 위해서 이미지 파일의 순서를 랜덤으로 섞는다.

③ 추출된 이미지는 바이너리이므로 CSV를 위해 숫자로 변환된다.

→ NumPy에서 제공되는 함수를 사용한다.

④ 목표변수 설정을 위해 CSV에 label 컬럼을 추가하고, daisy는 1로, dandelion은 2의 값을 갖도록 한다(이는 디렉토리명으로 구분한다).

→ 이미지는 순수 데이터이므로 라벨링 정보를 CSV에 포함해야 하며, 따라서 생성될 CSV의 첫 컬럼에 label 컬럼을 추가하고, 분류별로 중복되지 않는 코드를 추가한다.

⑤ 전체 데이터의 70%를 훈련 데이터로 저장하고 나머지는 검증 데이터로 저장한다.

→ 디폴트로 전체 파일 중 70%를 훈련에, 30%를 검증 CSV로 저장한다.

7. 개인 이미지 분류를 위한 작업

① 이미지의 라벨에 해당하는 이름으로 디렉토리를 생성한다(ex: cat, dog, horse, ...).

② 라벨 폴더에 해당 이미지를 저장한다.

③ 개인 이미지는 특정 해상도를 요구하지 않으며, jpeg2csv에서 고정크기로 변환된다.

→ 분류 개수(디렉토리 수)와 이미지 개수의 제한은 없다.

④ 라벨명, 분류 개수, 이미지 크기, 색상 변환, 훈련 데이터 비율 등은 소스 레벨에서 수정한다.

→ 데이터의 양은 Column 수(픽셀 수)와 Row 수(이미지 수)가 많을수록 커지므로 적정한 크기를 갖도록 해야 한다.

부록 5 다양한 데이터 형식을 CSV 파일로 변환하는 방법

WiseProphet는 CSV, XLSX, TXT 파일을 불러올 수 있으며, 정제와 분석을 위해서 해당 파일은 기본적으로 CSV의 형태를 갖추어야 한다. 여기서 CSV의 형태란 Row와 Colume으로 이루어지는 테이블 형식의 데이터를 말한다. 단, 엑셀의 경우 셀 병합은 해제되어야 하며, 데이터는 단위가 포함되지 않아야 한다.

1. Pandas IO tools

Pandas의 IO 도구는 CSV, JSON, XML, EXCEL, HDF5, PARQUET, SPSS, SQL 형식의 파일을 로드(load)하여 CSV 형식 등 원하는 형식으로 변환할 수 있다.

① 데이터 읽기

pandas.read_xxx() //xxx는 파일 형식

```
pandas.read_json("[JSON 파일명]")
pandas.read_excel("[Excel 파일명]")
pandas.read_sql("[SQL]", "[DB 연결정보])
```

② 데이터 쓰기

DataFrame.to_xxx() //xxx는 파일 형식

③ 변환 예시

```
import pandas as pd

df = pd.read_json("data.json")
df.to_csv("data.csv")
```

2. MariaDB, MySQL 테이블

다음과 같은 SQL 문장을 이용하여 테이블을 CSV 파일로 변환할 수 있다.

```
/* 테이블로 저장하고자 하는 컬럼을 select */
SELECT column1, column2, IFNULL(column3, 'N/A')
FROM table
/* select 한 데이터를 저장하려는 파일명 및 형식 */
INTO OUTFILE '/home/user1/filename.csv'
/* 생성되는 파일에 대한 다양한 제어 */
FIELDS ENCLOSED BY '"'
TERMINATED BY ';'
ESCAPED BY '"'
LINES TERMINATED BY '\r\n';
```

3. MongoDB 예시

대용량 데이터 저장이 가능한 MongoDB의 도큐먼트 형식의 데이터는 mongoexport 유틸리티를 활용하여 다음과 같은 방식으로 CSV 파일로 저장할 수 있다.

```
# mongoexport -db=[DB명]  --collection=[컬렉션명] --type=csv -out=[저장파일명]
# mongoexport --db=customers --collection=info --type=csv  --out=/opt/info.csv
```

4. Hive 예시

Hadoop에 저장되어 Hive를 사용하는 시스템은 아래의 CLI를 사용할 수 있다.

```
#This exports with field names on header
bin/hive -e 'set hive.cli.print.header=true; SELECT * FROM emp.employee' | sed
's/[\t]/,/g'  > export.csv

# CSV2가 제공되는 HIVE 버전일 경우,
#Exports to LOCAL directory using CSV2 option
bin/hive --outputformat=csv2 -e '[SQL]' > [파일명]
bin/hive --outputformat=csv2 -e 'SELECT * FROM emp.employee' > export.csv
```

5. Spark Parquet

Spark Parquet 시스템에서는 아래의 Scalar 코드로부터 CSV를 생성할 수 있다.

```
package com.sparkbyexamples.spark.dataframe

import org.apache.spark.sql.{SaveMode, SparkSession}

object ParquetToCsv extends App {

  val spark: SparkSession = SparkSession.builder()
    .master("local[1]")
    .appName("SparkByExamples.com")
    .getOrCreate()

  spark.sparkContext.setLogLevel("ERROR")

  //read parquet file
  val df = spark.read.format("parquet")
    .load("src/main/resources/zipcodes.parquet")
  df.show()
  df.printSchema()

  //convert to csv
  df.write.mode(SaveMode.Overwrite)
    .csv("/tmp/csv/zipcodes.csv")
}
```

6. 이미지

이미지는 픽셀의 모임으로 일반적으로 다수의 이미지를 분석하도록 되어 있다. 따라서 하나의 이미지를 하나의 Row로 변환해야 하며, 하나의 Row는 2차원의 이미지를 1차원의 배열로 변환하여야 한다.

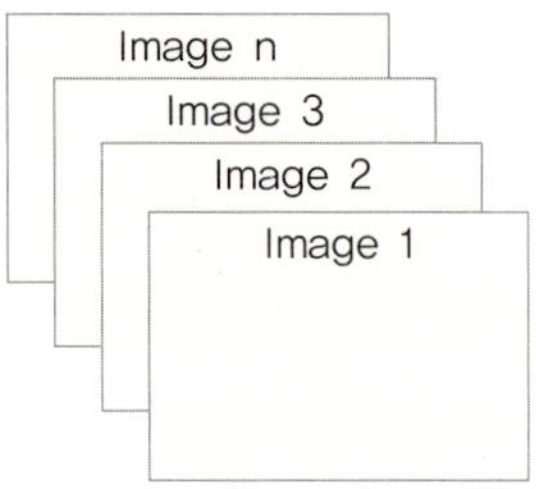

	Label	(0, 1)	(0, 2)		(1, 1)	(w, h)
image 1	0	1	5		7	6
image 2	0	2	5		7	7
image 3	1	3	5		8	8
image n	1	4	4		8	8

7. 바이너리 데이터

WiseProphet의 분석을 위해서는 데이터 파일은 테이블 형식의 텍스트 기반인 CSV 형태를 가져야 한다. 바이너리 파일의 형태는 세부 내용이 모두 다르기 때문에 각 바이너리 내부의 '의미 있는' 값을 개별 셀로써 분리하여 저장해야 한다.

바이너리 파일의 포맷은 작성자만 알 수 있기 때문에 CSV 형태의 파일로 제공받든지 또는 프로그래밍을 통해 CSV 파일로 변환해야 한다.

시간과 값을 포함하는 바이트 단위의 센서 데이터가 다음과 같이 있다고 가정하자

0									1										2										3		
1	2	3	4	5	6	7	8	9	0	1	2	3	4	5	6	7	8	9	0	1	2	3	4	5	6	7	8	9	0	1	2
시간								강수량				위치코드				온도				습도				풍향				풍속			

특정 위치에 존재하는 센서들로부터 해당 데이터가 한 곳으로 취합된다면 DAT 파일로 다음과 같이 저장될 것이다.

```
33 23 44 13 8F 82 74 C9 ... [32개]
35 23 88 12 8F 82 74 CA ... [32개]
36 23 A0 11 7F 6E 71 C9 ... [32개]
```

이러한 바이너리 파일은 WiseProphet에서 해석할 수 없으므로 데이터 크기, 음수 여부, 소수점 여부 등에 따라 아래와 같이 변환해주는 프로그램이 필요하다.

시간	강수량	위치코드	온도	습도	풍향	풍속
2022-07-16 11:20	10	11	20	100	20	12.5
2022-07-17 11:20	0	12	22	20	25	2.1
2022-07-18 11:20	0.5	13	23	90	30	5.5

부록 6 WiseProphet를 이용한 AI 분석 모델 개발 사례

No.	사업명	발주처	AI 모델
1	AI 기반 대청댐 수계 수질 예측 서비스	한국지능정보사회진흥원	수질 예측
2	하수처리 지능화 프로그램(WEKO-AI-WTPM) 개발 및 최적화	위코테크	수질 예측
3	2022년 귀농귀촌 통합플랫폼 구축 사업	농림수산식품 교육문화정보원	콘텐츠 추천
4	그린스타트업타운 ICT 융합센터 및 플랫폼 구축	충남정보문화산업진흥원	빅데이터 AI 분석
5	노동복지 데이터 분석시스템 재구축 사업	근로복지공단	빅데이터 AI 분석
6	스마트 직업훈련 플랫폼(STEP) 2차 고도화	한국기술교육대학교	교육과정 추천
7	2021년 기술혁신 시제품 공공기관 테스트 수요 신청	공무원연금공단	민원 상담 안내
8	2021년 기술혁신 시제품 공공기관 테스트 수요 신청	광주광역시 농업기술센터	작물 생육 예측
9	불법 온라인도박 감시시스템 구축	사행산업 통합감독위원회	불법사이트 감시
10	외환심사 자동화시스템 구축 용역	한국은행	심사업무 자동화
11	AI-Matching 성인학습자 교육과정 추천시스템 구축	한국지능정보 사회진흥원	교육과정 추천
12	유도무기 스마트관리시스템 구축	LIG넥스원	예측 정비
13	2020~2022년 한양도성 타임머신	문화재청	이미지 주석화
14	환경정보 융합 빅데이터 플랫폼 구축	환경부	유해물질 확산 예측
15	광고 통계시스템 구축	스마트미디어렙	콘텐츠 추천
16	빅데이터 기반 지능정보형 인사정책지원 플랫폼 구축	한국지능정보 사회진흥원	인재 추천

부록 7 WiseProphet를 이용한 비정형 데이터의 AI 모델 개발 사례

1. 수자원처리 공정 최적화를 위한 수질예측 모델 개발 사례

이 프로젝트는 공공하수처리 상황 점검 및 지능화 기술을 활용하여 공공하수처리 방법을 개선하는 것이 목적이다.

그림 A-1 ▌하수 1톤당 처리비용 추이

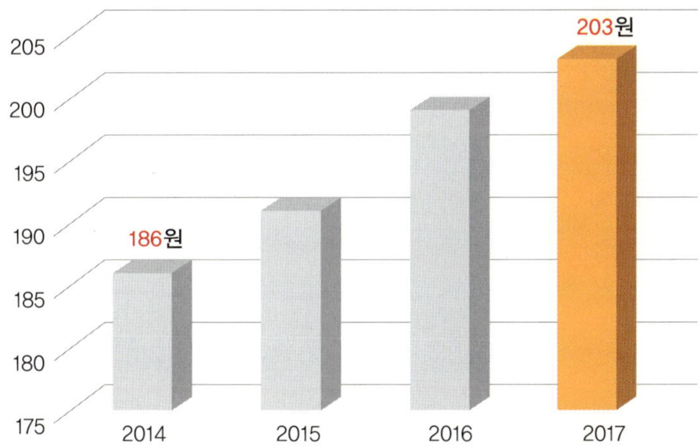

2014년에는 1톤에 186원이던 연간 하수처리비용이 2017년에는 1톤에 203원으로 꾸준히 증가하고 있다. 일례로 안동댐 상류 봉화 공공하수처리 시설은 하루에 3,000톤의 하수를 처리하고 있으며, 2014년 대비 2017년에는 하수처리에 소모되는 비용이 연간 2천만원 이상 증가하였다.

이렇게 계속 증가하는 처리비용을 절약하고자 환경부에서는 공공하수처리 분야의 처리시설 점검 및 하수방류 수질 점검과 같은 업무에 인공지능을 도입을 고려하였고, 실제 스마트 수처리 공정 관리를 위한 AI 솔루션 개발사업을 추진한 바 있다.

그림 A-2 스마트 수자원처리 공정 관리를 위한 AI 솔루션 개발 과제의 활용 목표 및 개념도

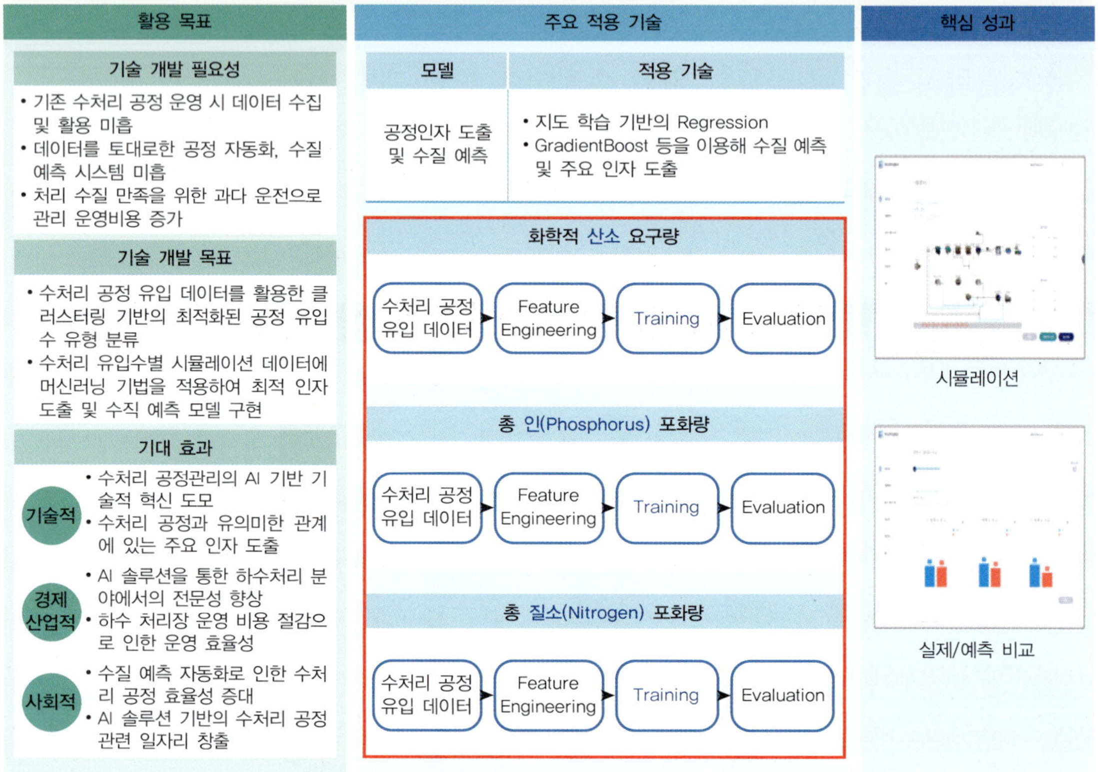

환경부는 과거 수자원처리 공정 운영 시 데이터 수집 및 활용, 데이터를 기반으로 한 공장 자동화, 수질 예측 시스템이 미흡하여 관리 운영비용 증가를 초래하였다고 판단하여 이를 해결하기 위한 3가지의 수질 예측 모델을 개발하였다.

해당 예측 모델에 사용되는 수질 판단 근거는 실제 수처리 공정 후 방류가 가능한 수질 판정에 사용되는 산소 요구량과 인 포화량, 질소 포화량을 근거로 한다. 따라서 수질 예측 모델은 Gradient Boost 알고리즘을 이용하여 각각의 산소 요구량과 총 인 포화량, 질소 포화량을 예측하는 3개의 모델을 개발하였다.

그림 A-3 ▌ AI 모델 개발에 사용된 수질 성분 데이터 변수들

수질 성분 데이터

- 15분마다 수집한 시계열 데이터인 수질 성분 데이터를 대상으로 하며 약 220,000건, 변수는 총 44건 확보
- 화학적 산소 요구량, 총 인 포화량, 총 질수 포화량을 예측하는 3개의 모델 개발

01 화학적 산소 요구량 예측 모델

변수	변수 설명
COD	화학적 산소 요구량
Fan Power	팬
NO_3	질산염
DO	용존산소량
NaAC Amount	NaAC 양
MLSS	부유물 농도

02 총 인(Phosphorus) 포화량 예측 모델

변수	변수 설명
TP	총 인 (Total Phosphorus)
TN	총 질산
pH	pH
DO	용존산소량
NaAC Amount	NaAC 양
PAC Amount	PAC 양

03 총 질소(Nitrogen) 포화량 예측 모델

변수	변수 설명
TN	총 질소 (Total Nitrogen)
Fan Power	팬
NaAC Amount	NaAC 양
TP	총 인
NO_3	질산염
pH	pH

AI 모델 개발에 사용된 데이터는 대략 22만 건으로 각 데이터는 44개의 변수로 구성되어 있으며, 15분마다 수질을 측정하여 수집한 데이터이다. 44건의 변수 중에 각 모델마다 feature engineering을 통해 영향력이 높은 변수 위주로 변수를 선택하였으며, 그 중 영향력이 높은 변수 5가지는 [그림 A-3]에서 언급된 요소들이며, 파랗게 표시된 변수는 각 모델의 target 변수이다.

㈜위세아이텍은 WiseProphet을 이용하여 화학적 산소 요구량 예측 모델, 총 인 포화량 예측 모델, 총 질소 포화량 예측 모델 등 3개의 모델을 개발하였으며 개발 프로세스는 아래 그림과 같다.

그림 A-4 ▌ 프로젝트 개발 프로세스

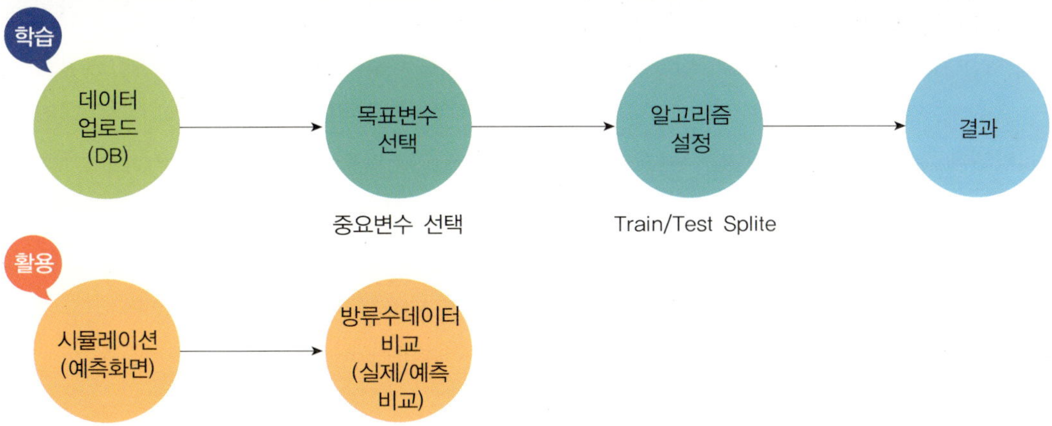

2. 태아 신생아의 상태 분석을 위한 AI 모델 개발 사례

이 프로젝트는 태아의 심박동을 모니터링하여 태아의 상태를 조기에 파악하는 모델을 개발하는 것이 목표이다.

그림 A-5 ▌ 출산전후기 사망률

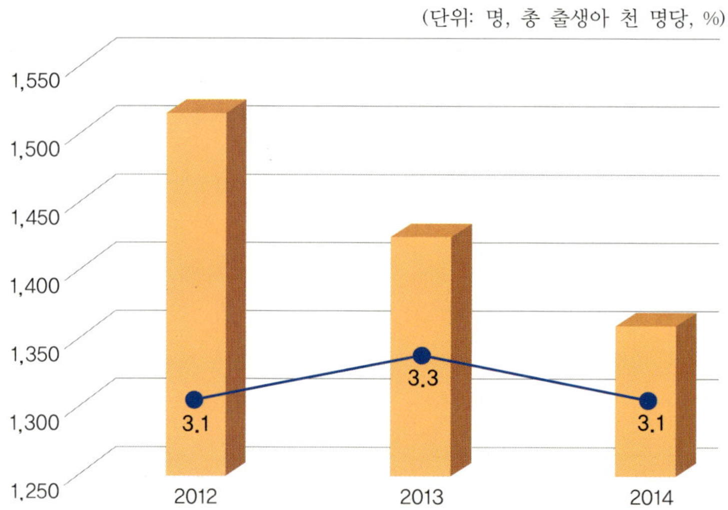

출처: 통계청, 2014 영아사망, 모성사망 출생전후기 사망 통계

대한민국의 출산율이 해마다 최저를 기록하고 있는 가운데, 임신 28주 이상 생후 7일 미만의 사망자수는 1,000명 중에 3명으로 집계되고 있다.

태아 심박동 모니터링 검사는 분만 전 감시에 해당하는 의료행위로서 분만기간 동안 산모의 자궁수축변화 양상과 태아의 신음 등을 모니터링하고 산모의 이상 진통이나 기타 이상을 관찰하는 필수 검사이다. 해당 검사는 1970년대 도입되어 현재 거의 모든 산부인과에서 태아의 건강을 평가하는데 사용하고 있다.

다만 현재까지는 태아 심박 데이터와 인공지능 기술을 결합한 시스템은 미흡한 상태이며, 의료현장에 태아 심박 모니터링 데이터를 분석할 수 있는 전담 의료진 수가 부족한 상황이다.

이러한 문제를 해결하기 위해 ㈜위세아이텍은 태아 심박동 모니터링 이미지를 이용해 이상 시점 검출 및 태아 상태를 분류하는 2가지의 모델을 개발하였다.

그림 A-6 ▌태아 신생아 데이터를 활용한 인공지능 시스템의 활용 목표 및 개념도

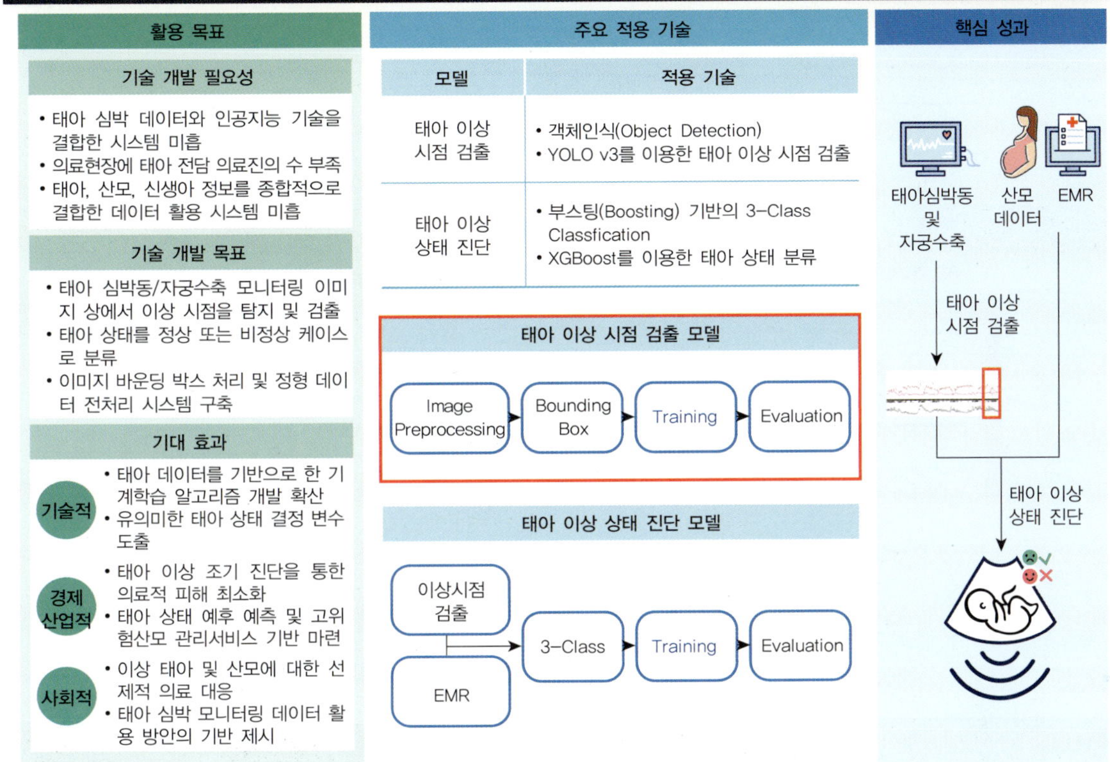

태아의 이상 시점 검출 모델은 태아 심박동 모니터링 이미지에서 이상 조짐을 보이는 시점을 검출하는 Object Detection 모델로서 이상 조짐이 검출되는 경우 태아 상태가 정상인지 이상인지 판별하는 모델이다.

전문의의 판단으로 5분 단위로 세세하게 관찰했을 때 이상이 있는 부분을 Bounding Box화 하였으며, 학습에는 원본 이미지와 Bounding Box 좌표값을 라벨값으로 사용하였다(Bounding Box 좌표값에는 박스의 왼쪽하단 좌표, 오른쪽 상단 꼭지점 좌표, 이미지의 총 넓이와 높이를 포함함).

그림 A-7 ▌ 태아 심박동 모니터링 데이터 이상 영역 Bounding Box 예시

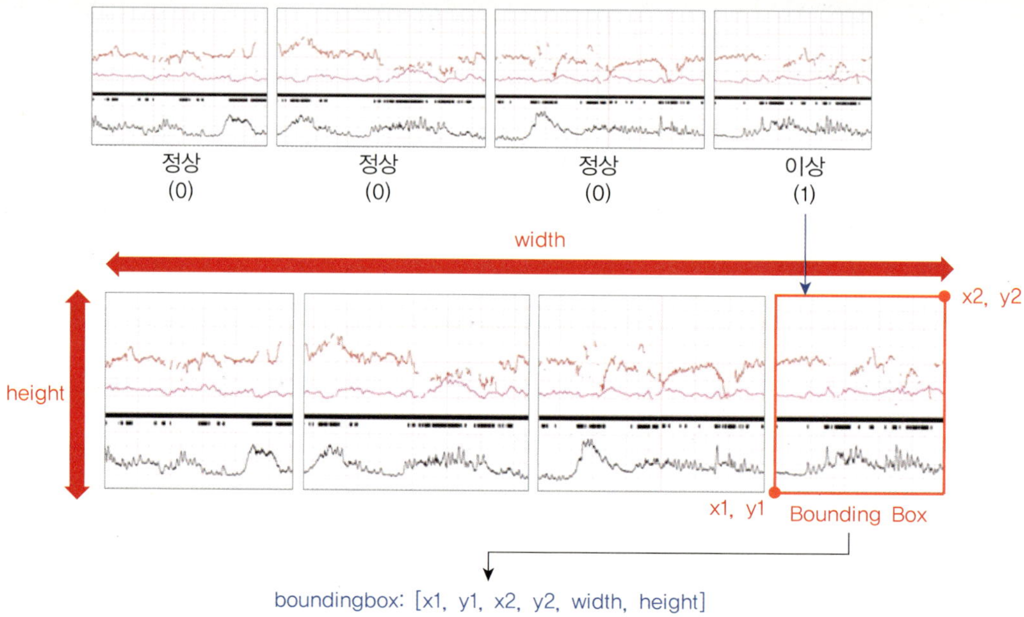

그림 A-8 ▌ 태아 심박동 모니터링 데이터 및 판단 예시

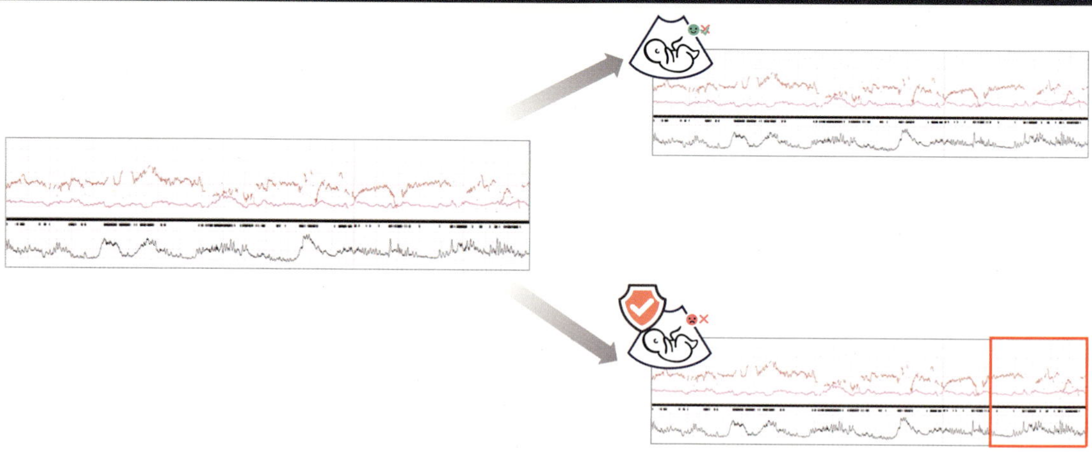

[그림 A-8]의 오른편 그래프는 태아 심박동 모니터링 데이터의 예시이다. 문제가 없는 태아라면 Bounding Box 검출이 되지 않으며, 문제가 있는 태아라면 어느 부분이 문제가 있는지 표시한다.

본 프로젝트를 활용하여 태아 심박동 이미지에서 빠르게 분석하여 태아의 상태를 판단하여 의료진의 판단을 지원할 수 있을 것이며, 조기 진단을 통해 의료적 피해 최소화와 고위험군을 위한 서비스 기반 마련에 기여할 수 있을 것이다.

| 저자약력 |

김광용

[학력]
조지아주립대학 경영학 박사, MIS 전공(1995)

[경력]
메타버스 감성혁신포럼 의장(2021~현재)
숭실대학교 경영학부 교수, SNS마케팅 연구소장(1996 ~현재)
한국 IT서비스학회 회장, 한국 글로벌경영학회 회장(2014~2016, 2020)

[수상]
옥조근정훈장(2021)
Marquis Who's Who in the World, Albert Nelson Lifetime Achiever(Data Analysis 분야)(2017)
Top 100 Educators in the World(세계 100대 교육자) 영국 국제인명센터 IBC 등재(2015)

[연구실적]
빅데이터분석 분야 국내외 저널 약 150여 편 논문 발간

김종현

[학력]
숭실대학교 대학원 IT정책경영학 박사(2012.8)
연세대학교 산업대학원 전자계산학 석사(1988.2)
연세대학교 경제학과 졸업(1983.2)

[경력]
㈜위세아이텍 대표이사(1991.1~현재)
딜로이트컨설팅 부장(1989.1~1990.12)
KAIST 시스템공학연구소(ETRI) 연구원(1983.1~1988. 12)

[포상]
2021년 대한민국중소기업인대회 '동탑산업훈장' 수훈(2021.6)

임은택

[학력]
숭실대학교 일반대학원 경영학과 MIS 전공 석사(2019.2)

[경력]
SNS마케팅연구소 연구원(2019.2~현재)

[연구실적]
The Detection of Brand Identity and Image Using Semantic Network Analysis(2022)
(기상청) 기상융합서비스 정책 및 운영체제 개선을 위한 비즈니스모델 조사 · 분석(2021)
The Effects of Product's Visual Preview and Customer Review on Sale Performance in Mobile Commerce (2021)
The Effects of Product's Visual Preview on Customer Attention and Sales Using Convolution Neural Networks(2021)
A Study on the Factors Affecting Usage Intention of Digital Twin Technology in Product Design(2019)

박필원

[학력]
고려대학교 컴퓨터전파통신공학과 졸업(2017.9), 공학 박사

[경력]
(주)토탈시스(2022.10~현재)
동국대학교 연구초빙교수(2021.3~2022.7)
동국대학교 전문연구원(2017.9~2019.12)

[연구실적]
(해양경찰청) 해양경찰 교육훈련 표준모델(아바타) 기본 설계 연구용역(2022)
Study of Black Ice Detection Method through Color Image Analysis(2021)
챗봇의 의도 예문 자동 입력을 위한 Text-CNN 기반 의도 분류 방법(2020) 외 다수

코딩없이 클릭만으로 머신러닝 AI 모델 개발하기
머신러닝 자동화도구(WiseProphet)를 이용한 데이터 분석

2022년 11월 20일 1판 1쇄 인쇄
2022년 11월 25일 1판 1쇄 발행

저　자 | 김광용 · 임은택 · 김종현 · 박필원
발행인 | 이수영
발행처 | 도서출판 청람
서울시 마포구 독막로 288(대흥동, 세양상가 109호)
전　화 | 02)3272-2601~2
팩　스 | 02)3272-2603
이메일 | crbooks@daum.net
홈페이지 | http://www.crbooks.co.kr
등　록 | 2000년 8월 26일 제6-0509호

ISBN 978-89-5972-906-7 93310 [정가 23,000원]